COUNTDOWN 1945

倒计时

原子弹爆炸
与改变历史的116天

［美］克里斯·华莱士（Chris Wallace）
［美］米奇·韦斯（Mitch Weiss）著

姜昊骞 译

CMS 湖南文艺出版社
HUNAN LITERATURE AND ART PUBLISHING HOUSE

博集天卷
CS-BOOKY

献给洛兰

你在每一场冒险中都是最优秀的成员

目录

倒计时116天⋯⋯⋯⋯⋯⋯⋯⋯⋯⋯⋯⋯⋯⋯⋯⋯⋯⋯ 1

倒计时113天⋯⋯⋯⋯⋯⋯⋯⋯⋯⋯⋯⋯⋯⋯⋯⋯⋯⋯ 7

倒计时105天⋯⋯⋯⋯⋯⋯⋯⋯⋯⋯⋯⋯⋯⋯⋯⋯⋯ 16

倒计时104天⋯⋯⋯⋯⋯⋯⋯⋯⋯⋯⋯⋯⋯⋯⋯⋯⋯ 26

倒计时103天⋯⋯⋯⋯⋯⋯⋯⋯⋯⋯⋯⋯⋯⋯⋯⋯⋯ 33

倒计时90天⋯⋯⋯⋯⋯⋯⋯⋯⋯⋯⋯⋯⋯⋯⋯⋯⋯⋯ 45

倒计时70天⋯⋯⋯⋯⋯⋯⋯⋯⋯⋯⋯⋯⋯⋯⋯⋯⋯⋯ 56

倒计时68天⋯⋯⋯⋯⋯⋯⋯⋯⋯⋯⋯⋯⋯⋯⋯⋯⋯⋯ 66

倒计时66天⋯⋯⋯⋯⋯⋯⋯⋯⋯⋯⋯⋯⋯⋯⋯⋯⋯⋯ 72

倒计时53天⋯⋯⋯⋯⋯⋯⋯⋯⋯⋯⋯⋯⋯⋯⋯⋯⋯⋯ 78

倒计时49天⋯⋯⋯⋯⋯⋯⋯⋯⋯⋯⋯⋯⋯⋯⋯⋯⋯⋯ 83

倒计时36天⋯⋯⋯⋯⋯⋯⋯⋯⋯⋯⋯⋯⋯⋯⋯⋯⋯⋯ 90

倒计时35天⋯⋯⋯⋯⋯⋯⋯⋯⋯⋯⋯⋯⋯⋯⋯⋯⋯⋯ 96

倒计时34天⋯⋯⋯⋯⋯⋯⋯⋯⋯⋯⋯⋯⋯⋯⋯⋯⋯⋯ 99

倒计时21天⋯⋯⋯⋯⋯⋯⋯⋯⋯⋯⋯⋯⋯⋯⋯⋯⋯ 104

倒计时20天⋯⋯⋯⋯⋯⋯⋯⋯⋯⋯⋯⋯⋯⋯⋯⋯⋯ 120

倒计时19天⋯⋯⋯⋯⋯⋯⋯⋯⋯⋯⋯⋯⋯⋯⋯⋯⋯ 125

倒计时18天 ———————————————————— 129

倒计时17天 ———————————————————— 132

倒计时16天 ———————————————————— 135

倒计时13天 ———————————————————— 141

倒计时12天 ———————————————————— 147

倒计时11天 ———————————————————— 152

倒计时8天 ————————————————————— 155

倒计时6天 ————————————————————— 159

倒计时5天 ————————————————————— 162

倒计时4天 ————————————————————— 166

倒计时3天 ————————————————————— 170

倒计时2天 ————————————————————— 173

倒计时1天 ————————————————————— 180

倒计时9小时15分 ——————————————————— 189

倒计时：火焰风暴 ——————————————————— 202

余音 ————————————————————————— 221

后传 ————————————————————————— 229

致谢 ————————————————————————— 248

注释 ————————————————————————— 252

参考文献 ——————————————————————— 269

图片版权 ——————————————————————— 277

倒计时

116天

1945年4月12日
华盛顿特区

    哈里·杜鲁门（Harry Truman）需要喝一杯。这是他在副总统任上的第82天。他下午照例在参议院议事大厅，任务是主持一场与墨西哥签署水务协议的辩论。参议员的发言像蜜蜂一样嗡嗡响，他却神游去了母亲和妹妹身边，她们还住在密苏里州格兰德维尤（Grandview）的杜鲁门家祖传农场。杜鲁门掏出了纸和钢笔，尽管他正坐在高高的参议院议事大厅的主席台上。

    他写道，"亲爱的妈妈和玛丽，一名夸夸其谈的威斯康星州参议员"正在滔滔不绝地讲一个"他根本不熟悉的话题"。杜鲁门的职责之一就是主持这种会议。可他巴不得赶紧开完会，他还有别处要去。他还不知道自己的人生将会发生永远的改变。

    现在马上要到下午5点了，参议院终于大发慈悲，结束了本日议程。杜鲁门独自一人穿过国会大厦，身边没有特勤局的保镖。他依次通过参议院、圆形大厅和雕像大厅，最后进了众议院。他和往常一样衣冠楚楚，双排扣灰色正装搭配白色手帕和深色圆点领结，永远行色匆匆。一部分原因是他走路快。

    他从国会大厦公共大厅下到一层，走进众议院发言人萨姆·雷伯恩（Sam Rayburn）的私人藏身处，人称"教育委员会"的9号室。这是国会大厦最为人所专有的一间屋子——只有雷伯恩邀请的人才能入内。大部分下午都有国会议员在办公时间结束后来这里商讨策略，闲聊八卦，"为自由一振"，也就是喝一杯，或两杯。杜鲁门是常客，他点了波本威士忌兑水。

教育委员会是国会大厦内的老牌休憩场所，长约20英尺[1]，里面有多把大皮椅、一张长椅和一张兼作酒柜的桃花心木长办公桌。唯一不和谐的地方是画着花草鸟兽的华丽天花板。雷伯恩找人在房间的一端加上了一幅壁画，画中有代表着得克萨斯州的"孤星"。

杜鲁门进了屋，雷伯恩——"萨姆先生"——告诉他白宫正在找他。"史蒂夫·厄尔利（Steve Early）让你马上给他打电话。"雷伯恩说道，他指的是服务罗斯福总统多年的秘书。杜鲁门喝了一口酒，然后坐下，拨了白宫的总机——"国字号1414"（National 1414）。

"我是副总统。"杜鲁门说。

电话接通后，厄尔利的话简短直接，声音里透着紧张。他让杜鲁门"尽快悄悄"来白宫，走宾夕法尼亚大道的大门。雷伯恩注视着杜鲁门，他一直觉得杜鲁门脸白，现在"更白了一点"。

"耶稣基督啊，杰克逊将军啊！"杜鲁门挂电话时大喊一声，他太震惊了，连掩饰都没有掩饰。他试图保持冷静。他对屋子里的其他人说自己要去一趟白宫，是"特召"。他立即起身朝门走去，接着把手放在门把手上，转身说道："伙计们，就在这间屋子里。这里肯定有事。"

杜鲁门坚定地关上门，然后开始全速奔跑，穿过几乎空无一人的国会大厦。他从军政要员的雕像前冲过，从参议院理发室门前冲过，上楼回到副总统办公室，大理石走廊上回荡着他的脚步声。他跑得上气不接下气。他抓起帽子，跟手下说自己要去白宫，但没讲是怎么回事。他没时间解

1　英美制长度单位，1 英尺等于 0.3048 米。——编者注

释。再说了，除了要去白宫，别的他也不知道多少。

外面正在下雨。杜鲁门坐进自己的水星牌黑色公车里，吩咐司机汤姆·哈蒂（Tom Harty）开车。他再一次把特勤局的保镖甩了。天气不好又堵车，杜鲁门花了10多分钟才到白宫。这段时间里，他一直在思考出了什么事。

罗斯福总统应该在佐治亚州的沃姆斯普林斯（Warm Springs）呀。他过去两周都在那里休养，之前在雅尔塔（Yalta）与英国首相温斯顿·丘吉尔（Winston Churchill）、苏联部长会议主席约瑟夫·斯大林（Joseph Stalin）开的战时峰会实在是让他太累了。

也许罗斯福已经回华盛顿了。他的老友，退休的圣公会主教朱利叶斯·阿特伍德（Julius Atwood）当天早些时候在华盛顿下葬了。总统是先参加了葬礼，然后想见杜鲁门吗？但他担任副总统快三个月了，只与罗斯福私下见过两次面。为什么现在要见呢？

5点25分，杜鲁门的车拐出宾夕法尼亚大道，穿过西北门，一直沿着白宫北廊开。正门有接待员迎接，他收好杜鲁门的帽子，然后带他去了总统专用的橡木镶板小电梯。

第一夫人埃莉诺·罗斯福（Eleanor Roosevelt）正在二楼的私人书房等杜鲁门，她身边有女儿安娜（Anna）、女婿约翰·伯蒂格（John Boettiger）中校和史蒂夫·厄尔利。两位女士一身黑衣。

第一夫人走向杜鲁门，把手搭在他肩上，口中说道："哈里，总统走了。"

杜鲁门惊得说不出话。他赶来白宫是为了见总统，现在，他突然发现自己成了总统。

他过了一会儿才稳住身子，问罗斯福夫人道："我能帮你什么忙呢？"

"我们能帮你什么忙呢？"她答道，"现在有麻烦的人是你了。"

过了几分钟，5点47分，新闻简讯传遍了全美国和全世界：过去

12年里引领美国度过大萧条和经历珍珠港事件，直至今日第二次世界大战欧洲战场胜利在即的富兰克林·德拉诺·罗斯福（Franklin Delano Roosevelt），因脑溢血逝世，享年63岁。

罗斯福去世后，一片寂寥的白宫突然热闹起来。6点15分召集内阁会议，杜鲁门要求国会大佬一同出席。首席大法官哈伦·斯通（Harlan Stone）应召来白宫主持总统就职宣誓典礼。杜鲁门还有一件事要做。

6点整时，他打电话给康涅狄格大道远端的朴素两室公寓里的妻子贝丝（Bess）。接电话的是女儿玛格丽特（Margaret）。她还没看到新闻，像往常一样跟他开起了玩笑。他打断她，让她找她妈妈接电话。

杜鲁门通常会把所有事情都告诉贝丝，但现在没时间了。他告诉她，罗斯福总统去世了，他已经派了车去接她和玛格丽特，以及和他们同住的丈母娘玛奇·华莱士（Madge Wallace）。他希望自己就职宣誓时有她们在身边。

杜鲁门挂了电话。这次通话让妻子深受震动，他听得出来。自从他去年夏天接受副总统提名以来，他就知道这是她最担心的事情——罗斯福活不到第四届任期结束。现在，他和他的家人都被抛入了让她恐惧的境地。

杜鲁门是第一个到内阁议事厅的，他在大桌子旁坐了下来。他身边很快就坐满了人。一位罗斯福的部下后来描述杜鲁门，说他"在硕大的皮椅上等待时"看起来"就像一个小矮人"。但是当身在华盛顿的内阁成员到齐后，杜鲁门站起了身。"我希望你们全都留下来，继续干。"他告诉他们，"而且我万事都要秉承罗斯福总统的意愿。"

众人等了首席大法官一段时间。杜鲁门的家人也要从公寓楼外聚集的人群中挤出来。白宫职员在四处搜寻《圣经》，最后在白宫接待处处长的办公桌里发现了一本国际基甸会免费发的《圣经》。

7点9分，杜鲁门与首席大法官斯通站在内阁议事厅末端的壁炉架前，杜鲁门的家人和高官们在两人身后站成了一个半圆。"本人，哈里·希普·杜鲁门。"首席大法官开始领誓。他以为杜鲁门的中间名S是父亲姓氏希普（Shipp）的缩写，其实根本没有意义。

"本人，哈里·S.杜鲁门。"杜鲁门在回应时纠正了首席大法官的错误。

典礼上的差错不止这一个。杜鲁门念完誓词后，首席大法官告诉他，他应该用左手托着《圣经》，右手放在上面。所以，他们必须重来一遍，这次是新总统举右手。就职宣誓终于结束时，杜鲁门先亲吻了《圣经》，然后转头亲吻了妻子和女儿。

宣誓后，杜鲁门与内阁成员做了简短交谈，他重申自己会延续罗斯福的方针。他说自己一直希望内阁成员坦率建言，但也明确提出最后的决定权属于他。一旦决定做出，他希望他们能全力支持。

1945年4月12日，哈里·杜鲁门宣誓就职总统

散会后，其他官员都回家过夜了，只有一人没走——战争部长亨利·史汀生（Henry Stimson）。他请求与新总统单独谈话，谈论"一件十万火急的事情"。

时年77岁的史汀生是一位传奇人物，曾为五位总统服务。杜鲁门是他服务的第六位总统。史汀生与新总统坐在一起，说自己会长话短说。事情很复杂，他之后会提供更多细节。但他希望杜鲁门知道有"一项宏大的计划正在进行"，目的是开发"一种破坏力令人难以置信的新型炸弹"——只有寥寥数人了解此事。史汀生说，等过几天总统安顿好了，他再向总统做详尽汇报。

他这就说完了。史汀生简短而神秘的汇报让杜鲁门一头雾水。但杜鲁门要处理的事情太多了：罗斯福的逝世，全国的反响，突然落到头上的领导欧洲与太平洋两个战场的责任。史汀生的"计划"不过是另一件现在归他管的事情罢了。而且他也不清楚那到底是什么。他后来说，那是"全世界向我压来"的一天。

"我觉得最好先回家，尽可能多休息一会儿，然后面对现实。"他在日记里写道。

倒计时

113天

按说该开春了，但当J. 罗伯特·奥本海默（J. Robert Oppenheimer）在位于新墨西哥州台地上的军方最高机密设施中穿行时，脚下明明踩着刚下的雪。他穿过雪地，直奔临时电影院。

奥本海默是美国宏大的原子弹秘密开发项目——曼哈顿计划的科研负责人。换作其他任何一个早晨，他都会在办公室处理上千份不同的文件：阅读进度报告，撰写备忘录，回华盛顿打来的紧急电话。外面的世界正在打第二次世界大战，奥本海默领导的科学家团队则在围栏设施中集中全部精力和知识来研发"装置"，一种可怕的新式大规模杀伤性武器。

但这个周日的早晨并非如此。今天，他召集了悲痛欲绝的科研人员、军人、后勤人员和他们生活在秘密城市洛斯阿拉莫斯（Los Alamos）的家属，要为罗斯福总统举行一场悼念仪式。他之前从没致过悼词。

奥本海默是一名杰出的理论物理学家，他在美国顶尖大学里对其他科学家或硕博学生讲解复杂的科学理论，阐明宇宙运行的原理时，一点问题都没有。他能熟练地说六门语言，精通古典文学和东方哲学。他学过梵语，只为了阅读印度教圣歌集《薄伽梵歌》（*Bhagavad Gita*）的原文。

罗斯福总统在佐治亚州的温泉休养地辞世已有三日，奥本海默在这三天的大部分时间里都在思索用什么样的词句来恰如其分地缅怀他。

他怅然若失，由衷痛切。总统领导美利坚合众国走过了它最黑暗的时分。他从1933年起入主白宫，上任于大萧条最严重的时期。他推行了旨在扭转经济颓势的大胆计划，致力于恢复美国国民的信念与信心。

1941年12月7日，日军袭击位于夏威夷州珍珠港的美国海军基地时，国民再次将目光投向罗斯福。大多数美国人是通过插播到周日下午电台节目中的一则新闻简讯得知这次袭击的。"日本？"人们一边难以置信地摇着头，一边调收音机。真的吗？可能吗？次日，罗斯福向国会和国民发表了一次余音经年不息的广播讲话。他说，日军的袭击"无缘无故"，"卑鄙懦弱"。1941年12月7日是"遗臭万年的一天"。

总统对美国人民做出了承诺。"不管要花费多久，我们都一定要击败这次有预谋的侵略，"他朗声道，"正义的美国人民必将取得彻底的胜利。"

国会对日本宣战。四天后，德国对美国宣战。全国展开动员。许多美国人只知道一位总司令，那就是罗斯福。他连任四届总统，而就在美国参加第二次世界大战近三年半的时候，就在盟军即将取得欧洲战场的胜利时——太平洋战场也迎来了腥风血雨的高潮——罗斯福突然去世了。

现在，一阵疑云笼罩着曼哈顿计划的上上下下。多年前，罗斯福批准了原子弹研发计划，调集了最优秀的科研人员参加，希望借此有朝一日结束战争。罗斯福在推动各大企业——杜邦、标准石油、孟山都、联合碳化物公司——设计、生产和运行革命性的新仪器设备，协助原子弹制造方面发挥了关键作用。学界和业界的诸多实验室贡献出了最优秀、最有创造力的科研人员。这是一次耗费大、看运气、完全秘密进行的行动。

没有人确知哈里·杜鲁门会将计划带向何方，或者他是否会继续实行计划。物理学家菲利普·莫里森（Philip Morrison）回忆道："现在我们完全不认识上层的人。"

洛斯阿拉莫斯的众人向奥本海默寻求答案。他是一名天才的理论物理学家，但他的才能不仅限于科研。他头脑敏锐，能洞悉任何问题的核心，给出简明扼要的解决方案。同事们形容他是他们遇到过的头脑转得最快的人。此时比任何时候都更需要清醒的思维。

奥本海默身高6英尺，体重约135磅[1]，瘦得都要脱相了。但他身穿入时的灰色正装和蓝衬衫，系着蓝领带，足蹬锃亮的皮鞋，头戴圆顶带檐的帽子，活像一个花花公子。他用下唇叼着香烟的样子，明亮的蓝眼睛，富有穿透力的凝视，让女人着迷，让男人敬畏。"奥皮"（Oppie）[2]生性潇洒自信，在鸡尾酒会上和课堂上都同样仪态自若。

奥本海默的父亲是德国移民，在纽约城靠进口布料发家。奥本海默前程大好，也没有让人失望。他只用了三年就以最优异的学业成绩从哈佛大学毕业。他在德国的哥廷根大学（University of Göttingen）师从著名物理学家马克斯·玻恩（Max Born），22岁取得该校物理学博士学位。短短几年时间，奥本海默就拿下了加州大学伯克利分校和位于帕萨迪纳（Pasadena）的加州理工学院的显赫教职。他在两校交替上课，这个学期在伯克利，下个学期去帕萨迪纳。与当时的大多数教授不同，他个性张扬，是一名波希米亚式的方法派演员，演讲富有感染力和激情，将诗歌与文学信手拈来地穿插到高深的数学概念之中。他明确说最重要的科学难题目前还没有答案，激励学生们探究谜题。据一位同事回忆说，奥本海默带来了一种"美国物理学界前所未有的精微"。

学生们入了迷，兴致昂扬，追随教授往返于伯克利和帕萨迪纳，被他的种种怪癖和对生活的热情，以及他对三分熟牛排、高度马提尼鸡尾酒、辛辣食物和香烟的喜好所俘虏。作为一名有水平的骑手和水手，他好像在每个角落都有朋友。

1　英美制重量单位，1磅等于0.4536千克。——编者注
2　奥本海默的昵称。——编者注

但奥本海默也有阴沉的一面。他的阳光有时会被忧郁易怒遮蔽。他受不了闲聊。他会在朋友话说到一半时打断对方，尤其是他认为话题不能激发思维的时候。问出平庸问题的学生会被他当众羞辱。一位老同事形容奥本海默"目空一切，以至于粗鲁"。

1942年，奥本海默被任命为曼哈顿计划的负责人。当时就有一些同事提出质疑，说他脾气不好，缺乏管理经验，连"一个汉堡摊"都管不好。他的职责是衔接学术界的独立创新精神与军队的严格层级架构。

奥本海默一头扎进了工作中，他认为这是结束战争最高效的手段。他说服了多位世界知名科学家举家搬到洛斯阿拉莫斯，并加入秘密核武器实验室与自己共事，那是一片位于落基山脉最南端的偏僻区域，周围是深谷和高山。奥本海默与军方领导合作融洽，包括与他平级的莱斯利·R. 格罗夫斯（Leslie R. Groves）将军。

据朋友和同事们说，随着时间的推移，奥本海默变成了一位效率极高、极富魅力的管理者。洛斯阿拉莫斯聚集了全世界极为了不起的一些物理学家，包括六名诺贝尔奖得主，他们都非常自负，但不知怎的，奥皮做到了。一位同事说，奥本海默几乎是不可或缺的人物。

1945年4月，奥本海默已经完全进入了曼哈顿计划科研负责人的角色。他当时四十出头，与妻子基蒂（Kitty）和两个年幼的孩子住在洛斯阿拉莫斯一间偏僻的小屋里。当年那位特立独行的教授如今在小屋里设宴招待来访的科学家和同事。欢乐时光从喝干马提尼酒开始，太阳下山后，众人会移步门前院落中。

洛斯阿拉莫斯原本只有几百人口，现在扩大到了8000人，包括科研人员、军人及其家属。面积为54,000英亩[1]的基地——"山丘基地"——被10英尺高，顶上有铁丝网的栅栏围住。基地内又有一道围栏将科研区隔出，

---

1   英美制地积单位，1 英亩等于 4046.86 平方米。——编者注

只有通行权限最高的人才能入内。奥本海默的办公室就在里面，还有庞大的原子弹研究实验室。奥本海默走在没有树的洛斯阿拉莫斯街头时，会向人们挥手打招呼，就像市长似的。他总是从容大方，从来没有找不到话的时候。

1944年在洛斯阿拉莫斯的一次聚会，图中从左到右分别是：多萝西·麦基宾（Dorothy McKibbin），负责这座秘密城市的迎新工作；J. 罗伯特·奥本海默，曼哈顿计划科研负责人；维克托·魏斯科普夫（Victor Weisskopf），核物理学家

然而在4月12日，总统的死讯是一次沉重的打击。托马斯·O. 琼斯（Thomas O. Jones）在那天看到了奥本海默消沉的样子，一个正在深切的失落中挣扎的男人。

琼斯是一名情报官员，他办公室所在的楼与奥本海默所在的楼之间有一条封闭的通道。电话响起时，他正准备离开。罗斯福去世了，打电话的人说。琼斯起初还不信。

"你确定吗？"他问。

对方又说了一遍。琼斯就那么坐着，惊得说不出话。他知道自己必须告诉其他人。基地与外界是隔绝的，听不到外面的电台，看不到外面的报纸。最近的城镇是约35英里[1]外的圣菲（Santa Fe）。洛斯阿拉莫斯在地图上不存在。因此，基地里的大部分人要通过科研区的大喇叭得知噩耗。

琼斯决定告诉奥本海默。他从办公室里像箭一样奔向两栋楼之间的通道。跑到半路，他看见一个熟悉的人迎面而来。

奥本海默已经知道了消息，但还不能相信。"是真的吗？"奥本海默问道。

"是的，奥皮。"琼斯轻声说道。

这只是确认了奥本海默预计会听到的话。

科研区的工作人员同时得知了总统的死讯。一切事情都停了下来。科学家们转头问其他人：你听说了吗？有人惊讶得说不出话，还有人哭了。他们从实验室里拥向走廊和户外的台阶上。没有人想要独处。

琼斯在通道里明显能看出奥本海默受到了震动，他面色苍白而阴郁。两人谈起了总统，谈到他是怎样挽救了国家。奥本海默称赞了罗斯福的善政、明思和"富有魅力的人格"。

事实上，奥本海默与罗斯福没说过多少话，他们保持着相互尊重的距离，主要通过中间人交流。只要有机会，罗斯福总会称赞奥皮在洛斯阿拉莫斯武器研究与设计实验室主持的"重大"项目。

在一封1943年6月29日写给奥本海默的信中，罗斯福试图调解科研人员与强硬的项目军方负责人格罗夫斯将军之间愈演愈烈的对立关系。罗斯福得知，面对他们认为不可能达到的截止日期的压力，有些科研人员颇有微词。他们痛恨生活在严密的守卫之下。有人怀疑原子弹到底能不能造出来，对研究危险材料心怀疑虑。

罗斯福在信中承认，奥本海默领导的是一批在严格的安保手段和"极

1　英美制长度单位，1 英里等于 1.6093 公里。——编者注

其特殊的限制条件下"工作的科学界精英。总统吁请奥本海默说服团队成员，让他们认同设立限制条件的必要性。他请奥本海默向他们转达罗斯福总统对其艰苦工作和"个人牺牲"的认可。

"我确信我们可以信赖他们会继续无私地、全心全意地工作。不论敌人有何谋划，美国科学界必能迎击挑战。"罗斯福写道。

现在，就在奥本海默筹备纪念活动的同时，他知道手下有一些科研人员依然对原子弹开发计划有所质疑。不久前，利奥·齐拉特（Leo Szilard）等多名具有影响力的物理学家从道义上表示反对在战争中使用原子弹。齐拉特发起了一项请愿运动，正在收集与他有同感的科研人员的

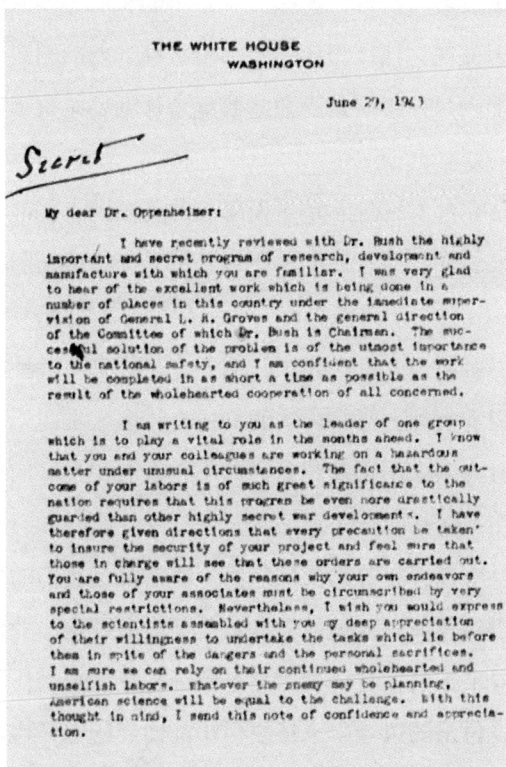

富兰克林·D. 罗斯福总统在1943年6月29日寄给J. 罗伯特·奥本海默的信

签名。

但在这一天，只有这一天，奥本海默想要把这些烦心事都放在一边。为了写完悼词，他昨天很晚才睡。早晨起床时，他发现自家花园、街道和整个镇子都被白雪覆盖。在物理学家莫里森的记忆中，那场雪有一种"慰藉的姿态"。

平时繁忙的街道寂静无声。与美国大部分地方一样，洛斯阿拉莫斯也在哀悼。剧院外的人行道上没有雪，因为被在剧院内等待的几百人踩过了。琼斯在剧院门口遇到奥皮，把他迎了进去。老板将自己的招牌帽子留在了门口。

奥本海默缓缓走向舞台，挤在一排排木制长椅上的人们静了下来。奥皮的一些老相识发现，他比当年加州那个趾高气扬的明星物理学家老了一点。场内的许多人都在想这是否意味着整个计划要结束了，比如琼斯和莫里森。

奥本海默站在台上，身后是一面降下的美国国旗。他等待了片刻。接着，他开始发表悼词，话音如同轻语，目的是安抚洛斯阿拉莫斯的几千名工作人员。

"三天前，罗斯福总统的死讯传遍四方，许多不常哭的人哭了，许多不常祈祷的男男女女向上帝祷告。我们中有许多人看向未来时怀着深切的愁苦，我们中有许多人不再笃定自己的工作会有一个好的结局。我们所有人都被提醒：伟人何其珍贵。

"我们都经历过邪恶与恐怖的年月。罗斯福是我们的总统，我们的总司令，也是我们的领袖，这里的'领袖'是没有被歪曲的传统含义。全世界的人都向他寻求指引，将他视为一个象征，象征着当代的种种恶行不会重演，我们已经付出的以及未来还要付出的惨痛牺牲必将带来一个更适合人类生活的世界。身处恶世，人们才会认识到自己的无助和深切的依赖。人们会想起一位仁德、明智、公正的国王的去世让王国陷入绝望哀痛的中世纪岁月。"

接下来，奥本海默谈起了多年来给予他莫大安慰的文字。

"印度教典籍《薄伽梵歌》有言，'人是一种以信念为本体的造物。一个人信什么，他就是什么'。对罗斯福的信念由世界各国的数以百万计的人所共有。因此，我们才能保持希望。因此，我们才应该坚守希望，坚信他的善行不会随着他的逝去而终结。"

科研人员及其家属后来就那么站着，低着头，一言不发，他们太悲伤了，无法交谈。

尽管奥本海默不确定杜鲁门会如何对待曼哈顿计划，但他依然试图保持乐观。仪式结束后，他转向自己的朋友，物理学家戴维·霍金斯（David Hawkins）。

"罗斯福是个了不起的建筑师，"奥本海默说，"杜鲁门或许会是个好木匠。"

但奥本海默也拿不准。他只知道经过了鲸吞纳税人数十亿美元的多年攻关，洛斯阿拉莫斯的科研人员该拿出产品了，而且要尽快。

倒计时
105天

1945年4月23日
犹他州文多弗

对面的盐湖城警员在大吼大叫，小保罗·蒂贝茨（Paul Tibbets Jr.）上校一边将听筒从耳朵旁拿开，一边做了个鬼脸。周末的时候，上校手下的一些航空人员拥进了城里，那样子活像刚赶完牛的牛仔。警员列出了一长串越轨行为，说他们开车超速，闯红灯，拿着威士忌在犹他大酒店里和浪荡女子放声嬉笑，还跟当地的石油工人发生口角。

蒂贝茨叹了口气。他和手下的人枯守在这座沙漠中的军用机场已经太久了，是时候让第509混成航空大队离开文多弗空军基地，给真正的敌人带来真正的麻烦了。

上校告诉警员，他们不久就会出城，不会再给他惹麻烦了。因为周末胡闹就把他那些训练有素的部下抓起来于事无补，更会浪费国家投资。

警员只得同意。蒂贝茨又说了几句宽心话，然后就挂了电话。

之前的几个月里，上校一直在训练部下。他们不了解具体情况，只知道受训是为了执行一次能够结束战争的秘密轰炸任务。现在他们已经做好了准备，可炸弹呢？上校心里只有这一个问题。他在文多弗和洛斯阿拉莫斯之间来来回回，得到的消息是科学家还在"鼓捣"。科学家更关心造出完美的武器，而不是满足于现有的武器。他们好像永远在完善设计，进行新的测试和永无止境的修修改改，最后才让蒂贝茨真正去扔下那个倒霉的装置。当然，炸弹能否起作用还是有疑问的。

　　蒂贝茨要应付的不只是警察和洛斯阿拉莫斯的科研人员。他自己在犹他州也有一摊子复杂的秘密军事任务，涉及几百名飞行员、领航员、投弹手和辅助人员。了解任务全貌的只有他和屈指可数的几个人。第509大队的每一个问题最后都会摆到他的办公桌上。

　　他的妻子露西和两个年幼的孩子住在机场附近的一栋小屋里，但他很少有机会过去。他的精力都扑在任务上，以至于往日的父子玩耍和夫妻夜谈都成了甜蜜回忆。勤奋是上司选中他的一个原因。他做事有条理，性格坚毅，开战前多年就加入了陆军航空兵团。但最重要的一点是——用一位将军的话说——他是陆军中"最厉害的飞行员"。他的座舱驾驶功夫对这次危险的任务至关重要。最后执行任务的飞行员不仅要准确地投下原子弹，而且投弹后，为了躲避炸弹的冲击波，还要转向和俯冲。这些动作都要做到完美，否则飞机就会被余波炸成碎片。

　　如果说有人能做到的话，那就是蒂贝茨了。他是一个自信、俊朗、有轻微兔唇的汉子。但蒂贝茨不是好莱坞角色类型的人，他是一名不惧压力的老练的轰炸机飞行员。在1942年和1943年的北非战役期间，德怀特·艾森豪威尔（Dwight Eisenhower）和马克·克拉克（Mark Clark）两位将军都坐过他开的飞机。有一次他载克拉克去阿尔及尔（Algiers）时，飞机被高射炮和机关枪打得起火了，可他依然做到了顺利着陆。

　　蒂贝茨在北非和德国上空执行过几十次轰炸任务，后来调回美国主持B-29"超级空中堡垒"轰炸机的飞行测试工作。B-29由波音公司设计，目的是让其飞行速度、作战高度和载弹量超越其前身B-17"空中堡垒"。B-29的航程达3000英里以上，刚好符合美国军方逼近日本的需要。但新式轰炸机首次测试就害死了试飞员，于是有人认为它太过危险。

　　蒂贝茨勇敢无畏，他对他的飞行员同事也有着同样的要求。作为一名果决的指挥官，蒂贝茨是个完美主义者，这有时会惹恼一部分同事。但蒂贝茨不在乎。负责人是他，所以他们必须按照他的方式——"正确的方式"——做事。

他出生于伊利诺伊州的昆西市（Quincy），父亲曾在第一次世界大战期间担任步兵上尉，后来做起了糖果批发生意。这一点间接引发了保罗的兴趣。他12岁时第一次上天，坐的是一架双翼飞机。那是"露丝宝贝"牌新款巧克力棒的一次促销活动。他父亲是该产品的地区经销商，于是雇了当地的一名飞行员从天上向人群抛撒"露丝宝贝"。

听说了这次吸人眼球的活动，小保罗就央求飞行员带上他。飞行员没有马上同意，他可不想老板家的公子出事。获得准许后，飞行员就让男孩帮助一批仓库员工给每块巧克力棒都粘上一个小小的纸制降落伞，以便落地轻柔。

飞机装满巧克力棒后，蒂贝茨就跳进驾驶舱，在飞行员边上系好安全带。引擎咆哮着发动了起来，飞行员推上油门，飞机很快就升空了。风迎面吹来，蒂贝茨不禁笑了起来。两人很快就来到了一处赛道上空，飞行员开始低空盘旋，好让人群看清双翼飞机。飞行员负责转向，蒂贝茨负责把巧克力棒扔给下面的人。多年以后，蒂贝茨打趣说，那是他的第一次轰炸行动。他从飞机升空的那一瞬间就着迷了。后来他对朋友们说，"一旦让我见识到了惊心动魄的飞行员生活，就再没有别的事能满足我了"。

但父亲希望他当医生。蒂贝茨上了伊利诺伊州北奥尔顿（North Alton）的西部军事学院，1933年进入佛罗里达大学。他下课后经常去盖恩斯维尔机场（Gainesville Airport）看飞机。有一天，他决定是时候学习开飞机了。他报了飞行课，30分钟7美元。他是天生的飞行员，水平很快就超过了老师。

读完大二后，蒂贝茨转去辛辛那提大学完成医学预科教育。他住在父亲的朋友，外科医生艾尔弗雷德·哈里·克拉姆（Alfred Harry Crum）家中。周末大部分时间，他都在克拉姆医生所在的医院里当护工，但闲暇时会溜去伦肯机场（Lunken Airport）找飞行员们玩。

克拉姆医生注意到年轻的蒂贝茨对飞行有兴趣，鼓励他追逐梦想。或许他可以当一名民航飞行员。但蒂贝茨知道，父亲是不会同意的。

之后，临近1936年年底，一切都明朗了。《大众机械》（*Popular Mechanics*）杂志上的一则广告几乎在向蒂贝茨喊话："你想学开飞机吗？"蒂贝茨已经会开了，真正吸引他的是下一行广告语：陆军航空兵团招收飞行员。时年21岁的蒂贝茨第二天就寄去了申请书。就在他要放假回家前，回信到了：蒂贝茨入选了。他要成为一名实习飞行员了。

他现在必须告诉父母，他要退学参军了。他的父亲不太高兴。"我供你上学，"他说，"给你买了好几辆车，给你钱追女孩子，但从今天起，你就靠你自己吧。你想自杀就自杀，我不管。"

他的母亲艾诺拉·蒂贝茨（Enola Tibbets）静静地坐着，听着丈夫发完了火。当丈夫停下来喘气时，房间里一片寂静，接着她开口了。

"保罗，你想开飞机也没问题。"她用近乎低语的声音说道。蒂贝茨感到了宽慰。他做出了正确的抉择。他不会出事的。

蒂贝茨每次作战陷入困境时，都会想起母亲的话。1937年2月，他出发参加基础训练时，母亲对他说："儿子啊，我们总有一天会为你骄傲。"他如今已从军八年，无事不顺。

在得克萨斯州圣安东尼奥的伦道夫机场（Randolph Field）完成基本飞行训练后，他被分配到了佐治亚州的本宁堡（Fort Benning）基地。他在那里遇上了小巧的南方丽人露西·温盖特（Lucy Wingate）。两人坠入爱河，于1938年结婚。

保罗·W.蒂贝茨上校

蒂贝茨在陆军航空兵团（1941年更名为美国陆军航空队）平步青云。1942年6月被派往欧洲后不久，他被任命为第97轰炸机联队的中队长。

1942年8月，蒂贝茨领导了美国第一次对法国沦陷区的大型日间轰炸行动。蒂贝茨的座机是一架他取名为"红地精"（Red Gremlin）的B–17"空中堡垒"轰炸机，他在这架座机上共执行了25次战斗任务。

他开飞机将克拉克少将从伦敦运至直布罗陀，筹备盟军入侵北非的火炬行动。几周后，蒂贝茨又将盟军总司令艾森豪威尔中将送抵直布罗陀。

蒂贝茨的本领受到了上司吉米·杜立特（Jimmy Doolittle）少将的称赞。杜立特已经是一名传奇军人了，他是美国对日本本土的第一次空袭，1942年大胆的东京空袭行动的负责人。这场行动后来被拍摄为电影《东京上空30秒》（*Thirty Seconds Over Tokyo*），由斯宾塞·屈塞（Spencer Tracy）饰演杜立特。

因此，当蒂贝茨于1943年2月被叫到杜立特的办公室时，他以为自己大概又要将某位高级将领送去某地。但杜立特跟他讲的是另一件事，是空军参谋长亨利·"哈普"·阿诺德（Henry "Hap" Arnold）五星上将要人。"阿诺德将军让我把手下飞B–17经验最丰富的一线军官调回美国。"杜立特说，"他们在造B–29，遇到很多麻烦。这事交给你了。"

一个月后，蒂贝茨回国，在波音公司的工厂配合工程师进行飞行测试。他又前往新墨西哥州的阿拉莫戈多（Alamogordo），帮一名教授计算B–29对战斗机的防御力。蒂贝茨的工作是验证模拟战斗场景中提出的各种假设。B–29测试用机装上了全部武器和装甲板，但蒂贝茨抵达时得知他的飞机已经至少趴窝10天了。于是，他决定试飞一架不装机枪和防护的"光板"B–29。蒂贝茨惊讶地发现，减重7000磅的B–29很容易操控，而且能飞得很高。他把数据书面反馈给了上司。

1944年3月，陆军于内布拉斯加州的格兰德艾兰（Grand Island）开设B–29培训学校，由蒂贝茨任校长。这是合理的。他飞"超级空中堡垒"的时间比任何飞行员都多。他干校长时间不长。9月，他受召去科罗拉多斯普林斯市（Colorado Springs）美国陆军第二航空队总部参加秘密会议。

蒂贝茨对会议内容一无所知，甚至不知道出席人员。他安定心神，走进了会议室。里面有三个人：约翰·兰斯代尔（John Lansdale）陆军上校，美国陆军情报官；威廉·"迪克"·帕森斯（William "Deak" Parsons）海军上校，"爆炸物专家"；还有哈佛大学物理学教授诺曼·拉姆齐（Norman Ramsey）。

兰斯代尔说他想问蒂贝茨几个关于其从军生涯的问题。但他们很快转向了蒂贝茨的个人生活方面，有些问题非常私密。蒂贝茨以为这是一次审讯。最后，兰斯代尔说他还有最后一个问题："你被捕过吗？"

蒂贝茨深吸一口气。有，他说。他19岁在学院里读书时，"一个爱管闲事的警察拿着手电"抓到他和一名女孩在他停在佛罗里达州北迈阿密滩（North Miami Beach）的轿车后座上"做爱"。他说，指控后来被撤销了。屋里的每个人本来就知道蒂贝茨性格不谨慎。他们的背景调查这就做完了，只是想看看他是否已经改过自新。如果是的话，他就是合适的人选。之后是第二航空队队长乌萨尔·G.恩特（Uzal G. Ent）将军接过话头，而且直奔主题。

他向蒂贝茨介绍了曼哈顿计划，计划的目的是开发一种爆炸力相当于"两万吨传统高爆炸药"的强大炸弹。蒂贝茨被选来开发一种将炸弹投放到德国或日本上空的方法。他的任务代号是"银盘行动"（Operation Silverplate）。恩特警告蒂贝茨，他向任何人泄密，都要上军事法庭。

他们说，从人力到物资，蒂贝茨要什么有什么。如果有人找他麻烦，他只要说"银盘行动"需要这样做就行了。他拿到了一张空头支票。

蒂贝茨选择的训练地点是犹他州与内华达州边界线上的一个偏远基地——文多弗空军基地。他开始为新团队募集合适的人员，梳理记忆中欧洲和北非战场的战友以及B-29训练项目的同事里面有哪些杰出的飞行员。

　　他的名单上头一个就是领航员"荷兰人"西奥多·范柯克（Theodore "Dutch" Van Kirk）上尉，还有他当年飞"红地精"时的机组成员，投弹手托马斯·费尔比（Thomas Ferebee）少校。不执勤的时候，范柯克和费尔比这两个年轻的单身汉都喜欢喝酒、赌博，在伦敦四处闲逛。蒂贝茨经常和他们一起玩。

　　费尔比先到了文多弗，范柯克随后赶来。投弹手在任务中负责击中敌方目标。在蒂贝茨看来，没有人能比费尔比做得更好。费尔比来自北卡罗来纳州的一个小镇，英俊高挑，高中时是一名棒球明星，还参加了波士顿红袜队的试赛。

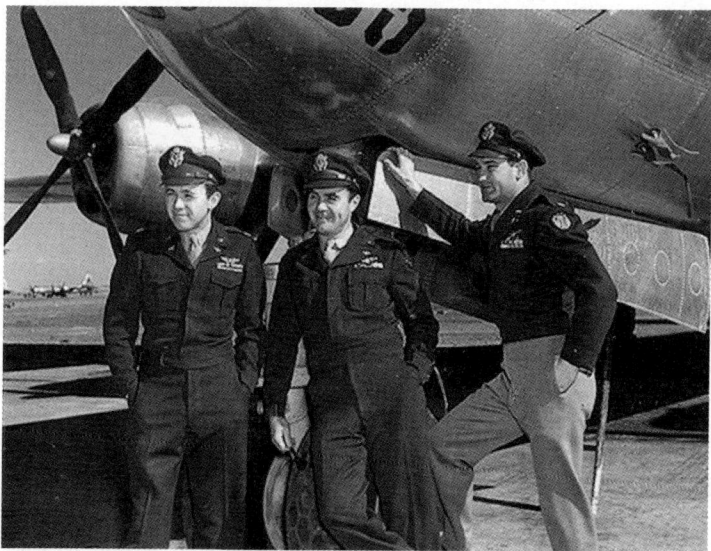

西奥多·范柯克上尉、保罗·蒂贝茨上校和托马斯·费尔比少校，身后是他们在欧洲执行轰炸任务时开的"红地精"号轰炸机

　　小胡子，平缓的南方口音，再加上赌技和女人缘，费尔比活像是《乱世佳人》中的白瑞德。

　　与费尔比不同，范柯克刚刚安定下来。这个大男孩样子的飞行员娶了老家宾夕法尼亚州诺森伯兰（Northumberland）的一个女孩。24岁的范柯克比费尔比稍微安静一些，但两人都是完美主义者——与长官一个样。三人小组通力合作，集合齐了蒂贝茨想要的组员，其中包括雅各布·贝塞尔（Jacob Beser），一个瘦小精干，喜欢嘲笑人的巴尔的摩犹太小伙子，曾就读于约翰斯·霍普金斯大学的工程学专业。

贝塞尔立即抓住了机会。1939年9月德国入侵波兰，挑起第二次世界大战时，贝塞尔就游说父母同意他加入英国皇家空军。他痛恨纳粹。他知道自己在法国和德国的亲戚们是希特勒的凶残反犹主义的天然目标。他的父母同样愤怒，但他们坚持要他完成学业。当日军袭击珍珠港时，贝塞尔终于忍无可忍，第二天就报名参加了陆军航空队。

但三年多过去了，贝塞尔依然没有投身于战事。完成基础训练后，他被派到哈佛去学习雷达技术。雷达技术是一种日益重要的新兴技术，贝塞尔成了陆军航空队顶尖的雷达专家之一。

贝塞尔一直请求加入作战单位，"为欧洲的亲属报仇"，但每次都被回绝。他成天就是向新兵传授雷达技术。蒂贝茨将他选入团队时，他刚刚又提交了一份申请。

蒂贝茨对机尾炮手，参谋军士乔治·"鲍勃"·卡伦（George "Bob" Caron）做了同样的事。卡伦赶到文多弗——盐湖城以西约125英里的一大片沙漠——时，制服脏兮兮的，领扣也没有系上，这都是违反军规的。一名宪兵冲了过来，结果卡伦听到了熟悉的声音。

"是你吗，鲍勃？"

卡伦转过头，蒂贝茨握住了他的手。卡伦咧嘴一笑，宪兵就停下了脚步。长官把卡伦带到自己的办公室，直接进入正题。

"鲍勃，我需要一个自己懂行，而且能教会别人的人。还要教他们把嘴巴闭好。"蒂贝茨说。

"上校，我压根不会跟别人讲我在这里。"卡伦说。

蒂贝茨选的另一个人是出生于布鲁克林的年少气盛的领航员罗伯特·A. 刘易斯（Robert A. Lewis）上尉。在B-29项目中，蒂贝茨是刘易斯的教官。如果说蒂贝茨是飞行员里的乔·迪马乔（Joe DiMaggio），那么刘易斯就是泰德·威廉斯（Ted Williams）。[1]刘易斯相信蒂贝茨是军队里最优秀的飞行员，其他许多人也这样认为。

当蒂贝茨凑齐12名机组成员时，他已经网罗了一批美国军中的顶尖飞行员、领航员和飞行技师。蒂贝茨最看重的品质是忠诚和保密。他能容忍手下最无法无天的做法，只要他知道他们不会向其他人透露这些事。

1944年9月，他在第509大队的首次介绍会上概括了自己的要求："你们不能跟任何人讲自己的位置、身份和做的事情。妻子、母亲、姐妹、女朋友，所有人都不行。"

为了表明自己是认真的，几个大嘴巴突然被调到了阿拉斯加州的一处空军基地。

蒂贝茨的团队连月奋斗，一边学习探讨，一边实践操作。他们工作努力，玩得也尽兴，想尽办法填补上阵前的漫长等待时间。现在春天来了，文多弗人的意见越来越大，是时候换地方了。

与此同时，长官们一直忙着为第509大队筹备新基地，地点位于东京以南1600英里，具有重要战略地位的太平洋小岛提尼安岛（Tinian）。在1944年7月被美军占领后，提尼安岛成了一处重要的空军基地，这里海运补给方便，是B-29空袭日本城市的理想出发地。

蒂贝茨已经受够等待了。他拿起电话，拨通位于华盛顿的空中力量指挥总部的电话，报上了"银盘"的名号。他说第509大队已经做好搬家准备了。于是，行动开始了。他知道全员搬过去要用几周时间。

大家于4月26日启程向西，经西太平洋铁路抵达西雅图，然后大部分

1　乔·迪马乔和泰德·威廉斯都是美国著名棒球运动员。——编者注

地勤人员坐船去提尼安岛。B-29机组成员之后再飞过去。

蒂贝茨启动了计划。电话很快就响了，格罗夫斯将军的一名副官要求蒂贝茨去华盛顿参加紧急会议。副官说将军不太高兴，但不肯具体说。蒂贝茨上路了。

他还没进办公室的门，格罗夫斯就扑了上来。上校啊，你以为自己是谁啊，竟然在海外指挥第509大队？格罗夫斯是项目的总负责人，你不清楚吗？此举等于是抗命。

格罗夫斯破口大骂，脏话乱飞，蒂贝茨就那么静静地站着。他知道将军申斥他的原因，他应该先跟将军通气的。但格罗夫斯骂完以后，做了一件让蒂贝茨惊讶的事。他露出一个大大的笑容，狠狠拍了拍蒂贝茨的肩膀。"好小子，你这一下，我们就动起来了。"他说，"他们现在挡也挡不住了。"

蒂贝茨只能希望将军是对的。世界的其他地方都在战斗，他烦透等待了。

倒计时
104天

1945年4月24日
日本冲绳

在一艘美军驱逐舰的甲板上，德雷珀·考夫曼（Draper Kauffman）队长透过双目望远镜扫视海面、岛屿和远处的天空。一艘30英尺长的胶合板小船正朝他驶来，这艘船属于精锐的美国水下清障队（Underwater Demolition Team），显得特别不起眼。"蛙人"从侦察任务中归队了。

炮弹尖叫着飞向冲绳，爆炸时扬起大片烟尘，空气都随着炮火而震颤轰鸣。

那边有别的东西出来了。考夫曼将目光从海面转向天空，看到天际线上好像有一大群鸟儿。日军机群正朝美军舰队扑来。

"神风特攻队。"他嘟囔道。

考夫曼参加过战斗。他目睹过美军在太平洋战场上的一些死伤极大的行动：塞班岛、关岛、硫黄岛。他曾与手下的蛙人们一起扎进大洋，炸掉被日军占据的偏僻岛屿周围布置的，用于消灭美军登陆部队的水下障碍物。

他们来冲绳快一个月了，不停地在战斗。考夫曼得出了一个犀利的结论：先前的历次战役只是本次战役的热身。冲绳是一块难啃的骨头，一个狗娘养的浑蛋。

冲绳植被茂密，山丘遍布，洞穴和地堡多如蜂巢，有上万名决心死战到底的日本士兵驻守。敌人，哪怕是新兵蛋子，也决不投降。

盟军要用多久才能拿下这个被上帝抛弃的角落呢？而且就算拿下了，考夫曼估计也开不了庆功宴。一时半会儿开不了。

夺取冲绳的下一步就是攻入日本本土。日期还没有定，但国内的军方上层已经在报纸上谈论起来了，让公众为不可避免的恐怖与死亡做好准备。

中缅印战区的美军司令约瑟夫·史迪威（Joseph Stilwell）将军一周前称，尽管日军在太平洋损失惨重，但"敌人现在比开战时更加强大"，而且"一场殊死搏斗"正等待着美军。

为了攻入日本本土，美国征召和训练了更多公民。罗斯福去世前一个月宣布，美国历史上"最庞大的武装力量"的动员工作将于6月底完成。征兵年龄上限提高了，"先前因从事职业而被暂免征召"的应征者——学者、农民、神职人员和退伍老兵——被要求入伍，以填补美军的重大伤亡。

考夫曼热爱海军，一心为国效力。他是实干家，是乐观主义者。但那一天站在"吉尔默"（Gilmer）号驱逐舰上目睹神风自杀队扑来，他必须要深入内心，才能保持积极的态度。

他走下甲板去迎接蛙人们。

考夫曼笑着迎接登上驱逐舰的蛙人们，说话声几乎被炮弹爆炸和机枪开火的巨响淹没。"干得好！"他大喊道，"我真想亲自下水，而不是守在舰桥上啊。"部下们知道他是说真的。他是一名实干型军官，曾在其他激烈的战场上与部下们并肩作战。

考夫曼是个以身作则的人，这是从他同样担任海军军官多年的父亲那里学来的。他的父亲詹姆斯·考夫曼（James Kauffman）现在已经是海军中将了。德雷珀决心追随父亲的道路。

尽管他是将军的儿子，但一路走来并不轻松。考夫曼虽然进入了美国海军学院就读，但1933年毕业时因视力问题未被授予官职，于是他去了纽约的一家轮船公司工作。1940年年初，他辞职后加入美国赴法志愿救护车队。此举让他的家人们感到震惊，他们担心他的安全。自1939年9月德国入侵波兰以来，欧洲便陷入战火。到了1940年春，英法两国正在绝望中试图阻止纳粹的闪击战。考夫曼只是想尽一份力。他在一封家信中解释了自己的决定："我认为有些时候，有些事情是值得为之战斗的，哪怕不符合当下的个人利益。"但他刚到法国，就被德军俘虏了。几周后，法国沦陷。

考夫曼是美国人，所以德国人决定放了他，但也警告他：回国去。如果再抓到他，他就不会这么走运了。考夫曼越过西班牙边境去了英国。当时德国空军每天夜里都会轰炸伦敦，大楼被炸塌，大火吞噬整片街区。英国是唯一还在对抗希特勒的国家。考夫曼与成千上万名英国人一起收听温斯顿·丘吉尔首相激情洋溢的，在绝望时刻为国民带来希望的广播讲话。

1941年11月受命组建美国海军拆弹学校后的德雷珀·考夫曼。1940年至1941年，他曾在英国担任拆弹官

德雷珀·考夫曼不打算回国。他加入了皇家海军志愿预备部队，学会了如何拆除炸弹。他的水平很高，当上了一等拆弹军械官。1941年11月，切斯特·尼米兹（Chester Nimitz）少将请考夫曼为美国海军开设一所拆弹学校。从海军学院毕业近十年后，考夫曼终于获得了军职。

正当他为拆弹学校选择生员时，他听说了珍珠港袭击事件。他必须加快速度了。学校位于华盛顿特区郊外，他迅速开始招募员工，组织运营。那是一段忙碌的日子。他将大量时间投入到办公室和教室中。工作之余，他都和妹妹最好的朋友佩吉·塔克曼（Peggy Tuckerman）在一起。他已经认识佩吉很多年了，两人在他带着师生迁往大西洋边的佛罗里达州的皮尔斯堡（Fort Pierce）前结婚，也是合情合理的。学员们在皮尔斯堡可以下水训练。

这里就是水下清障队的诞生地。考夫曼先在陆地上教学员拆除炸弹和地雷，然后转到海里。他们毕竟是海军，而且水雷和人造障碍物正在给军舰和运送部队参战的登陆艇造成损失。

考夫曼的专业素养引起了太平洋两栖作战部队司令里士满·特纳（Richmond Turner）少将的注意。海上突袭已经成为美国对日战略中的关键一环。美军将领制定了"跳岛"战略，逐个夺取并守卫关键岛屿，直到日本本土进入美军轰炸机的作战半径内。美军会绕过防守严密的岛屿，攻击敌人的薄弱处。

美军一路上遇到了诸多难题。尽管入侵行动方案把所有细节都计划到了，但两栖作战依然有风险。经过战列舰和航空母舰的长时间轰炸，登陆艇从离岸几千码[1]的地方出发，有的载着士兵，有的载着装备，利用仔细算好时间的海浪驶向滩头的规定位置。登陆艇在逼近海岸的过程中——尤其是在浅水区——不仅要穿过敌军的枪林弹雨，还要避开隐藏在水下的天然或人造障碍物：礁石、木桩、水雷、炸弹。

早期两栖行动导致了成千上万名美军丧生，因为军官们只能猜测水有多深，或者浅水区是否遍布障碍物。美军指挥官明白了加强侦察的必要性。他们必须用某种方式探察出发线与海滩之间的水下地貌，以便清除或避开障碍物。

这里就该考夫曼的精锐水下拆弹小队出场了。

蛙人学员们必须经过难熬的课程训练，六周时间里对体能提出了重重

1　英美制长度单位，1 码等于 0.9144 米。——编者注

挑战。一开始的"地狱周"是最难熬的，七天不间断地进行体能训练，只有寥寥几次睡眠和用餐时间。而且他们的军装简直算不上衣服。蛙人执行任务时的样子好像是去参加游泳比赛，而不是上战场。他们身穿泳裤，头戴泳镜，还有防止被有毒的珊瑚伤到的脚蹼。他们的四肢上绑着小刀、拆弹装备、雷管，以及用来绘制详细地图的写字板和防水铅笔。他们身上涂着蓝灰色的铝基油彩，目的是伪装和抵御寒冷的海水。"要当蛙人，我们必须在体能、心理和情绪上都适应起来，否则课程根本坚持不下来。"电气技师[1]哈罗德·莱丁（Harold Ledien）回忆道，"我们是裸体战士。"

每艘木制登陆艇都配备一只充气式橡皮艇，用来将补给品运上岸，以及在任务完成后接游回来的蛙人。在部署到冲绳以前，清障队已经证明了自身的价值。登陆行动的指挥官越发倚仗他们。

考夫曼指挥着冲绳岛的12支清障队。冲绳岛是琉球群岛中最大的一个岛屿，群岛还包括庆良间列岛和伊江岛。每支清障队有100名蛙人和少数后勤人员。清障队在战斗开始前有大量任务要完成。冲绳是一个贫穷而人口稠密的农业地区，成为打击目标只有一个原因：距离敌人近。冲绳距离日本本土最南端的九州岛只有350英里。简言之，冲绳是登陆日本行动的理想出发地。

考夫曼的清障队要为行动铺平道路。

蛙人们在珊瑚礁中间炸出了几条输送通道。他们在一处地方用16吨炸药创造出一条50英尺宽、300英尺长的通道，轮式车辆在落潮时可以顺着通道开上滩头。这次爆炸动静很大，有些美军舰上人员还以为自己遭到了进攻。

在另一处登陆点，一队蛙人发现了3100根插进水下6英尺的珊瑚丛中

1　电气技师是美国海军人员的职称等级，主要负责维护海军及海岸设施的电气设备等。——译者注

的尖头木桩，木桩间遍布铁丝网和水雷。美军炮艇在水面上开火吸引火力，考夫曼的部下趁机将炸药绑到木桩上，一举全部摧毁。

在另一次侦察行动中发现了260艘藏在洞穴里的小艇。它们是"自杀艇"，本来要装上炸药，由日军士兵驾驶，冲向美国军舰，好比水上神风敢死队。考夫曼下令把它们都炸掉了。

除了清障工作，考夫曼的部下还要标记礁石深度和最佳滩头登陆点。冲绳岛长60英里，最宽处10英里，海滩长10,000码。陆军或海军陆战队每次发现新登陆点时，就会召唤考夫曼。

最后，18万名陆军和海军陆战队士兵于4月1日登上冲绳岛。

考夫曼的蛙人在4月16日的伊江岛登陆行动中发挥了重大作用。行动一切按计划进行，但考夫曼每次听到伊江岛的名字，都不禁想起自己的朋友厄尼。

厄尼·派尔（Ernie Pyle）是一名传奇战地记者，4月18日在伊江岛被狙杀。派尔之前随美军记录欧洲战事，不久前才来太平洋。派尔想为考夫曼的清障队写一篇专题报道。派尔说他们"一半是鱼儿，一半是疯子"，但考夫曼请他不要发表，日本人也会看报纸。如果日本炮手知道要警惕蛙人的话，他们在开阔水域就会被轻松猎杀。

"我这么说吧，"考夫曼向派尔解释说，"我好比是一个穿着同一件脏衬衫连赢10场比赛的棒球队经理，不管衬衫多难闻，我都不会脱下来，直到输了比赛为止。"

派尔摇了摇头。"这是我听说过的压制美国媒体的最糟糕的理由。"

考夫曼知道派尔为什么想报道他手下的蛙人。这位记者要的不是捞一大票，他要的是蛙人得到"美国人民对他们应有的赞誉"。

派尔的死讯震动了考夫曼和他的许多部下。先是罗斯福，然后又是厄尼，更别提身边每天都有阵亡者了。

考夫曼确定队员们都回到了驱逐舰上，他命令他们先去吃东西，然后休息。战斗越发激烈，更多侦察任务已经被安排上了。敌军的火力更强了，神风敢死队更多了。仗打了好几年，从头一直打到尾。他们被死亡包围，看不见尽头。

考夫曼对洛斯阿拉莫斯和那里正在研发的强大炸弹一无所知。他只知道日军会战斗到最后一人，而拿下冲绳之后，就只剩下一个目标了。最宏大、最血腥的一个目标。

如果他们认为冲绳就是地狱，那以后还要可怕得多呢。

倒计时

103天

1945年4月25日
华盛顿特区

哈里·杜鲁门现在只当了整整12天总统，但他已经在任上留下了自己的印记。罗斯福经常开没完没了的内阁会议，对阁员讲述长篇故事。杜鲁门完全是公事公办，一件事一件事接着办，迅速解决问题。

"他说的话都是一锤定音。"阁员亨利·华莱士（Henry Wallace）评论道。他是杜鲁门之前的一任副总统，之后一直担任罗斯福政府的商务部长。接着，他说了一句明褒暗贬的话："他几乎像是要赶在思考前就做出决定。"

但这次会议不一样，会上将做出对杜鲁门来说——或者说对任何一位总统来说——最艰难的决定。杜鲁门前一天接到了战争部长史汀生递来的字条，上面写着："切望商讨高度机密事务一件。"史汀生提起了总统宣誓就职仪式当天两人的简短对话。现在他希望向杜鲁门做详尽汇报。"我认为你应该马上了解此事，不能再拖了。"

杜鲁门在字条末尾指示下属道："放到明天周三25日的待办事项中。HST[1]。"

不到一年前，杜鲁门能当上副总统还是令人难以置信的事情，更别提

1　即哈里·S.杜鲁门。——编者注

接替富兰克林·德拉诺·罗斯福出任总司令了。1944年夏，在罗斯福筹划自己的第四届总统竞选时，民主党领袖们想要甩掉副总统亨利·华莱士。他书生气太重，太"左"倾了。而且随着罗斯福的身体每况愈下，他们担心华莱士会在罗斯福去世后完成余下的总统任期。但要用谁换下华莱士呢？尽管身体欠佳，但罗斯福从未设想过让其他人统领国家。

总统不去思考这件事，党内领袖们就围绕可能的人选展开了争论。一个人选是詹姆斯·伯恩斯（James Byrnes），他先后担任参议员和最高法院法官，又在罗斯福的劝说下转任战争动员办公室主任。杜鲁门同意在民主党大会上发言，提名伯恩斯为副总统。参议院多数党领袖阿尔本·巴克利（Alben Barkley）也在竞选。华莱士认为副总统的位子还是自己的。1944年7月的盖洛普民意调查表明，杜鲁门的支持率只有2%。

这位来自密苏里州的新晋参议员讨人喜欢——聪明、努力、爱好社交。杜鲁门身高5英尺9英寸，果决直率，嘴巴很毒，适合跌宕起伏的政坛。往好了说，他之前的职业生涯是在原地打转。他当过农民、银行出纳员、销售员和男装店店主（最后一份生计让他债台高筑）。他早年是一名陆军炮兵军官，参加过第一次世界大战，还受过嘉奖。

1922年，杜鲁门破了产，又失了业。但他在部队里有一个老战友，名叫吉姆·彭德格斯特（Jim Pendergast）。吉姆的叔叔是堪萨斯城（Kansas City）的政界大佬汤姆·彭德格斯特（Tom Pendergast），后者正好需要一个人去竞选杰克逊县的法官，基本上就是县长。

彭德格斯特被普遍认为是腐化分子，杜鲁门是一个好"门面"。他主打一个"诚"字——他一分钱都不会窃取，还要给当地的沙土路铺设路面。他以不到300票的优势险胜。时年38岁的他在政坛开启了新事业。

杜鲁门的下一次晋升同样令人不可思议。1934年，密苏里州空出了一个参议员席位。彭德格斯特大佬找了三名候选人，结果全被回绝。时限快到了。而且这里还有另一层考虑：圣路易斯（St. Louis）已经有一名参议员了。彭德格斯特需要一名本地的参议员来庇护他在堪萨斯城辐射堪萨斯州西部的政治机器。

当彭德格斯特的手下去找杜鲁门时，他马上提出了所有行不通的原因。"没有人知道我，我也没有钱。"他说。彭德格斯特的人回答说，他们会力挺他——提供资金和强大的组织。杜鲁门知道自己有机会了。

他盘点了自己的政绩，主要是铺路。"他让杰克逊县走出了泥坑。"教过他的一名老师说。他的竞选口号也很简单——"支持罗斯福"。当时新政已经推行了两年，这句口号是很有分量的。最重要的是，他得到了堪萨斯城政治机器的支持。他赢得了初选，在民主党氛围浓厚的密苏里州，他肯定能拿下正式选举。这时，《圣路易斯邮报》（*St. Louis Post-Dispatch*）将他斥为"彭德格斯特大佬的小厮"。

但他通过担任参议院国防计划调查特别委员会主席的职位获得了一定的关注度，该委员会的职责是调查国防合同的签订状况。委员会几乎马上得到了"杜鲁门委员会"的称呼。

1944年7月，他绝对想不到自己会成为罗斯福的竞选搭档。罗斯福显然也想不到。当月，总统说，"我基本不认识杜鲁门。他是来过几次，但没有给我留下特别的印象"。党内的政治掮客们则有另一番盘算。纵观各个潜在人选，每个人都有毛病。杜鲁门的强项是什么？直白点说，民主党领袖们认为他对全国大选名单的损害最小。

尽管多次有人找杜鲁门，可他就是不愿意参选。他最后解释了原因：他的妻子贝丝现在领着参议院的工资，每年4500美元。杜鲁门确信，如果他上了名单，这笔钱就没了。他想得没错。

杜鲁门6岁时第一次与伊丽莎白·"贝丝"·华莱士（Elizabeth "Bess" Wallace）见面，地点是密苏里州独立城（Independence）的主日学校。她的金发和蓝眼睛一下子迷住了他。他用了5年才鼓起勇气与贝丝说话，两人当时在四年级的同一个班级。

她是他唯一追求过的女孩。20多岁时，他锲而不舍地追求贝丝，劲头不比做其他任何事情差，包括一次被拒绝的求婚。最后，当他1919年从法国参战归来后，两人结婚了。杜鲁门时年35岁。

在后来的日子里，他大部分事情都会跟妻子讲——公事私事都讲。他叫她"老板"。两人的独生女玛格丽特说，父亲每次公开发言时都会朝母亲看，寻求她的鼓励。

所以，他让贝丝领参议院的工资是做正经事。贝丝是他信任的顾问和演讲稿主笔，她会直言不讳地告诉丈夫她的看法。他只在少数几个方面不听妻子的，毒舌是其中之一。

杜鲁门喜欢讲一个故事，说的是他在一次演讲中反复用到"牛粪"这个词。一个朋友靠向贝丝说，"我希望你能让哈里用一个文明点的词"。贝丝答道："我用了10年时间才让他用'牛粪'这个词。"故事很好笑，但杜鲁门担心如果人们发现——人们确实发现了——他的妻子是"吃官饭的贝丝"，会有政治影响。

他的担心无关紧要。在政党大会于芝加哥开幕当日，民主党全国委员会主席罗伯特·汉尼根（Robert Hannegan）把杜鲁门叫到自己的酒店套房里。党内元老们专门让杜鲁门听见汉尼根与身在圣迭戈（San Diego）的罗斯福总统通电话。

"鲍勃，"罗斯福说，"你跟那个小子谈好没有？"

"还没，"汉尼根回答说，"他是我对付过的最犟的一头密苏里犟骡子。"

总统宣布道："好吧，你去告诉参议员，如果他想在仗打到一半的时候让民主党分裂，那这就是他的责任。"杜鲁门这时拿起电话，略示抗拒后说："我一向听从总司令的命令。我照办。"

罗斯福很快就忘掉了自己的竞选搭档。而且在1945年1月的就职典礼后，他将副总统排除在高层讨论之外，尤其是美国在欧洲和太平洋战场的作战计划与执行事务。

但现在是4月25日中午。杜鲁门是总统。战争部长史汀生走进椭圆形办公室。他递给总统一份简短的打字备忘录，然后等着杜鲁门读完。开头的一句话就像攻城槌一样砸过来。"我国很可能在四个月内研制出人类历史上最可怕的武器，一种能摧毁整座城市的炸弹。"

备忘录中简要介绍了美国与英国合作研发该武器的过程。但美国掌握着所有制造和使用这种炸弹的资源，而且"若干年内不会有其他国家达到同等程度"。但备忘录中仍然指出，其他国家无疑也能发展这项技术，头一个就是"未来几年内"有望成功的苏联。史汀生还写道："根据世界目前的道德水准与技术发展的对比状况来看，世界的命运最终将完全取决于这样一种武器。换言之，现代文明有完全毁灭的可能性。"

杜鲁门正读着的时候，陆军少将莱斯利·格罗夫斯应召从后门经地下通道进入白宫。他走进椭圆形办公室时，总统刚刚读完备忘录。五角大楼的官员们对这次会议有过深思熟虑，他们担心要是让记者看到史汀生和格罗夫斯一起进白宫，那会引来一波揣测。

从1867年出生起，亨利·史汀生就是东部建制派的一员。他毕业于耶鲁大学安多弗学院（Andover Academy）和哈佛大学法学院，1911年初次担任战争部长，当时的总统是威廉·霍华德·塔夫脱（William Howard Taft）。1929年，赫伯特·胡佛（Herbert Hoover）任命他为国务卿。他在任上结束了国务院破解密码的行动，对此有一句名言是："先生们，别人的信不要读。"

1940年，罗斯福再次任命史汀生掌管战争部。史汀生最早知道原子弹研发的事情是在1941年。当制造原子弹的曼哈顿计划启动时，史汀生被安排负责他所说的"S-1"。

事实上，现在正向杜鲁门做汇报的史汀生在1943年6月时却曾让杜鲁门不要插手。当时，杜鲁门委员会开始过问华盛顿州帕斯科（Pasco）的

战争部长亨利·史汀生（左）与其副官威廉·凯尔（William Kyle）上校

一个国防项目。史汀生给当时担任参议员的杜鲁门打电话说，"我个人完全知晓那件事，全世界只有两三个人知晓，我是其中之一……那是一项极为重要的秘密开发计划的一部分"。杜鲁门马上就懂了。"我知道了，部长先生，你不用再说了。你说了这话就够了。"

时年77岁的史汀生身体欠佳。他是罗斯福内阁中唯一的共和党人，而且从外表看似乎更适合19世纪，而非20世纪。他留着夸张的小胡子和中分发型，身上的背心前面挂着金链表。他担任过很多重要职位，拥有许多荣誉头衔，但他还是喜欢别人叫他"史汀生上校"，因为他在第一次世界大战期间曾作为炮兵军官赴法作战。但没有人看不起他，他仍然是一位德高望重，在华府具有巨大影响力的人物。

接下来是格罗夫斯将军，他于1942年接管曼哈顿计划的制造环节。他适合这项工作。他身高6英尺，体重250磅，从身形上看就有压迫力，薄薄的小胡子更平添了他的威势。格罗夫斯扮演这个角色靠的是"我的天性，你可以称之为盛气凌人、霸道、粗鲁、自信，随你怎么说，但其中有一些品质是指向严格的自制力的"。

格罗夫斯家族来到美国已有八代人的时间。他的高祖父彼得·格罗夫斯参加过美国革命。莱斯利·格罗夫斯小时候辗转于全国各地的军事基地，他的父亲是陆军随军牧师。他上了西点军校，在班级里排名第四。

格罗夫斯在陆军工程兵系统内步步高升，而且主持过一项大型工程——1941年和1942年五角大楼的建造工程。五角大楼的预估造价为3100万美元，是世界上最大的办公楼，占地面积34英亩，建筑面积超过600万平方英尺，拥有两个可容纳8000辆汽车的停车场。格罗夫斯的部下用"无情"来形容他。一名工程师同事说，你跟他打交道时，"脑子里就会响起写着'注意'的小警铃

小莱斯利·R.格罗夫斯少将

声"。他甚至会给军衔比自己高的人下命令。尽管有人说他是恶棍，但他在不到一年半的时间里就建好了新的战争部大楼。

五角大楼虽然大，但在曼哈顿计划面前就相形见绌了。创造原子弹是一个复杂到可怕的过程。首先，国家必须生产出放射性燃料。接下来要搞清楚如何在正确的时间、正确的地点安全地引爆裂变，也就是触发原子链式反应。而且，这一切都要在完全保密的状态下进行。

到了1945年4月，有超过12.5万人供职于遍布美国的各处曼哈顿计划的设施中。格罗夫斯必须想办法确保这项宏大的工程密不透风。计划必须对公众保密，也要对大部分爱传八卦的军方人士保密。

从某种意义上说，格罗夫斯担任这个职务多亏了阿道夫·希特勒（Adolf Hitler）对犹太人的仇视。1933年希特勒掌握德国大权时，纳粹对犹太人的迫害措施将数百名世界顶尖科学家、教授和研究人员逼得逃亡。

柏林大学的物理学家利奥·齐拉特避难伦敦，在那里产生了一个直接源于科幻作品的主意。他提出一种理论，认为分裂原子——原子是元素中的最小粒子——会触发链式反应，"释放出工业量级的能量"，可用作原

子弹的能量来源。最早设想到原子弹的作品是1914年H. G. 威尔斯（H. G. Wells）的小说《世界解放》（*The World Set Free*）。

五年后，两位德国科学家用中子轰击铀原子使其分裂，从而证实了齐拉特的理论。释放出巨大能量——这一过程叫作核裂变——足可为炸弹提供动力。但是，实验室控制环境下的物理学研究与战场应用之间还隔着许多许多步骤。

后来去往位于纽约的哥伦比亚大学任教的齐拉特与物理学家恩里科·费米（Enrico Fermi）共同证明，铀确实是最容易触发链式反应的元素。齐拉特担心如果德国的科学家开发出原子弹，希特勒就会用这种武器追求其雅利安人统治世界的目标。于是，齐拉特拜访了自己以前的老师，询问他如何警告自由世界的领导人关注这一威胁。这位老师也是一位移民，名叫阿尔伯特·爱因斯坦（Albert Einstein）。

20世纪30年代末，出生于德国的物理学家爱因斯坦是全世界最著名的科学家，他的名字成了"天才"的代名词。爱因斯坦荣获了1921年的诺贝尔奖，提出了多个开创性理论，引出了看待时间、空间、物质、能量和引力的新方式。1933年希特勒上台时，爱因斯坦正在美国访学。由于有着犹太人的背景，爱因斯坦留在了美国，任职于新成立的普林斯顿高等研究院。现在他接过了齐拉特的事业。1939年8月2日，爱因斯坦致信罗斯福总统说："用一艘小船装上一枚这种炸弹，然后在港口引爆，整个港口及周边部分地区都会毁灭。"

爱因斯坦告诉罗斯福，美英两国已经有科学家在开展核物理研究。有迹象表明，德国也在研究。"我认为德国事实上已经停止出售从其夺取的捷克斯洛伐克矿藏中开采出的铀。"他指出一名德国高官的儿子与柏林的威廉皇帝研究所有关，该所正在重复美国学界针对铀的部分研究工作。

罗斯福认真听取了爱因斯坦的警告，从而引发了自己的一场链式反应。总统设立了铀问题咨询委员会，责成其成员搜集整理研发动态资料。

委员会起初任务模糊，成效不大，直到1941年3月丘吉尔请求罗斯福将核计划提升为"最高优先事项"。英国早已开展了由科学家尼尔斯·玻尔（Niels Bohr）主持的大规模原子弹物理研究，但研究设施一直遭到德国人的攻击。于是，由格罗夫斯领衔的S-1工作组诞生了。

格罗夫斯招揽的第一批人员中就有科研负责人奥本海默。顶尖科研人员散布于全国各地，格罗夫斯意识到需要将他们集中到合作开发核武器的设施中。他选定了三处主要设施，代号分别为X、Y和W，每处专攻一个方面。这些安全的大型基地要从零开始专门设计建造。第一处是X基地，位于田纳西州乡村，诺克斯维尔（Knoxville）西北约25英里处。1943年2月，工程师和施工队拥向这片名为橡树岭（Oak Ridge）的地区，建起实

Albert Einstein
Old Grove Rd.
Nassau Point
Peconic, Long Island

August 2nd, 1939

F.D. Roosevelt,
President of the United States,
White House
Washington, D.C.

Sir:

Some recent work by E. Fermi and L. Szilard, which has been communicated to me in manuscript, leads me to expect that the element uranium may be turned into a new and important source of energy in the immediate future. Certain aspects of the situation which has arisen seem to call for watchfulness and, if necessary, quick action on the part of the Administration. I believe therefore that it is my duty to bring to your attention the following facts and recommendations:

In the course of the last four months it has been made probable - through the work of Joliot in France as well as Fermi and Szilard in America - that it may become possible to set up a nuclear chain reaction in a large mass of uranium, by which vast amounts of power and large quantities of new radium-like elements would be generated. Now it appears almost certain that this could be achieved in the immediate future.

This new phenomenon would also lead to the construction of bombs, and it is conceivable - though much less certain - that extremely powerful bombs of a new type may thus be constructed. A single bomb of this type, carried by boat and exploded in a port, might very well destroy the whole port together with some of the surrounding territory. However, such bombs might very well prove to be too heavy for transportation by air.

-2-

The United States has only very poor ores of uranium in moderate quantities. There is some good ore in Canada and the former Czechoslovakia, while the most important source of uranium is Belgian Congo.

In view of this situation you may think it desirable to have some permanent contact maintained between the Administration and the group of physicists working on chain reactions in America. One possible way of achieving this might be for you to entrust with this task a person who has your confidence and who could perhaps serve in an inofficial capacity. His task might comprise the following:

a) to approach Government Departments, keep them informed of the further development, and put forward recommendations for Government action, giving particular attention to the problem of securing a supply of uranium ore for the United States;

b) to speed up the experimental work, which is at present being carried on within the limits of the budgets of University laboratories, by providing funds, if such funds be required, through his contacts with private persons who are willing to make contributions for this cause, and perhaps also by obtaining the co-operation of industrial laboratories which have the necessary equipment.

I understand that Germany has actually stopped the sale of uranium from the Czechoslovakian mines which she has taken over. That she should have taken such early action might perhaps be understood on the ground that the son of the German Under-Secretary of State, von Weizsäcker, is attached to the Kaiser-Wilhelm-Institut in Berlin where some of the American work on uranium is now being repeated.

Yours very truly,

(Albert Einstein)

阿尔伯特·爱因斯坦在1939年写给富兰克林·罗斯福总统的信

验楼、办公楼和宿舍，全部设有围栏和岗哨。X基地是一处浓缩设施，生产原子弹所需的武器级铀。工人们要从成吨的铀中分离出微量的可发生链式反应的同位素铀–235，过程很费时。一个"罐子大小"的铀–235块就需要数千吨原料。浓缩铀存放于废弃农舍附近一处掏空的山壁内。格罗夫斯想要储备尽可能多的可裂变核武器燃料，因此他在橡树岭建造了全世界第一座永久核反应堆，用铀来生成另一种核燃料钚。钚–239的潜在爆炸威力比它的母体化合物还要大。钚在自然界中的含量极少，可裂变的钚–239除了用作核爆炸物，也没有其他用途。几个月的时间里，橡树岭就生产出了大量铀–235和钚–239，但曼哈顿计划的需求量超过了橡树岭的供应能力。

1944年9月，另一处设施W基地在华盛顿州的汉福德（Hanford）拔地而起。美国突然需要铀了，而且是大量的铀。

美国境内唯一已知的铀矿位于落基山脉，但科罗拉多州远远满足不了需求量。于是格罗夫斯将目光转向比属刚果（Belgian Congo）。比利时于1940年向纳粹投降，但刚果仍然站在盟军一边。1943年，美国陆军工程兵为一家掌握刚果铀矿的比利时矿产公司提供了免费施工服务。

燃料供给到位了，格罗夫斯还需要找地方组装原子弹。奥本海默将格罗夫斯带到了自己童年生活过的洛斯阿拉莫斯。洛斯阿拉莫斯地处偏僻，是完美的选择，很快就成了武器研究与设计实验室——代号为Y。

奥本海默与格罗夫斯合作期间，将军坚持要求洛斯阿拉莫斯的非军方人员在高度机密下工作，而且要表现出军人般的效率。

格罗夫斯的粗鲁态度冒犯到了许多崇尚独立的科学家，他们很怕他来洛斯阿拉莫斯。双方相互看不起对方。格罗夫斯形容科学家是"小娃娃、怪胎和耍大牌的歌剧女主角"。

"我是一场耗资20亿美元的宏大歌剧的经理，管着几千个有脾气的明星。"格罗夫斯说。

现在是4月25日，"歌剧"即将在椭圆形办公室迎来首演。格罗夫斯将军向总统递交了一份详细描述S-1的24页的报告。杜鲁门自己有一份，史汀生和格罗夫斯一起看另一份。

报告开篇是"研发目的"："研发成功后，原子裂变炸弹将成为美国的一种威力巨大的武器，能够对加快结束当前的战争，挽救美国人民的生命与财产起到决定性作用。"

格罗夫斯详细列出了新式超级武器令人难以想象的威力："一枚炸弹的威力预计相当于5000吨至20,000吨目前使用的TNT炸药，最终有可能达到100,000吨。"

格罗夫斯的报告通过大量技术细节解释了原子裂变的爆炸力，描述了炸弹的制造工艺，还回顾了曼哈顿计划的历程，从1939年的起源到制造阶段，再到确保整个计划处于"最高机密"状态的"非常安保措施"。

报告还讨论了"他国的研发活动"。报告称，自1943年以来，苏联"对我国的研发活动表现出强烈兴趣，并通过在美国的外交、情报、间谍组织企图获取曼哈顿计划的相关信息"。

报告给出了德国核物理领域的研究者人数，还说自1941年以来，有多份报告称德国"即将运用威力巨大的原子弹"。但报告指出，随着纳粹政权的覆灭，"德国在当前的战争中似乎已经不可能再使用原子弹了"。

报告的结论是："如果由热爱和平的大国掌控，原子能可以确保未来数十年内的世界和平。如果被滥用，我们的文明就会毁于一旦。"

杜鲁门问了史汀生和格罗夫斯几个问题。一项规模如此之大，花费如此之多，设施遍布全国的计划竟然能一直保密，这让他感到震惊。他问起原子弹还要多久才能投入使用，史汀生重复了自己在备忘录里的说法："四个月内。"

杜鲁门明白原子弹可以大大缩短战争，但他也担心它在短期内对国际关系，特别是美苏关系的影响，以及它对全球的长期影响。

在阅读这份技术性很强的报告时，杜鲁门停顿了好几次，还说它很难一次就搞懂。"我不爱看论文。"他抱怨道。格罗夫斯回答说，它不可能再简化了。"我们无法用更简短的语言来汇报。这是一个大项目。"

总统表示他会坚定地支持S-1。

这一切——听取汇报和阅读报告——只用了45分钟。杜鲁门决定不保留自己手里的格罗夫斯报告的副本，他感觉那样做"不明智"。史汀生离开椭圆形办公室，回家像每天一样午睡。

但总统被刚刚得知的消息所震撼。他一直在想着史汀生的严正警告，原子弹可能"强大到足以毁灭全世界"。

杜鲁门感受到了同样的恐惧。

倒计时
90天

1945年5月8日
华盛顿特区

椭圆形办公室里挤满了美英两国的高级将领、内阁成员、总统妻女，还有一批报纸和电台通讯员。广播麦克风将于上午9点准时打开，由杜鲁门做重要的全国讲话。

现在还有10分钟，平常一板一眼的人们满心期待，放下了架子。杜鲁门跟媒体人开起了玩笑。没错，今天是他61岁生日，但这不是今天的大新闻。他同意在放送前将发言稿读给记者们听，但不许他们在停止广播前发出任何信息。

"你们不用紧张，时间多得很。"总统说。

记者们哄堂大笑。总统清了清喉咙，然后开始朗读：德国已经投降。欧洲战事结束了。

屋内没有一个人感到惊讶。盟军冲上诺曼底海滩快一年了，之后盟军一路攻到柏林以西，苏联则从东面夹击。

德国濒临战败已经有一段时间了，尤其是在3月盟军渡过莱茵河，扫清通往德国东部和柏林的道路之后。希特勒仍然拒绝投降。艾森豪威尔将军提出警告，"没有人知道那个德国人会在自己的国家做什么，而且他还在努力挣扎"。

纳粹在本国国土上做着顽强的困兽之斗。希特勒在柏林老巢地下55英尺处挖掘了地堡，要进行最后一战。

4月初，盟军夺取了鲁尔河上的工业重镇。猛烈的空袭将一座座城市整个炸成瓦砾。4月16日，美军兵临纽伦堡（Nuremberg），那里是第三帝国纳粹党大会的舞台，见证过希特勒最疯狂的讲话。希特勒下令不惜一切代价保卫这座城市，但纽伦堡还是在四天后陷落。这一天是4月20日，是希特勒的生日。

在向柏林推进的过程中，盟军发现了第三帝国真正的罪恶行径：数十座集中营，纳粹在这些死亡工厂里消灭了上百万犹太人、吉卜赛人、同性恋和"不良分子"。受害者被杀死在毒气室里，被绞死，被饿死，被打死，残破的尸体像柴火一样堆着。

4月30日，伴着如雨点般落到地堡上方的炸弹，希特勒与刚刚结婚两日的新娘爱娃·布劳恩（Eva Braun）一同自杀。（德国士兵事后在总理府花园内焚烧了希特勒的尸体。）一周后，德国投降。威廉·凯特尔（Wilhelm Keitel）元帅于5月8日正式签署投降协议，命令德军士兵放下武器。

对杜鲁门来说，现在是时候向厌战的国民分享这一消息了。官员和记者们从椭圆形办公室移步外交接待室，罗斯福曾在那里做过许多次广播讲话。收到信号后，杜鲁门开始朗读宣言。

"这是一个肃穆却光荣的时刻。我希望富兰克林·D. 罗斯福能活着看到今天。"总统说道。

他提醒美国人民不要忘记盟军为了"让世界摆脱希特勒及其邪恶团伙"所付出的可怕代价。

"我们不要忘记……身边的许多邻居家中所遭受的悲伤与心痛……唯有努力，唯有不懈地献身于前方的责任，我们才能偿还自己对上帝，对死者，对子孙后代的债。

"如果用一个词来作为未来几个月的口号，那就是努力。努力，继续努力。我们必须努力结束战争。我们只走完了胜利的一半道路。"

　　杜鲁门提醒美国人民，欧洲战事或许结束了，但远东地区"仍然处于背信弃义、残酷暴虐的日本人的统治之下。只有当最后一个日本师团无条件投降时，我们的战斗任务方才结束"。

　　杜鲁门这时关掉了广播，时长两分半钟。

　　数千万美国人收听了杜鲁门的宣言，然后自发地上街庆祝。酒馆提前开门，很快便人满为患。陌生人彼此拥抱，喜极而泣。全国的报纸纷纷推出标题加大加粗的号外。《匹兹堡新闻》（*Pittsburgh Press*）一马当先："欧洲胜利日宣告。下一个是日本。"《哈蒂斯堡（密西西比州）美国人》［*Hattiesburg (Mississippi) American*］高呼："日本该为下葬时穿的和服量尺寸了。"纽约《每日新闻》（*Daily News*）的标题简单明了："结束了。"

田纳西州橡树岭

　　露丝·西森（Ruth Sisson）在橡树岭宏大的兵工厂入口通道处听到了欢呼声。她正琢磨什么事这么热闹，一名同事在走廊那头喊道："纳粹投降啦！"

　　"这可是大好事啊！"坐在旁边椅子上的女人说。

　　"是啊，是啊，"西森露出一个大大的微笑，"感谢上帝。"

　　露丝的心颤动了片刻。她上次听说爱人劳伦斯的消息时，他正在德国。他可能要回国了！既然德国战败了，军方肯定用不着那么多士兵了。但话说回来，美国还在太平洋战场作战。从报纸和广播上看，那边的状况没有好转。

　　露丝想和其他人一起鼓掌欢呼，但她总是和以前一样想着阴暗面。如果日本人不投降，如果美国不得不入侵日本，如果在欧洲没有受伤的人会被运到那里，那可怎么办呢？她高兴不起来了。那一天，露丝还不知道自己正在为制造一种秘密武器工作——一种能终结战争，挽救男友生命的武器。事情极为机密，上面警告工人不许问问题。上工，干活，然后回家就行了。

同事们放假去庆祝，西森却听从总统的话，回去继续工作，监视着眼前巨大机器上的刻度盘和仪表。工作让人放松，尽管有一点枯燥。工作让她不烦恼。

西森的男友劳伦斯·赫德尔斯顿（Lawrence Huddleston）以前每周写两三封信回来，但自从他进入战区，信件邮寄的速度就大大减慢了。劳伦斯是一名军医，他参加过西线非常血腥的一些战斗，包括诺曼底登陆和突出部战役。

突出部战役是德国发动的最后一场攻势，持续了6周时间，从1944年12月16日打到1945年1月25日。德国出动了30个师，在比利时林木茂密的阿登森林（Ardennes Forest）中穿行了85英里，攻击疲惫不堪的美军部队。希特勒计划打进一个楔子，将前进中的盟军一分为二。他险些成功了。美军击败了德军，但死伤达10万人。

劳伦斯的工作是保住伤员的性命。露丝担心，见过太多恐怖血腥场景会侵蚀爱人的信仰。他是一个安静、虔诚的男人，在信中基本不提工作或战况。他总是问家里的事，问她的情况：她周末都做些什么呢？她的父母怎么样？露丝回信时总是快言快语，努力传达向上的信息。她跟他讲电台最近放的歌，讲电影、家庭聚餐和合唱团的排练。她让他尽可能保证自己的安全，这样等他回家后，两人就可以开始共同生活了。

露丝现在有一周没收到信了。她感到一阵激动，也许美国的大日子也会是她的幸运日吧。也许有一封信正等着她呢。

下班后，露丝马上赶到工厂门外的公交车站。所谓的公交车不过是一辆由卡车拖曳的牛车，车上有几张长椅，中间有一个炉子。车靠站时，下一班工人走下来，露丝就跳上去，占了一个座位。乘客们聊起了早晨的新闻。

露丝盯着狭窄土路两旁的迎春花，树发芽了，长得挺好。公交车会在农场门前或蜿蜒的上山路的路口停下，让乘客下车。她的思绪飘回了劳伦斯身上。她在想他今天在哪里，在做什么。

露丝的人生没有多少故事。她在诺克斯维尔郊外的小镇奥利弗斯普林斯（Oliver Springs）长大，1943年高中毕业后搬到附近的克林顿市（Clinton），找了份针织厂的工作。她住在主干道上的一间宿舍里，离厂子只有一个街区。她把工资攒下来，准备以后上大学，当老师。

露丝比大多数同龄女孩都高。她留着一头棕色齐肩鬈发，头发整齐地梳到脑后，让她显得比17岁女孩更成熟。她喜欢穿连衣裙和涂口红，但她偶尔才有机会晚上出去潇洒。

一天晚上，露丝和闺密切尔茜·戴维斯（Chelsey Davis）打扮好，去丽思剧院看电影，之后去霍斯金斯药店的冷饮部吃点东西。店里很挤，餐台的位子都坐满了。两个女孩挑了个里面的空卡座坐下。很快，两个和善的小伙子走了过来。

"拼桌可以吗？"其中一人问道，他介绍自己名叫劳伦斯。女孩们同意了，四人很快就大嚼起了汉堡和薯条。

露丝依然记得当时点唱机里播放的歌曲：弗兰克·辛纳特拉（Frank Sinatra）的《暮光下》（*In the Blue of the Evening*）和本尼·古德曼（Benny Goodman）的《为爱一搏》（*Taking a Chance on Love*）。他们聊了一小会儿电影，但主要话题是在哪里工作和共同认识的人。劳伦斯·赫德尔斯顿面相英俊，身高约5英尺8英寸，胸围宽阔，平头，手劲很大，笑容灿烂。

露丝同意第二天晚上跟劳伦斯见面。

他们重看了头一天的电影，然后沿着主干道漫步。那是一个美丽无云的夏夜，满天星辰。两人走过去，又走回来，聊着各自的生活。露丝说她家里有七个孩子，她是老大，也是唯一的女孩。她父亲开了一家锯木厂，还有一个小农庄，农庄里有一个大菜园，园里种着一排排的番茄和土豆，还有几块玉米地。大萧条时期，父亲就用自己种的东西养活手下的工人。身为长女的露丝帮着父母播种、除草、收割、挤奶和收集干草。日子很辛苦。她想要给自己谋一个好前途，上大学就是她的出路。

劳伦斯说自己上过大学。他拿到了田纳西韦斯利恩学院（Tennessee Wesleyan College）的橄榄球奖学金，他擅长主动擒抱。那段日子挺开心的，他说，但后来他父亲死了，留下母亲独自抚养他的弟弟和四个姐妹。他弟弟加入了海军。劳伦斯从大学退学，在美国铝业公司（Alcoa）的工厂做工补贴家用。

露丝·西森与劳伦斯·赫德尔斯顿

他停了一下。他说，他父亲死于消沉。与露丝的父亲一样，他父亲也有一座繁荣的农场。但田纳西河流域管理局——罗斯福为了让美国走出大萧条而采取的宏大规划之一——为建造诺里斯大坝（Norris Dam）而征用了农场。工程为大雾山（Great Smoky Mountains）带去了电力，但难过还是难过。他父亲又买了一座农场，但又被政府征用了——这次是为了建造"一夜间拔地而起"的橡树岭兵工厂。

"补偿款低于实际地价。"劳伦斯说。

走着走着，劳伦斯抓住了露丝的手。他还有一件事要告诉她。

"我刚接到征兵通知书。"他说。

露丝停下了脚步。

"我还没有入伍。我不知道入伍日期，但我害怕。"劳伦斯说，"我不怕出征战斗，我只是担心妈妈，她过得不太好。她需要我的工资来养活我的姐妹。"

从那一刻起，露丝开始喜欢他了。一个这么关心妈妈的男人？那可是个好男人。

"你觉得我们还有机会再见面吗？"他问。

露丝毫不犹豫地说："我觉得可以。"

两人开始约会。从夏天到秋天，他们在同一条街上一边散步，一边唱《好一个美丽的早晨》（*Oh, What a Beautiful Morning*），那是宾·克罗斯比（Bing Crosby）的一首欢快的新歌。有时，他们会在晚上开着劳伦斯的黑色大雪佛兰车去诺克斯维尔。

过完感恩节，劳伦斯接到了次年1月入伍的通知。露丝现在该带他回家见家人了。她母亲比拉·玛丽·西森（Beulah Marie Sisson）从来不喜欢她交的男朋友，但很喜欢劳伦斯。他随和，有责任感。她的父母认可了他。

劳伦斯入伍的前一天晚上，他请求露丝在他打完仗回家时嫁给他。她早已准备好答案了。

"我得想想。"她说。尽管露丝很喜欢劳伦斯，但她还不到20岁。她没有做好结婚的准备。现在还没有。

劳伦斯保证说他不会放弃。他会坚持请求她，直到她同意。

陆军很快发现劳伦斯在大学上过解剖学课程，于是将他训练成了一名军医。1944年3月，劳伦斯写信说他要被派往欧洲了。露丝能不能去亚拉巴马州加兹登（Gadsden）城外的陆军基地为他送行呢？

露丝请求父亲同意。父亲同意了，但要求她必须和弟弟W. D.一块儿去。

于是，露丝和弟弟一大清早就坐上了灰狗（Greyhound）¹大巴，车要开一天。她兴奋极了，停不住地说话。她告诉W. D.说自己很担心劳伦斯的安全。新闻里说盟军在北非、西西里岛和意大利作战——田纳西州的乡下人对这些地方没多少概念。劳伦斯会被派到这些战区里的一个去吗？他们迟早要去法国，然后去德国。想想就害怕。

姐弟俩走下大巴时，劳伦斯已经在等着了，他身穿棕色制服的样子很利落。街上到处都是士兵。露丝和W. D.在市中心的酒店里住了两晚。劳伦斯带他们在城里逛，带他们下馆子、看喜剧片，试图用笑声驱散他在露丝脸上看到的愁绪。他安慰她说自己会没事的，还说他不像其他士兵一样感到有凶兆。但那是不够的。坐在咖啡厅的卡座里，她凝视着他的双眼。"你一定要照顾好自己。"她说。

他点了点头。"我会的。"

探望很快就结束了。在大巴车站，到了该说再见的时候，露丝胃里感到一阵绞痛。她不知道自己还能不能再见到劳伦斯。她忍住了眼泪，她不想让他看到她哭。两人抱在一起，亲吻了对方。"我回家后会来看你。"他轻轻地说道。

"我爱你。"露丝说。然后她转身上车，迅速从司机身旁走过。她瘫坐在座位上，抽泣起来。W. D.坐在她身边，搂住她的肩膀。

劳伦斯经常写信。他也不惮于说出那个四个字母的单词²。

"我知道我们远隔万里，但亲爱的，我们的心在一起，或许用不了多久我们就能重逢。"他在1944年7月9日写道，"我爱你，亲爱的，每一天都越来越爱你。昂起头等着我回来，我的爱人。"

时间流过，信件寄来，有时还有包裹。有一次，他寄来了一瓶法国

1　美国跨城市长途汽车公司。——编者注

2　这里指"love"（爱）这个单词。——译者注

香水——奥赛牌尼斯松木香水（D'Orsay Pino-Nice）。露丝没有多少机会用，但每次用的时候都会想起远方当兵的爱人。

生活不都是浪漫。劳伦斯的母亲去世时，告诉他消息的人是露丝。他之前让露丝保证，"如果妈妈出了任何事"，都一定要告诉他。她履行了诺言。她写下噩耗时发生了一件怪事，她觉得自己没有这个男人就活不下去。她深深爱上了他。她告诉他——"我愿意"，等他一回家，她就和他结婚。

同时，露丝听说道路那头有新的工作机会。一座3万人的大城市几乎在一夜间拔地而起，是陆军基地一类的地方。其他情况就没有人知道了——除了他们需要很多很多工人，而且现在就要。1944年8月，露丝提出了申请。她父亲也申请了。

去面试的时候，露丝注意到了森严的守卫。院区围栏长达数英里，西森父女从七个大门中的一个走了进去。她父亲被安排到一处低矮广大的厂房的车间里工作。露丝也被雇用了，但没有人说得清她的工作内容，她是上班第一天自己发现的。

露丝和同事们会帮助美国赢得战争，主管说，但他们在厂子里一个字都不能说。露丝早就知道了。她进来时就见过宣传板，上面画着山姆大叔的形象盖在三只猴子上的宣传画：

这里眼里看见的

这里手里干着的

这里耳朵听到的

离开这里时

别跟外人讲

露丝成了一名"工位操作员"。但她的工位与遍布美国的办公室小隔间不一样，是一张高高的椅子，前面是1152个电磁型同位素分离器中的一个，分离器的用途是通过电磁力来提炼浓缩铀。露丝在监测着原子弹制造中的关键一步，但没有人告诉她这一点。工位操作员从来都不知道机器背后的科学原理。军队里有一句流传已久的俏皮话："我干的是保密工作，就连我自己都不知道我在干什么。"

大多数分离器都有超过8英尺高，从地面一直延伸到天花板。每个分离器都有多个类似驾驶舱的监测仪表盘，还有操纵杆和把手。有人教露丝看到仪表盘上的指针太靠左或太靠右时应该怎么做，她应该"让它回到正确的位置上"。

女工们轮班倒，每班8小时，有时上白班，有时上夜班，也叫"坟头"班。一周7天，一天24小时，分离器每时每刻都有人监视。露丝很快就注意到，工位操作员和她所在的厂区中的大部分工人都是高中刚毕业的女孩子。她们全都坐在庞大机器前面的椅子上，目不转睛地盯着仪器。

生活平缓而规律。上班，过安检，向主管报到，然后直接去工位。她一坐就是8个小时，旋转把手保持指针平衡。她搞不定就叫主管来。主管搞不定就关闭分离器，叫维护人员来。

她们必须保持严密监视。露丝不知道机器是什么，不知道表盘是什么意思，也不知道旋转把手后会发生什么。那不是她的事，她也不关心。

分离器是几个月前才在加州大学的伯克利分校由欧内斯特·O. 劳伦斯（Ernest O. Lawrence）开发出来的。原型机是由博士生操作的。起初有人担心没接受过科学训练的女性不能操作分离器，但格罗夫斯将军很快就发现，"女孩"做这件事的效率比科学家更高。物理学家太想搞清楚是什么样的原子过程导致了指针向左或向右偏转，而"分离器女孩"发现问题时会直接叫主管。她们调整表盘时也更老实。科学家总是摆弄表盘。

对露丝来说，保持忙碌是应对焦虑的最好办法。监测分离器就没有时间想负面的事情了。

战争正在带走田纳西人的生命。露丝刚刚参加了童年好友，在欧洲作战时阵亡的陆军二等兵弗吉尔·古德曼（Virgil Goodman）的葬礼。他们以前在学校操场上一起跑，玩红海盗游戏，在教堂的唱诗班里唱歌。闭上双眼，露丝就能看见弗吉尔的家人在巴特勒公墓（Butler Cemetery）的墓碑旁悲痛欲绝的样子。

露丝不想迷信，也不想往坏里想，但她怎么能不去想呢？在安静的工作时间，或者夜里躺在床上，她会小声祈祷："上帝啊，求你保佑劳伦斯平安，不要让他死掉啊。"

公交车在她家的信箱前把她放下了。她从信箱里拿出几封信，没有一封是劳伦斯的。她叹了口气，走上通往屋门的土路。当时正是黄昏，天空中一片红光、橙光、紫光。一丝凉风吹过，空气中弥漫着松树和茉莉花的香气。与往常一样，在路上，她想着劳伦斯在何方。

她只能希望他没有在去太平洋的路上。

倒计时
70天

1945年5月28日
华盛顿特区

　　五角大楼的高层会议上，将军们纷纷入座，蒂贝茨上校则坐在椅子上生闷气。贝塞尔上哪儿去了？到时候几乎肯定有人问雷达的事，包括敌人能不能提前引爆原子弹。除了他的头号雷达专家贝塞尔，没有人能回答这个问题。

　　蒂贝茨知道他们必须处理每一个细节，回答每一个问题。杜鲁门总统即将与英国首相温斯顿·丘吉尔和苏联部长会议主席约瑟夫·斯大林召开波茨坦会议，原子弹必须在会议结束前测试完毕。"装置"不再只是一种武器了，它也是复杂国际棋局上的一枚棋子——更准确地说，是皇后。

　　现在德国已经投降，于是三大领袖要见面划定战后新欧洲的国界，第一次讨论就是在1945年2月举行的雅尔塔会议上进行的。在长达一周的会议上，斯大林向罗斯福和丘吉尔承诺苏联将于德国战败后对日本开战。尽管领袖们仍然坚持太平洋联合作战，但三国的矛盾正愈演愈烈。丘吉尔曾主张在东欧举行公平自由的选举。但斯大林态度坚决，他不愿意从东欧的部分土地上撤军，比如波兰。这些地区是苏联从德国手中夺取的。盟军害怕斯大林永远不会离开这些地盘，从而引发新一轮冲突。

　　重新开始谈判时，实用核武器将为美国带来极大的益处。没有人说得准原子弹行不行得通，但蒂贝茨、格罗夫斯和奥本海默只能假定试爆会成功。他们必须想得更长远，制订使用原子弹的作战计划。

这就是蒂贝茨来到五角大楼会议室的原因。他和桌上的其他人正在等待一场会议的开始，接下来的讨论将更是官僚气息浓厚。要抹除哪座日本城市？抹除哪座城市能对日本帝国造成最大的军事杀伤力和心理影响？

5月间，目标选定委员会在位于洛斯阿拉莫斯的奥本海默的办公室开了两次会。每个人都同意，第一次核爆必须气势非凡，以便让国际社会充分认识到这种武器的威力。他们将目光投向盟军尚未空袭过的各处——仍然比较繁华，日本人自以为安全稳定的地方。

他们选出了五个潜在目标：

京都：根据目标选定委员会的一份备忘录，京都是日本古都，市内有工业区，人口100万。"由于其他地区被毁，大量人口与工业正迁入京都。从心理角度看，京都的优势在于它是日本的一个思想文化中心，当地人更容易认识到'装置'这种武器的意义。"

广岛：位于城市工业区中央的重要陆军物资基地和登船港口。"广岛面积不大，一次轰炸即可对大部分城区造成严重破坏。近郊的多座山丘可发挥集聚效应，大大加强冲击波的威力。"

横滨："至今完好的重要城市工业区。从事的工业包括飞机制造业、机械装备制造业、港口运输业、电气设备制造业和石油精炼业。"

小仓：拥有日本较大的兵工厂之一，周边地区工业发达。"小仓的兵工厂是轻武器、防空武器和反登陆装备的重要生产基地。"

新潟：战略地位高的港口城市。"随着其他港口被毁，新潟港越发重要。"

看到名单后，战争部长史汀生马上画掉了京都。他多年前曾造访过京都，京都在他的记忆中是"日本艺术文化圣地"，他非常喜欢这座城市。

现在到了周一，目标选定委员会再次开会。上午9点整，蒂贝茨看到格罗夫斯的副手托马斯·法雷尔（Thomas Farrell）将军及其幕僚准时进入会议室。一名军官进来后关上了大门，接着奉上"目标情况介绍"。每个厚厚的文件夹里都有目标的大比例尺地图、侦察照片和相关数据，还有海空搜救方案——以防任务中出现差错。

几码外的地方，雅各布·贝塞尔中尉正沿着大堂末端的走廊往上跑，发出咚咚的响声。上来以后，他停住喘了口气。蒂贝茨周末给他放了个假，让他去找巴尔的摩的老伙计们，并让他保证出席周一上午9点的会。他早早上了火车，但火车晚点了。一到联合车站，他马上就叫了出租车，但还是迟到了五分钟。他匆忙赶到会议室门前，却被门卫挡住了。"闲人免进。"门卫说道。接待处的一名陆军女子兵团（Women's Army Corps）的军官过来说，贝塞尔肯定是找错地方了。区区一名中尉不可能参加一场"那么多高级将领"出席的会议。

贝塞尔说明了情况，但这名军官有命在身，而且不打算退缩。"去喝杯咖啡吧，忘了自己来过这里。"她说。

贝塞尔坐了下来。他知道自己进不去会议室，也知道里面的蒂贝茨正为他的缺席恼怒不已。等会开完了，上校肯定会把他生吞活剥。

这太正常了，贝塞尔心里想。随时都有问题发生，明明不是他自己的错。

贝塞尔矮小瘦削，长着一双棕色的眼睛，一头棕发往后梳成偏分。他个性很强，是一个对任何事情都有见解的聪明人，而且"有人缘"，与所有人都合得来。与那么多硬汉共事可不是一件容易的事。

贝塞尔拧着自己的帽子，琢磨着屋里的人在说什么。他希望自己不会受到正式处分，现在终于快要大功告成了，千万不要背处分啊。1939年纳粹德国入侵波兰时，贝塞尔还小，参军必须得到父母的同意。他提醒母亲和父亲当初他们是如何相遇的，那是第一次世界大战期间战地医院中的一场战地情缘——一位名叫罗丝（Rose）的护士爱上了一名英俊的伤员尼古拉斯（Nicholas）。

他的父母不同意。贝塞尔回到约翰斯·霍普金斯大学攻读机械工程专业。他卖力学习，也沉迷于酒吧，和兄弟们在巴尔的摩海滨的路口晃悠到深夜。据他回忆，1941年12月6日那天晚上，他就着"海量的箭牌啤酒"和申利黑方威士忌（Schenley's Black Label）大啖牡蛎。

第二天下午，宿醉的雅各布正躺在床上，这时父亲冲进他的房间说："珍珠港遭到袭击，美国开战了。"

接着，贝塞尔和父母一起去客厅收听广播。时事评论员 H. V. 卡滕伯恩（H. V. Kaltenborn）说日本不宣而战，重拳出击。"美国遭到了袭击，美国也知道应该如何回应袭击。"他说。

贝塞尔下定了决心，次日一早就去城里登记参军，成为一名美国陆军航空队的航空兵学员。他的年纪还不到21岁，但现在他的父母说他们会签同意书的。

第二天早晨来到征兵办公室时，贝塞尔发现有同样想法的人已经排成了长队。他于1942年10月完成基础训练，获得少尉军衔。他在250名同班学员中名列前茅。但他没有直接参战，而是被分配到佛罗里达去学习雷达技术，这是一种新式秘密装备。

雷达是一种早期预警系统，全称是"无线电探测与测距系统"，当时已经成为战争中的一种重要新武器。谁先定位到敌方的飞机、舰艇或潜艇，谁往往就能赢得战斗。为了让盟军取得优势，英美科学家开发了能"看到"数百英里外的目标的雷达技术，甚至可以进行夜间探测。

雷达的工作原理是发出一道无线电波，然后分析它撞到空中物体后的反射波。英国早在战争初期就利用雷达建立了行之有效的防空网络。在德国空军用尽全力轰炸英国以迫使其屈服的不列颠之战中，雷达为英国带来了一定的优势。雷达不仅可以探测到逼近的敌机，也可以估测敌机的距离、方向、数量和高度。

雷达还有另一项与原子弹相关的重要用途。二战期间的炮弹大多使用碰炸引信。碰炸引信的原理就是少量炸药在碰到目标后爆炸，从而引爆弹壳内的主装药，产生弹片飞溅。后来科学家开发出了近炸引信，安装在弹壳顶端，原理类似于微型雷达。如果炸弹和炮弹装备了通过无线电波探测目标距离的近炸引信，那就可以在接触敌方目标前由雷达凌空引爆炸弹和炮弹，制造出极具威力的大片爆炸区域。对于高射炮很难击中的敌机，近炸引信可以让打偏的炮弹达到歼灭的效果。

洛斯阿拉莫斯的工程师们一直在努力为原子弹开发近炸引信。有了近炸引信，核武器就可以在预定高度被引爆。科学家们已经做好了计算，得出的结果是核武器在日本城市上空被引爆能让冲击波的毁伤力最大化，因为这样一来，炸弹的爆炸威力会直接投射到下方的地面上，然后迅速席卷周边地区。引爆炸弹的理想高度是多少呢？大概是城市上空2000英尺吧。

但曼哈顿计划的军方领导和科研人员都知道，由雷达控制的近炸引信脆弱得让人害怕。雷达波基本和无线电波是一回事，只要知道频率就可以拦截或干扰。这样一来，原子弹可能会过早或过晚被引爆，也可能根本不会被引爆。执行轰炸任务的雷达军官必须提前把一切都想到，他需要用最新式的设备来探测和反制日本人的雷达。

贝塞尔无疑是军方极优秀的雷达专家之一。他在班级里成绩优异，之后负责向新军官传授雷达技术。贝塞尔逐渐成了解决问题的专家。战争期间，军工企业开发出了改进雷达技术的新型电子仪器。遇到仪器失灵的情况时，贝塞尔就会配合企业排除故障。有时，这意味着设计新部件，比如特殊的天线，然后重新装配部件。

但是在后方工作让贝塞尔很痛苦。报纸和广播新闻让他抓狂。1944年春，他对家人和朋友说，"欧洲正进行着大战，而我没有参与"。

由于积极要求上前线，他来到犹他州的文多弗，成了一名B-29的机组成员。他本来预计自己不久就会投入战斗，但是在1944年9月乘坐西太平洋铁路的列车抵达文多弗时，他心里想，这是来了什么鬼地方啊。他环视周围苍凉的环境，只见绵延数英里的沙漠灌木。还有一座被太阳炙烤的小镇，破破烂烂的大街两旁有几家店铺。他心想："如果美国需要灌肠的话，肯定是从这里插管子。"

贝塞尔没有时间熟悉环境。他刚刚到岗，长官就在基地外召开了一次全员会议。蒂贝茨没说废话，他做了自我介绍，还警告说严苛的训练即将开始。坚持下来的人很快会奔赴海外，参加一场奠定胜局的行动。蒂贝茨说，他们之后会了解更多的细节，但一个字都不能跟别人讲。接着，蒂贝茨做了一件让大家又惊又喜的事，他给所有人放了两周假——只有贝塞尔除外。蒂贝茨招手示意贝塞尔去他的办公室。办公室里已经有几个人了，全部身着军装。看样子不妙啊，贝塞尔心里想。

"中尉，你即将进行一次敏感任务的面试。"蒂贝茨说。

屋里的人问了几个常规问题：你在哪里上学？你接受过什么军事训练？你进入现役以来做了什么事？接着，一人直视着贝塞尔问道："你觉得飞行作战任务怎么样？"

贝塞尔简直要放声高呼了。"我正盼着接受作战任务呢。"他说。

军官们笑了笑，让他去外面等着。15分钟后，他被迎入了团队。

他们完全没告诉贝塞尔他的任务是什么。但他不禁在想，他的人身保险费大概要涨了。

之后就是马不停蹄地工作。面试后，贝塞尔和蒂贝茨去了阿尔伯克基（Albuquerque）的柯特兰空军基地（Kirtland Air Force Base）。下飞机后，兰斯代尔上校开着绿色轿车来接他们。几周前，兰斯代尔在科罗拉多斯普林斯市参加了选定蒂贝茨为项目负责人的会议。兰斯代尔载着他们往北开60英里，去往洛斯阿拉莫斯的秘密实验室。蒂贝茨和贝塞尔是第一次过去。开车途中，兰斯代尔提醒他们要保密。"不要主动说你们知道的任何事。"

　　轿车在圣菲停靠，接上了另一名身穿便装的乘客。他是物理学家诺曼·拉姆齐，曼哈顿计划的科研技术副主管。他又高又瘦，外形干练，面相带着孩子气。他比我大不了多少，贝塞尔心里想。科学家不都是长须白发的教授。贝塞尔之后会发现，在洛斯阿拉莫斯工作的大部分科研人员都是二三十岁。

　　从这里再走35英里左右就到洛斯阿拉莫斯了，但随着他们离目的地越来越近，贝塞尔注意到地势越发崎岖陡峭。他们沿着狭窄的土路前进，在深深的车辙上颠簸，最后来到一处饱览桑格雷–德克里斯托山（Sangre de Cristo Mountains）宏伟景色的台地上。台地顶部的海拔达7300英尺，与世隔绝。

　　景色确实壮观。洛斯阿拉莫斯呢？那可就不怎么样了，贝塞尔想着。像个监狱的基地有一道高高的围栏，围栏顶上缠着铁丝网。通过安全门后，贝塞尔看到许多建筑都不太结实，是匆忙建成的。但面积非常大，里面有几千名军民来来往往。

　　轿车在一栋不起眼的楼前停下。兰斯代尔领着蒂贝茨进了罗伯特·奥本海默的办公室。拉姆齐则请贝塞尔去参观他的实验室。一进实验室，拉姆齐就开始向贝塞尔介绍计划的主要细节。贝塞尔会加入他所在的"投放部"。该部门负责研究弹道，解算如何让原子弹击中目标。拉姆齐承认，他们的进度远远达不到要求。时间越来越少。问题出在引爆系统上。在地面上空引爆炸弹需要考虑的变量太多了：地形、天气状况……还有无线电波。

　　贝塞尔很快会了解包含微型雷达系统的原子弹引爆装置的每一个细节。他会了解如何监测敌方的雷达，以防敌人干扰或引爆原子弹的操作系统。拉姆齐说，他们需要尽量提高装置的抗干扰能力。贝塞尔必须一步一步了解原子弹的工作原理。

　　贝塞尔听讲时很快意识到，这绝非寻常任务。所有任务都有危险，但这项任务危险到了极点。他明白，如果他做得不好，原子弹就可能会偏离目标。

　　只有少数科研人员对项目有深入了解，拉姆齐说。贝塞尔必须参加每一次上飞机的测试，然后要参加每一次投弹任务，"直到医务人员说你已经不行了"。现在没有人能猜到原子弹会制造多少枚，又会投放多少枚——乃至原子弹能不能奏效。

　　拉姆齐从没说过"原子弹"这个词，他谈的是"释放出来的宇宙基本力量"和"发生链式反应"。他摆出了其他参与项目的科学家的名字：恩里科·费米、尼尔斯·玻尔、汉斯·贝特（Hans Bethe）、莉泽·迈特纳（Lise Meitner）——全都是科学界的王者级人物。贝塞尔在物理课上知道了他们的大名，他还读过他们的一些著作。

　　拉姆齐讲完后，贝塞尔又被引见给几位科学家，他们向他介绍了他们各自的工作内容。他们说要制造使用"原子子弹"的"枪"，撞击后会引发爆炸，爆炸发出的光比"1000个太阳还要亮"。这一天结束时，贝塞尔知道他们正在制造原子弹了。原子弹，直接源于科幻小说的东西啊。贝塞尔感觉很奇妙：他，一个来自巴尔的摩的犹太小子，要成为历史的一部分了——如果他没有先被害死的话。

　　几天过去是几周，几周过去是几个月，贝塞尔往返于文多弗和洛斯阿拉莫斯之间，对这种武器越来越了解。确切地说，是武器们。原子弹有两枚，两种型号："小男孩"和"胖子"。

　　"小男孩"体形纤细，长10英尺，重9600磅，是铀核炸弹。"胖子"重10,300磅，是钚核炸弹。两者的工作原理相同：将足够的力量施加于放射性内核，引发链式反应，从而释放出巨大的爆炸力。

　　"小男孩"的外壳内有一个用于引爆的枪式点火装置。铀被分为两部分："子弹"和靶子。子弹是由9个铀环叠在一起组成的，外面套上16英寸长的钢壳。靶子是一个空心圆筒，里面有更多的铀。一旦雷达触发近炸引信，子弹就会通过6英尺长的高强度航空炮炮管射入靶子。子弹以684英里的时速插进靶子里，就像塞子一样。撞击力会引发剧烈的链式反应。"小男孩"的可靠性非常差。一旦无烟火药制成的发射药上了膛，只要有任何东西引燃它，就会造成全面核爆。

"胖子"的潜在威力甚至比"小男孩"更大，但它需要一种不同的"扳机"。（它需要一根30英尺长的"炮管"才能达到引爆速度。）而科研人员为它设计了另一种引发原子反应的机制，也就是内爆。钚核内装有重5300磅的高爆炸药。由近炸引信触发后，32对引爆器会同时起爆，将垒球大小的内核压缩到台球大小，从而引发所需的链式反应。

在曼哈顿计划以外，很少有人了解这些事情。该计划是最高机密。但贝塞尔，区区一名坐在五角大楼会议室外等候区的中尉，对原子弹的了解比室内的大部分人都多。

他肯定上了蒂贝茨的骂娘名单了。我也无能为力啊，他心里想。这时，贝塞尔听到了低语声。他抬头看向接待处，发现有一名高高的军官——是个少校——站在女军官身边。军官朝他的方向看来。"你是贝塞尔吗？"他问道。

贝塞尔说他是。

"你坐在那里干吗？"军官厉声道，"里面找你呢。"进会议室时，贝塞尔向女军官投去了一个甜美的微笑。

他进去后，蒂贝茨要求他坐在自己旁边。贝塞尔试图小声解释他迟到的原因，但正在对委员会发言的一名上尉打断了他。上尉要求海军派一艘潜艇到日本海岸3英里外，然后发射一道"罗兰"（LORAN）——"远程导航"（Long Range Navigation）的简称，一种复杂的新式导航系统——波束，以协助他们接近目标。一旦有事，波束还可以引导B-29向潜艇飞去，以寻求海上救援。

当上尉询问贝塞尔的意见时，他脱口而出："胡说八道。"

法雷尔请贝塞尔展开说。贝塞尔说，他认为潜艇不可能固定在一个地方，因为潮水会将它拉跑。得到将军的允许后，贝塞尔走向一块黑板，拿起粉笔，然后用一个物理学等式证明自己的观点。他潦草地写下几个数字和希腊字母，接着算出风力和潮水的影响。"罗兰"需要潜艇浮在水面上才能工作。"潜艇绝无可能浮在日本海岸3英里外而不受到攻击。"贝塞尔说。法雷尔被说动了。蒂贝茨长舒一口气：贝塞尔总算来救场了。

委员会接着考察各个目标。几个小时后，众人一致同意广岛是首次投放原子弹的最佳地点。广岛有28.5万居民和4.3万名军人，是畑俊六元帅指挥的第二总军司令部所在地。畑俊六指挥的部队负责在盟军发起日本本土登陆作战时守卫本州岛。广岛周边遍布军事目标：多家船厂，一座机场，一处飞机部件工厂。尽管市中心的许多建筑是用强化混凝土建成的，但郊区的商铺和住宅大多是木结构的。在确定任务日期前还有许多细节要敲定。但是，与其他人一样，蒂贝茨知道广岛是完美的目标。

倒计时
68天

1945年5月30日
日本君田村

又一个漫长的日子迎来了黎明，田村秀子（Hideko Tamura）和她最好的朋友三佳（Miyoshi）离开校舍，走了几十步，下到一条小溪旁。学校里没有自来水，于是善胜寺（Zensho Temple）的孩子们都在小溪里洗澡。冰冷的水溅到脸上和胳膊上，惹得女孩子们尖叫起来。接着，她们沿着长长的阶梯上去，回学校穿衣服。

一声锣响，那是上早课的信号。秀子和三佳拿起经书，冲进佛堂，跪在蒲团上。孩子们齐声吟诵起"南无阿弥陀佛"："我佛慈悲，解救世人。"念完后，孩子们收起经书，拿着饭碗在狭长的餐桌前排队领早餐。尽管饥肠辘辘，但女孩子们吃饭还是不紧不慢。善胜寺里没什么盼头，不过又是干一天的活，能把人的腰都累断。

秀子痛恨这里，尽管她明白父母为什么要把她从广岛送来这里。人人都怕美军战机。B-29轰炸过许多日本城市，但广岛还没有被轰炸。这只是一个时间问题。

当政府出于安全考虑，将孩子们从广岛疏散到乡下时，家长们没有抗议。尽管不想与儿女分离，但他们知道留下来的危险。政府保证孩子们会吃饱，而且有学上，家长们就觉得放心了。

但在君田村住下后，秀子很快就发现10岁的孩子们只有下雨天才上课，其余时间都在户外劳动。

一组人的任务是挖出林子里硕大的松树根，然后在坑里造炉子提炼航空用松油。另一组人是开采沉重的石头。秀子和她的朋友本来是用背包背着石头穿过采石场，但秀子的肩膀被包带磨破了，于是她被转去挖石头。

食物稀少时，他们就分成小组到周围的山上找野菜。田村晚上常常筋疲力尽。学生们经常抱怨说"我饿了"。

在君田村住了快两个月，秀子仍然很想家。她的父母和善体贴。秀子的父亲田村次郎（Jiro Tamura）是总部位于广岛，橡胶产品行销全日本及远东地区的田村制造所的创始人的次子。次郎学的是法学专业，但他其实想成为一名艺术家。据他的女儿回忆，他浓密的深棕色鬈发让他"看起来像是一个他一直想成为的艺术家"。他是游泳健将，肩膀宽阔结实。一想到父亲吃完晚饭后把她扛在肩膀上，到街上逛小摊的情景，秀子脸上便泛起了微笑。别人看到她和父亲在一起让她感到骄傲。

她的父母是在东京的一场大学棒球比赛上认识的。比赛是由次郎所在的庆应义塾大学对阵早稻田大学，而她就在那里——一位和母亲一起坐在看台上的美丽少女。比赛结束后，次郎跟着母女俩到了她们家里，次郎请求她的母亲允许他追求她。她的母亲不同意，不经正式引见就接受如此大胆的请求是不得体的。两家安排了约会。双方家庭来自不同的社会阶层，但次郎意志坚决。

公美子（Kimiko）容貌美丽，身材纤细高挑，有一双传神的大眼睛，睫毛又密又长。她在外面打工，帮助寡居的母亲过日子。她喜爱西方文化与时尚，更喜欢宽檐帽和高跟鞋，而不是束缚人的和服与衣带。她看电影，而且喜欢读列夫·托尔斯泰（Leo Tolstoy）、埃德加·爱伦·坡（Edgar Allan Poe）和亨利·沃兹沃思·朗费罗（Henry Wadsworth Longfellow）的诗歌与书籍。

次郎的家人反对他追求一个工人阶级家庭的女孩，但他深爱着她。和

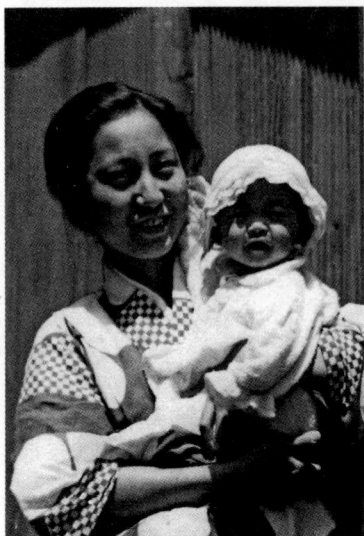

公美子怀抱着小秀子

公美子结婚时，他与家人断绝了关系。他在东京的日产汽车公司当了销售员。几年后，秀子出生，次郎的家人也与他和解了。年轻的田村夫妇喜欢待客，两人在东京的住宅里经常高朋满座，笑声不断。

他们的书架上主要是西方经典读物。秀子会读《白雪公主》和《睡美人》，后来还读了《鲁滨孙漂流记》和《哈克贝利·费恩历险记》。母亲给她唱关于春天的歌曲，哄她睡觉，而小秀子可以透过窗户看到父亲正身穿罩袍，在临时画室里搞创作。为了画出色彩轻柔的风景画，他在小小的画室里一待就是几个钟头。他仰慕法国印象派画家，最喜欢的画家是保罗·塞尚（Paul Cézanne）。

然后，在1938年的一个阴暗日子里，可怕的"红纸"送到了。次郎被征入侵略中国的大日本帝国陆军。公美子和小秀子搬到位于广岛的田村家宅中，等待次郎三年服役期满。

青年军官次郎于1941年退伍，但退伍军人的身份无法让他幸免于战争。多年后，秀子依然记得广播里的人声，当时大人们突然窃窃私语起来。秀子听姑姑说日本与美国和英国开战了。它们现在是日本的敌人了。秀子不明白。他们打我们？她问别人还能不能看美国电影了。小女孩说她喜欢查理·卓别林。但姑姑告诫她小点声。"要是有人听见，以为我们不爱国怎么办？"

大人们安慰她不要担心。但她怎么能不担心呢？她明明看到了大人脸上的表情。

珍珠港事件发生一个月后，"红纸"再次到来，于是次郎去广岛的陆军基地报到了。

秀子和母亲再次搬到了夫家。秀子进入名校成美学院（Seibi Academy）就读，该校属于日本军方。那是一个爱国主义澎湃的年代，学校里会教授日本起源的神话：两位神祇搅动泥水，溅出的泥点化为列岛，日出之国就此诞生。他们的天孙被派到九州岛，统治整个日本。学生们会唱关于日本人民献身祖国的歌谣。

到了1944年，气氛已经变了。亲爱的家人丧命在塞班岛和关岛这样的远方。船只的损失越来越多。政府出台了食品和燃料配给制。市场上很快没了商品的踪影。工厂纷纷关闭。美国的B-29轰炸机接连不断的空袭让众多日本城市陷入火海。不过，秀子基本还没吃过这些苦头，广岛并未被轰炸，她跟好朋友三佳以及堂亲们一起玩耍。父亲在附近的陆军基地服役，每晚都回家。

但1945年年初的广岛变了模样。防空掩体挖得到处都是。市区的住宅间都竖起了水塔，以备不时之需。学习如何扑灭燃烧弹造成的大火的安全演习扰乱了家庭生活和课堂教学。人们的衣服上缝上了写着姓名和地址的名牌，方便发生不测时辨认尸体的身份。

1923年的东京—横滨大地震造成14万人丧生，秀子的母亲幸免于难。她为女儿详细规划了对日本"最后一击"波及广岛时要怎么办。公美子告诫道，敌军会从空中来袭。如果是在室内，秀子要把自己绑在重家具上。母亲教她说，这样一来，如果房子塌了，家具底下也许会形成一个安全空间。然后，秀子一定要尽快找路离开房子，以免被燃烧弹造成的大火包围。逃出去以后，她要尽快向河边跑，逃跑途中要用兜帽或垫子保护好头部。敌机常常会杀一个回马枪，消灭躲避空袭的人。公美子一遍一遍地教秀子，直到这些措施刻在她脑子里。秀子听的时候觉得不可思议，她从未真正相信明天会和今天不一样。

直到4月10日，广岛的儿童被疏散出城那一天为止。

秀子的母亲在缝纫机上奋力劳作，为小女儿准备衣物，收拾她要带到君田村的行李。她在秀子出发前夜劳作到很晚，做好了一份便当，好让秀子在长途火车上吃。母女俩详细检查了一遍行李。最后公美子拿出一个小包，放到秀子手里。

"这是我们身体的一部分，"她说，"爸爸的指甲和我的一缕头发。"

秀子困惑不解。

"现在时局紧张，"她母亲说，"我们必须做好万全准备。如果我和爸爸出事了，你还有一点我们的东西，当个念想。"

秀子惊呆了，她不知道要如何处理这些信息。她明白自己要走的原因是城市正被轰炸，城里对儿童来说太危险了。但她以前不觉得这与她的城市、她的父母有关。这是不可想象的。公美子感觉到了女儿的恐惧，就安慰她说这只是以防万一。等到战争结束时，他们没准就在广岛等着她呢。

"你觉得要多久？"秀子问。

"我不知道。"公美子说，然后笑了起来，"我在东京大地震中活了下来。不管发生什么事，我都会活下来的。我向你保证，我寿命还长着呢。你也一样。"

黎明前的几个小时里，广岛火车站广场上挤满了孩子和家长，人山人海。许多人哭了，或者忍住了眼泪。官员发表讲话安慰人们，赞扬了忍受痛苦，直到日本取得胜利的国民。秀子这些孩子要上路了。

秀子被指定为女孩组组长，负责帮助年纪小的孩子上车。轮到她上车时，她转身向母亲挥手告别，结果看见公美子用手绢捂着眼睛，想要遮住泪水。秀子与母亲一样独立而坚强，但她还是一个小女孩，她忍不住哭了出来，走向座位的一路上都抽抽搭搭的。她鼓起勇气履行自己的职责，喊出同学们的名字，确保每个人都在。汽笛声响起，火车离站。秀子看着大人们拥向铁轨，哭喊着，挥手告别着，仿佛他们再也见不到自己的孩子似的。

　　旅程很漫长。秀子试着安慰其他女孩，但开车几个小时后还有人在哭。窗外，山脉和茅草屋经过。天落黑时，火车驶入了君田村善胜寺的车站。时间似乎停止了。秀子不知道时间何时会再次开始流逝，他们何时能回家，爸爸妈妈对她的思念是否像她对爸爸妈妈的思念一样强烈。

　　日子过得乏味而艰苦，情况毫无好转。她决定要行动了。

　　她知道学校里的官员会审查学生的家信，只要不是热情洋溢的信，都不会让寄出。秀子决心想办法绕过审查员，将信寄到父母手里，告诉他们这里强制劳役、饥饿、污秽的真相，并求他们救救自己。

　　秀子心里想，家里的生活或许危险，但总不会比这里更糟。她需要妈妈。

倒计时
66天

亨利·史汀生这把老骨头浑身疼。经过两天的看地图、喝黑咖啡、处理后勤事务和争吵，临时委员会要给出最终的建议了：他们是要动用原子弹，还是像以前一样跟日本打持久战？最后拍板的人是杜鲁门，但委员会的分量也很重。

这是一个难题。德高望重的战争部长认真听取了每一个方面的意见：经济影响，环境破坏，对人类同胞使用破坏力如此巨大的武器所带来的道德问题。史汀生听得越多，就越是回到同一个问题上：会有多少平民死亡？他们会将日本城市整个抹掉，杀死数百万无辜者，灼烧和毒害土地几十年。这些可能性让他心烦意乱。

但让日本投降似乎别无他法。

美国厌倦了战争。珍珠港袭击已经过去了三年多，美国人生活的方方面面仍然以战争为中心。工厂生产坦克和战机。男青年离开学校，应征入伍，奔赴海外。妇孺的样子越来越像难民，因为食品、布料、衣服和家居用品仍然是配给供应。德国投降时掀起过一阵乐观情绪，对日战争或许很快就会结束，大部分士兵和水手或许圣诞节前就能回家……但希望的烛火每天都变得暗淡一点。

杜鲁门总统告诉国会，日本"没有打赢的捷径"，这并非虚言。战胜日本意味着太平洋战区的美军兵力要增加一倍，达到400万之众。盟国承诺会参战，但杜鲁门没有抱太高的期望。"我们尚未与日本400万现役军人的主力正面交锋，另外还有几百万达到服兵役年龄但尚未被征召入伍的人呢。"

杜鲁门的讲话给美国的希望泼了一桶冷水。每当一名厌倦了战争的公民翻开报纸、打开收音机或者去看电影时，新闻里总是充斥着战斗、轰炸和伤亡报告。

史汀生办公桌上的报纸里写道，之前作为矛头部队从诺曼底攻向柏林的老牌劲旅美国第一集团军现在正被派往太平洋。美北浸礼会差会（American Baptist Foreign Mission）发现了战争罪行的证据：两年前，日军士兵看来在菲律宾将11名牧师和一名牧师的9岁的儿子斩首。内页列举了美国对德对日的2800亿美元的军费消耗。另一篇报道关注的是最近遭受美军燃烧弹袭击的大阪。记者引用了无情空袭行动的负责人柯蒂斯·李梅（Curtis LeMay）将军的话："不管你怎么下刀，总会有许多平民被杀。"

史汀生痛恨这场死伤枕藉的战争。没错，他是军人，但他也是人道主义者、外交官以及国际法和道义的支持者。他相信战争"必须被限制在人性的范围内"。空中打击应该以"合法的军事目标"为限。

但第二次世界大战已经颠覆了高贵的战争法则。德国和日本残忍地打击城镇平民，将大批"不良分子"赶进死亡集中营。他坚信，美国不是那样的。蓄意大批屠杀平民是不道德的。但是，他的祖国现在要投放一种武器，它会害死不计其数的人。这就是他的困境：这种武器的破坏力既令他敬畏，又让他惊骇。史汀生曾用"弗兰肯斯坦"[1]和"世界和平的手段"来称呼原子弹。

1　英国小说家玛丽·雪莱（Mary Shelley）创作的一部长篇小说，该作被认为是文学史上第一部科幻小说。——编者注

　　史汀生向杜鲁门表达了自己的担忧。他告诉总统，美国行事公允，奉行人道主义的声誉是"未来几十年世界和平的最大资本。我相信在动用任何新武器时，只要有可能，就应该采用同样的不杀伤平民的原则"。

　　第一次原子弹试验的日期越来越近，史汀生赶忙制定了一套新政策，规范核武器在战时及平时的合理使用方法。在杜鲁门的支持下，史汀生于5月初成立了一个临时委员会，直到正式的核武器管控机构建立。

　　史汀生任委员长，业界、学界、政界的八位重要人物任委员，包括万尼瓦尔·布什（Vannevar Bush），电气工程师，主持第二次世界大战期间政府动员科研力量的工作；还有詹姆斯·科南特（James Conant），哈佛大学校长。包括奥本海默和恩里科·费米在内的四位曼哈顿计划的领导者代表科学界。

　　格罗夫斯将军支持史汀生的观点。委员会将向世界展示，"如何使用原子弹这一极重大的决策不是由战争部独自做出的，而是由一批远离军方直接影响的人集体做出的"。

　　5月9日，委员会召开第一次会议，立即着手讨论错综复杂的议题。史汀生承认委员会面临的挑战。"先生们，我们的责任是提出可能会改变人类文明进程的行动建议。"他说。

　　有一点很重要，不能仅仅把原子弹当作一种新式武器。这是"人类与宇宙关系的一次革命性变化"，他告诫道，它可能意味着"文明的末日"。

　　老兵史汀生不是唯一关心历史与道义的人。委员会就是要传达出参与曼哈顿计划的许多科学家的质疑声。科学界的批评者以利奥·齐拉特为首，就是这位物理学家在1939年敦促爱因斯坦给富兰克林·罗斯福写信，警告总统希特勒有可能在开发核武器。现在，齐拉特的观念有了严肃的转变。

　　他是芝加哥大学冶金实验室的首席物理学家，该团队负责生产原子弹所需的武器级钚。齐拉特对军方主导曼哈顿计划的做法感到不安。两个月前，齐拉特将同事们组织起来，要求限制核武器的使用。他起草了一封给罗斯福总统的公开信，敦促总统限制使用原子弹，还将信传到了曼哈顿计划的多处设施。但是，信一直没有被送到总统的办公桌上。

罗斯福去世后，齐拉特本与杜鲁门约见于白宫，但在最后关头改为与临时委员会上的总统代表詹姆斯·伯恩斯见面。齐拉特和两名同事去南卡罗来纳州斯帕坦堡（Spartanburg）的伯恩斯家中拜访他。会见没有按照计划进行。

齐拉特告诉伯恩斯，他在许多个不眠之夜里思考"试验与使用原子弹的合理性"。其他国家在努力开展核计划，几年内可能就会拥有自己的核武器。"眼下最紧迫的危险可能是原子弹'亮相'会引发美苏两国的核武器制造竞赛。"他警告道。

但前任美国参议员及最高法院法官，即将成为杜鲁门政府国务卿的伯恩斯是一名天生的政治家。对他来说，原子弹代表着美国的力量高于他国。他相信，原子弹会击败日本，同时阻止苏联在亚洲和欧洲的势力扩张。

齐拉特失望地结束了会见。他说伯恩斯更担忧苏联的战后行为，而不是动用大规模杀伤性武器的道义代价。齐拉特没有放弃。他征集了众多志同道合的科学家的签名，着手劝说美国政府不要对平民使用原子弹。

在1925年的诺贝尔物理学奖得主詹姆斯·弗兰克（James Franck）的带领下，一批参与曼哈顿计划的科研人员在一份绝密报告中提出了自己的主张。他们说，美国在原子领域的发现不可能永远保密。他们预测会发生一场核军备竞赛，迫使美国加快武器开发的步伐，让其他国家因为害怕遭到毁灭性打击而不敢首先发起进攻。

临时委员会在5月开了四次会，有一次是在5月的最后一天，6月1日又开了一次会。当时，他们已经排除了来自齐拉特和弗兰克的反对意见，接下来要讨论原子弹的潜在爆炸威力及其对日本人作战意志的影响。

有一名委员试图贬低原子弹的破坏力，认为"它与目前规模的空袭所造成的影响不会有很大差别"。

但奥本海默不同意。科学家依然不确定原子弹的爆炸力。爆炸当量可能相当于2000吨到20,000吨黄色炸药，但视觉效果"会非常壮观"，奥本海默向他们保证。冲击波会带来"一道高达10,000英尺至20,000英尺的耀眼光芒"。爆炸会危及至少三分之二英里半径范围内的一切生命。他说原子弹是对付密集部队或兵工厂的理想武器，还预测它可能会造成20,000人死亡。

委员会科学顾问小组成员，诺贝尔奖得主阿瑟·康普顿（Arthur Compton）问有没有可能做一次非军事性的展示，让日本人看到继续战争是徒劳的。

其他人反对这一观点。伯恩斯说，告知日本人原子弹的投放地点会促使他们将美国战俘转移到该地区。

史汀生有另外的担心：原子弹不好用怎么办？"先警告或示威，结果是个哑炮，没有什么比这更不利于让对方投降了。这种可能性是真实存在的。"史汀生后来回忆道。

此外还有一个因素，他们没有原子弹可以浪费。铀-235或钚的产量不够用来制造备用弹。"关键在于利用我们手头这点东西迅速充分地达到效果。"史汀生说。

奥本海默后来总结了这次辩论："科学界的同人对于首次使用这种武器的看法并不统一，有人提议单纯展示技术，有人主张投入军用，诱使敌方投降。纯技术展示派希望将使用核武器定为非法，他们害怕如果我们现在使用了这种武器，那么日后我们在谈判中的立场可能会受影响。其他人强调立即投入军用是挽救美国人生命的一个机会，他们相信使用核武器有利于未来的国际局势，因为他们更关心阻止战争，而不是禁用一种具体的武器。我们更偏向后一种观点。我们提不出一种有可能结束战争的技术展示手段，我们看不到军用以外的可接受选项。"

最终，史汀生认同了奥本海默的看法。迫使裕仁天皇及其军事顾问投降的唯一方法就是"以雷霆手段充分证明我们有能力消灭日本帝国"，史汀生补充道，"这样的强力手段所拯救的美日两国人民要远远多于它造成的杀伤"。

史汀生知道，据军方规划人员预测，美军侵入日本会造成重大伤亡。在保卫本土的过程中，日本的死亡人数无法确定。战斗可能会延续多年。没有人希望是那样。

于是，6月1日的会议结束后，史汀生做好了准备。委员会和科学顾问小组已经讨论了每一种可能的情况，达成了三条建议共识。史汀生现在要将建议递交给杜鲁门了：

- ·应尽快对日本使用原子弹。
- ·应投放于一处周围是易损房屋或其他建筑物的军事设施。
- ·不应提前发出警告。

如果史汀生和委员们以为话题就此结束，那他们就错了。这是一场延续数十年的漫长而深刻的论战的开始。

倒计时

53天

1945年6月14日
内布拉斯加州奥马哈

他们要在奥马哈度过漫长而炎热的一周，等着升级版的B-29走下生产线。那是属于威士忌、拳击和在出租屋里找乐子的一周。罗伯特·A. 刘易斯上尉和八名机组成员已经准备好登上崭新的"超级空中堡垒"，回文多弗待几天了。他们要在文多弗收拾好东西，然后与第509混成航空大队的其余人一同去提尼安岛了。

这与预想中不同。他们本应该6月7日过来，准备好接收改装好的轰炸机，快去快回。但飞机尚未完工，刘易斯只好允许手下去放松放松。

好家伙，他们可真是放松：喝酒，摔杯子，调戏人妻，警察上门。多亏了刘易斯，他们都没进监狱。这不是第一次了，而且尽管刘易斯本人以脾气火暴闻名，但部下们对他依然忠心耿耿。

刘易斯生在纽约，长于新泽西，珍珠港事件后加入陆军航空队。他喜欢追求刺激，很快就成了一名炙手可热的试飞员。他的成就之一是驾驶B-29运载传奇飞行员查尔斯·林德伯格（Charles Lindbergh）。林德伯格对刘易斯驾驭这种难以操控的飞机的本领留下了深刻印象，他说自己当初做出第一次飞越大西洋的历史壮举时要是有刘易斯在身边，他会很高兴的。

然后是性格活泼、爱抽雪茄的空军指挥官柯蒂斯·李梅将军。李梅第一次乘坐B-29时，驾驶员就是刘易斯，刘易斯向他展示了操控该型飞机的难度。落地后，李梅在机场当场将刘易斯升为上尉。

赞许刘易斯的人不只有林德伯格和李梅，还有B-29测试项目的负责人蒂贝茨。蒂贝茨亲自培训刘易斯，看着他成为优秀的新战机驾驶员之一。刘易斯飞过几百次"超级空中堡垒"，在两次由机械故障造成的空难中幸存。刘易斯总能做到泰山崩于前而色不变。

当蒂贝茨被选为原子弹投放任务的负责人时，他马上将刘易斯招致麾下。蒂贝茨尊重刘易斯的本领，但两人并不总是合得来。蒂贝茨是一名严肃拘谨的指挥官，军装的扣子从来不会错位。刘易斯正好和蒂贝茨相反，是个26岁的大嘴巴，体格健硕，一头金发，飞行夹克皱巴巴的。他是一个用拳头解决纠纷的野小子，但不是恶霸。刘易斯会关心不得志的人，照顾自己的手下。但他从来没执行过战斗任务。这是他的一个失分项，让他耿耿于怀。

刘易斯和蒂贝茨是在"超级空中堡垒"的测试项目中熟悉起来的。但范柯克和费尔比——蒂贝茨在欧洲时的老伙计——刚到文多弗参加秘密计划，两人的关系就变了。老伙计们就像三个火枪手，分享着他们在德国、法国和英国上空的骇人又有趣的回忆。刘易斯有过很多次紧张到指节发白的飞行经历，但他不能为三人的谈话增添任何英雄事迹。

他与范柯克和费尔比合得来。他们会打牌到深夜，费尔比牌技高超，简直是专业级水平，而刘易斯似乎总是输很多钱。蒂贝茨开玩笑似的劝刘易斯别跟费尔比赌博了。"跟你自己的朋友玩吧。"他说。这句话刺痛了刘易斯。刘易斯觉得留着文雅的胡子，长相如演员克拉克·盖博（Clark Gable）的费尔比傲慢。

刘易斯一直不了解他们的任务，这也让他不好受。他只知道他们在为一件大事训练。他在1944年11月24日写给父母的信中表现出了厌倦和气馁："今天又是正常的一天。开早会，进行投弹训练，回来吃午饭（伙食不错），然后接着训练。我不问为什么。没有人问。"

两周后，刘易斯玩出格了。他想在圣诞节见见老朋友，他也知道第509大队的高级飞行技师要回家办婚礼。12月17日，刘易斯和技师"借"了一架C-45双发运输机，踏上了前往新泽西州的纽瓦克（Newark）的航程，全程2500英里。两人遇上了恶劣天气。在俄亥俄州的哥伦布（Columbus）上空，C-45的无线电、高度计、罗盘都失灵了。刘易斯驾驶着飞机向地面飞去，试图靠路灯导航，但暴风雪让能见度几乎降到了零。刘易斯一路往东飞，最后在纽瓦克落地，油箱几乎空了。

圣诞节后，刘易斯又在机场见到了飞行技师和他的新娘。按照规定，平民不得乘坐军用飞机，于是刘易斯把自己的飞行夹克和飞行帽给了女人，偷偷带她上了飞机。他们在回程中又遭遇了一场暴风雪，只得迫降。12月29日，刘易斯和幸福的小两口终于回到了基地。蒂贝茨大发雷霆，他告诉刘易斯说，他上军事法庭、进监狱或者被开除军籍都不冤枉。刘易斯却觉得没什么大不了的。

蒂贝茨考虑了一周。他承认，在恶劣天气中开一架残破的飞机需要钢铁般的意志。刘易斯毫无疑问是出类拔萃的飞行员，而空军正迫切需要他的本领。最后，蒂贝茨决定不起诉。他告诉刘易斯，长官不想毁了他的一生，但从现在开始，他会像猎鹰一样盯着刘易斯。要是再惹麻烦，他就没有机会了。

之后的六个月里，刘易斯都尽可能守规矩。他希望自己不会为机组成员在奥马哈的所作所为担责任。如果要担责任的话，蒂贝茨或许也能理解，毕竟这是他们去提尼安岛之前最后的放纵机会了。上岛以后，谁知道会发生什么。

刘易斯估计他和部下大概就是在飞机上执行秘密任务，不管任务是什么。在训练的大部分日子里，刘易斯都是主驾驶，但与蒂贝茨一起飞时，他会做副驾驶。

当然，刘易斯的部下觉得长官配得上那个光荣的位置。蒂贝茨很少上天，他总是与高级将领忙于行政事务。但他们明白，"首次出击"的驾驶员大概率还是蒂贝茨。

指挥就是这么一回事。蒂贝茨是一名久经考验的战地飞行员——盟军"牧羊人"艾森豪威尔将军在战场上被托付给了他。另外，他的组织能力也很强。

一个月前，蒂贝茨来到奥马哈的格伦·L. 马丁（Glenn L. Martin）轰炸机工厂，挑选执行重大任务的座机。蒂贝茨建议航空工程师改良第509大队的B-29的设计，做到减重提速。工程师只保留了后炮塔，拆除了大部分护甲。飞机安装了带有可逆螺距螺旋桨的高速发动机——让飞机可以在地面上反向滑行——以提高飞机的速度和机动性。为了装下"小男孩"和"胖子"，炸弹舱的舱门被扩大，并增加了加快投放时开合速度的气动控制装置。

蒂贝茨根本不在乎机组成员喜不喜欢自己。他一心要让第509大队为任务做好准备，他们要练到做好为止。1945年的前三个月里，大队的部分成员在古巴练习高空海岸远洋飞行与远程导航。高空轰炸是一种新战术，蒂贝茨努力不懈地要求机组成员提高投弹精度。他们练了大角度俯冲技术——蒂贝茨相信，只有这样才能让B-29避开原子弹的冲击波。回到文多弗后，机组成员用形状和大小相当于实弹的大号"假"炸弹练习投弹，为在日本的重大投弹任务做准备。到了晚春时节，几乎所有人都整理好行装，横跨太平洋，前往在地图上只是一个小点的提尼安岛。

与此同时，蒂贝茨在文多弗、华盛顿和洛斯阿拉莫斯之间辗转开会。他管着1800人，一支以投下历史上第一枚原子弹为使命的精英部队。他太忙了，没时间与大队成员建立感情。另外，蒂贝茨心里还装着永远不会跟他们讲的清醒认识：一旦原子弹被投放，爆炸产生的冲击波可能会杀死机组成员。没有人能保证原子弹不会在飞机驶向最终目标的途中爆炸。他和部下们正在飞向死亡陷阱。

身在奥马哈的刘易斯和他的机组成员对这些事情一无所知。于是，飞机准备妥当后，刘易斯的队伍检查了焕然一新的B–29，然后坐进他们自己的位子，系好安全带。刘易斯命令飞行技师启动巨大的发动机，发动机的声音听起来像丝绸一样顺滑。在这次飞行和之后前往提尼安岛的飞行中，驾驶员的位子都是他的。

倒计时
49天

哈里·杜鲁门独自生活在白宫。贝丝、玛格丽特和丈母娘两周前回独立城度夏了。总统孤身一人,他不喜欢这种感觉。

他开始想象自己深夜在空荡荡的大房子里听到的响动是安德鲁·杰克逊(Andrew Jackson)和泰迪·罗斯福(Teddy Roosevelt)在四处走动,与富兰克林·罗斯福争论。他走进了还没有探索过的房间乃至衣柜,为自己感到难过。

他给妻子写了很多封信,其中一封信写道:"亲爱的贝丝,仅仅两个月前,我还是自得其乐的副总统。但现在发生了这么大的变化,看起来几乎不像是真的……我坐在这栋老房子里处理外交事务,阅读报告,琢磨演讲,同时听着鬼魂在走廊里,甚至就在这里,在书房里来来回回地走动。"

尽管他强烈地思念着家人,但现在他还有一件大得多的烦心事:他要如何结束太平洋战争?他已经了解了曼哈顿计划及其骇人的潜在威力。他与高层顾问和高级将领交流过,他得到了许多不同的建议。他需要选定一条前进的道路,哪怕只是权宜之计。

现在是6月18日下午3点30分,杜鲁门总统正在召开战时内阁会议,与会者有参谋长联席会议成员和战争部的高级文职官员。房间里不乏20世纪中期美国的巨头。乔治·马歇尔（George Marshall），陆军五星上将，后来出任国务卿。亨利·史汀生，战争部长。约翰·J. 麦克洛伊（John J. McCloy），后来出任过驻德高级专员、世界银行主席、调查肯尼迪遇刺案的沃伦委员会成员等众多职务。

其他与会者同样功成名就：海军部长詹姆斯·福莱斯特（James Forrestal）；海军五星上将威廉·莱希（William Leahy），先后任罗斯福和杜鲁门总统的参谋长；海军五星上将欧内斯特·金（Ernest King），海军作战部长；陆军航空队的I. C. 埃克（I. C. Eaker）中将，代表心脏病发作后正在恢复的哈普·阿诺德五星上将。

会议议题和会议室里的各位要人一样雄心勃勃：如何迫使日本无条件投降，结束第二次世界大战。几周来，杜鲁门听取了关于原子弹的诸多不同意见。临时委员会建议尽快对日本动用原子弹，而且提前不发出警告——"给尽可能多的居民留下强烈的心理印象"。

杜鲁门在考虑另一个选项：投入实战前先安排一次演示。但这样做有两个问题。如果武器失灵，那只会助长日本顽抗的决心。另外，美军战俘可能会被转移到火线上。

尽管大多数军方领导人赞同使用美国的新式超级武器，但也有明显的例外。太平洋战区美国陆军总司令道格拉斯·麦克阿瑟（Douglas MacArthur）将军相信日本"必将战败"，投放破坏力如此巨大的新式武器是不智之举。欧洲战区的盟军最高司令德怀特·艾森豪威尔将军附议。

此外，总统的参谋长，全国军衔最高的军官，海军五星上将莱希，出于另一个理由反对使用原子弹，这是记录在案的：这个"鬼东西"肯定行不通，他说。他称其为"天下头号怪胎"。

在这样的背景下，杜鲁门于6月18日再次召集军方与文职高级顾问。总统首先转向马歇尔将军，后者说太平洋当前的局势"基本等同于"诺曼底登陆日前美国在欧洲所面对的局势。马歇尔提出了一个类似的战略——

大举登陆日本本土，11月1日首先攻打南边的九州岛，"将日本准备防御的时间削减到最少"。

马歇尔接下来讲了预计伤亡人数。他指出，美军在诺曼底登陆后的30天内共死伤和失踪42,000人，冲绳血战的伤亡人数也差不多。但马歇尔说，"有理由认为，我军登陆九州岛后30日内所付出的代价不会高于吕宋岛战役"。吕宋岛战役是麦克阿瑟夺回菲律宾的一次重要行动，美军的伤亡人数要少一些：31,000人。

他又说："一个严酷的事实是，赢得战争没有轻而易举、不流血的办法，对外保持坚定的形象，坚定国民的决心是领袖的使命，而且是得不到感谢的使命。"

拟议的九州岛登陆行动已经有代号了："奥林匹克行动"。马歇尔要求的所需兵力数目非常精确——766,700人。杜鲁门要求参谋长莱希给出自己的伤亡人数估计。海军上将指出，参加冲绳战役的美军部队伤亡比例为35%，换算成登陆日本本土就是25万人。

有些部门估计的伤亡人数甚至还要更多。马歇尔将军的参谋部认为，击败日本的整场地面战役——代号"没落行动"——会损失50万至100万人。针对日本的最大岛屿本州岛的登陆行动直到1946年3月方可开始。换言之，战争会拖几个月，也可能是几年。

总统转向史汀生部长，问他是否认为"白人入侵日本会让日本人更紧密地团结起来"。史汀生说很可能会。福莱斯特部长补充道，整场行动可能要用一年乃至一年半才能完成。

杜鲁门说，他希望苏联能坚决保证8月参战，那样或许会缩短日本抵抗的时间。莱希上将提出了一种可能性，即接受低于美国当前要求——日本无条件投降——的条件，否则他害怕会坚定敌人继续作战的意志，害死更多美国人。

但总统知道，以任何方式放宽投降条件都不啻一枚政治炸弹。他还没有为扭转公众在这一问题上的舆论做好准备。

杜鲁门明白入侵日本会付出怎样可怕的代价，当前夺取冲绳的战役就是鲜活的证明。美国军方规划人员本来预计两天就能控制冲绳。现在呢？为了这8平方英里的土地展开的战斗已经进入了第78天。岛上的12万日军已经损失了10万，败迹已显，但即便如此，几千名日军士兵仍在继续战斗，很多时候宁愿用手榴弹自杀也不投降。如果敌人保卫冲绳岛都这么凶猛，那么保卫本土时会怎样呢？

最后，总统还是命令参谋长联席会议继续执行九州岛登陆方案，还说自己"之后会做出最终决定"。

会议即将结束，战时内阁成员准备离席时，杜鲁门发现助理战争部长约翰·麦克洛伊还一句话都没说。

"麦克洛伊，"总统说，"在听他发言之前，谁都不许走。除了刚刚做出的决定以外，你觉得还有其他合理选项吗？"

麦克洛伊转向上司史汀生部长，部长说："你讲吧。"

麦克洛伊的官职只是助理部长，但其实他的分量要比他的头衔更重。他在纽约法律界德高望重，史汀生请他来华盛顿是帮自己排忧解难的，而且会努力确保他有机会参与每一项与战争有关的重大决策。

麦克洛伊有很多话要说。之前的一个小时里，与会者详细讨论了入侵行动、军队规模和伤亡人数，但一次也没提到可能会让战争提前一年多结束，挽救数十万美国人生命的原子弹。

"好，我确实认为你有另一个选项。"麦克洛伊告诉总统，"如果我们不想一想除了再发动一次常规登陆作战以外，还有什么办法能结束战争，那我们就该把脑袋拿去做检查了。"

接着，他做了在场的众人都没有做的事——他提起了炸弹。尽管所有人对曼哈顿计划都有透彻的了解，但会议室内仍然一片寂静，仿佛聋了一般。"我一提'炸弹'，就是原子弹——哪怕是在那个高层小圈子里——

大家就震惊了。"他后来回忆道，"提到炸弹时不能大声，就像在耶鲁的上流社会里提到骷髅会（耶鲁学生秘密兄弟会组织）一样。就是不能。"

麦克洛伊接着往下说。"我要告诉他们（日本人）我们有炸弹，我要告诉他们它是一种怎样的武器。"如果他们仍然拒绝投降，"我认为如果我们专门警告过他们炸弹的事，我们在道义上会更站得住脚"。

马上有人反对。炸弹失灵怎么办？美国会颜面扫地，日本则会更加坚决。麦克洛伊不退缩。"所有科研人员都告诉我们会顺利的。"他说。

现在屋里所有人的意见都听了，于是杜鲁门宣布会议结束，说众人应该"讨论这件事"。他批准了部署766,700名美军士兵登陆日本的方案。

显然，核试验成功之前不会做出关于使用原子弹的决定。它目前还是一个大胆而可怕的科研项目。

加利福尼亚州欧申赛德

欧申赛德（Oceanside）是一处美丽、洁净、安全的加利福尼亚海滩绿洲。经历了整整一年的危险任务，德雷珀·考夫曼发现自己很难适应安静。

他不是来度假的——这是下一项重大使命的开始。他脑子里有很多盘算。尽管努力尝试了，但他还是不能将冲绳赶出自己的脑海——接连不断的炮击、机枪的嗒嗒扫射、血流成河的万岁冲锋、带着恐怖和死亡气息的尖叫。

一天夜里，考夫曼和舰长站在"吉尔默"号的舰桥上，看见一架神风队的自杀飞机直冲过来。舰炮开火击中了飞机，但它如同一个"燃烧的火把"向"吉尔默"号扑来，撞上了前炮塔，造成一名水兵死亡，三人受伤。"一想到有个人真的带着炸弹扑过来，我就感觉特别不舒服。"他在寄给家里的信中轻描淡写地说道。

冲绳战役后，考夫曼被派往菲律宾苏比克湾（Subic Bay）的海军基地

"开一门讲授课程"——蛙人培训项目的别称。考夫曼觉得苏比克湾挺好。他的海军中将父亲就在那里，父子终于可以团聚了。

詹姆斯·"雷吉"·考夫曼（James "Reggie" Kauffman）与罗伯特·艾克尔伯格（Robert Eichelberger）将军的参谋部密切合作，后者指挥的第八集团军正在进行漫长而残酷的菲律宾争夺战的收尾工作。考夫曼中将的办公室在一间半桶形铁皮活动板房里，他的儿子刚上岸就直接过去了。两人有多年没见了。考夫曼知道父亲为自己感到骄傲。1940年，他没告诉父亲就辞去了工作，加入了美国志愿救护车队。当时美国尚未参战，考夫曼回想起父亲写给自己的长信，信中质问他为什么要加入救护车队，还要求他回国。

"我对整件事都无法理解。"父亲写道。军方不需要他的儿子。他的儿子是不是有麻烦了，要去躲某件秘密的事？"话说回来，你应该回到我身边，因为我从来没有让你陷入尴尬境地。"他写道。他知道儿子是成年人了，求了大概也没有用。他在信的末尾写道，他会一直等着儿子。"我很爱你，我一向欣赏你，特别相信你。不管你想做什么，不管我怎样看待你的决定，我都想让你知道，我会为你付出一切。爱你，爸爸。"

考夫曼知道父亲这些年一直了解他的英雄事迹：先是在英国和美国拆弹队工作，然后是管蛙人。这是漫长的五年，但感觉上甚至还要更长。父子重逢时带着愁绪，两人都筋疲力尽。他们想家，想念假期和家人。而且他们都知道下一步的举措：入侵日本。

方案还在制定中，但考夫曼父子都知道水下清障队会发挥重要作用。德雷珀会亲临战斗一线。他幸存了那么久，他是在碰运气。

五天后，德雷珀·考夫曼来到欧申赛德，上司要求他在这里训练出几支新的清障队。如今冲绳已经陷落，美国正在当地建立庞大的海空基地，作为箭在弦上的日本本土登陆行动的跳板。训练不可能一蹴而就。首先，他们需要更多装备和人力。接下来要把兵全都练好，制定出方案，研究好每一处细节。

日本由一串大岛组成。考夫曼的团队是岛屿作战专家，他们会为抢滩登陆的大部队清理海岸——勘测水下障碍物，拆除暗雷，秘密上岸侦察。他们中有多少人会死呢？考夫曼心里想。这又要持续多久呢？

考夫曼知道全国人民正盼望着结束战争。他看得到迹象。加州的报纸上充斥着关于战后计划的报道，设想着大批士兵退伍对美国经济造成的影响。住房够吗？工作够吗？现在美国的经济轰鸣着，生产军工用品。但到了某个时候，工厂总要回去生产轿车、洗衣机和冰激凌。

考夫曼不知道登陆时间，他也不确定上司是否知道，决定权在五角大楼的那些家伙手里。他还有自己的事情要烦心呢。他将手下的24支清障队全都叫到欧申赛德来参加为期一个月的集训，各队之前在太平洋各地执行任务，现在要被收回来了。太平洋战场太大，于是长官们新建了水下清障舰队（Underwater Demolition Flotilla），分为两个分队，各有一艘旗舰。这是海军在筹备长期作战的明显信号。

考夫曼眺望着加利福尼亚的沙滩，看到地平线上有一艘船，头顶上有一架飞机，于是他脑中闪过另一幅可怕的战斗画面。他实在不能摆脱自己的恐惧。他知道日本人在偏远岛屿上打得多么顽强。至于他们在本土作战中会有多顽强，他只能去想象了。

倒计时

36天

1945年7月1日
新墨西哥州洛斯阿拉莫斯

距离试验的日子只剩下两周了，洛斯阿拉莫斯的人员压力越来越大。杜鲁门即将赴德与英苏领导人会面。代号为"三位一体"（Trinity）的核爆试验定于7月16日进行。这是一场赌博。依据试验效果，总统才知道结束对日作战和进行对苏交涉时手里的牌有多大。

杜鲁门不会容忍失败。格罗夫斯不会考虑延期。奥本海默也不能想象多年的努力付之东流，于是他对自己和团队成员逼得更紧了。他没有选择。

原子弹仍然存在技术问题，两周时间不足以全部解决。位于洛斯阿拉莫斯以北约230英里处荒漠的试验场还在建设中。他们务求一次成功。

科学家和工程师们紧张极了，也疲惫极了。格罗夫斯在催促加速，不准他们找借口。于是，在试验临近的压力下，他们在洛斯阿拉莫斯和试验场没日没夜地轮班工作，傍晚时的气温也有100华氏度[1]之高。他们仍然在调试原子弹的铸造模具以及测量核爆效果的仪器。有的人直接睡在办公桌上或者沙漠的帐篷里。奥本海默被种种细节压得喘不过气，饭也吃不下，体重掉到了115磅。看到他憔悴的样子，格罗夫斯担心他会垮掉。

1　约合 37.8 摄氏度。——译者注

充满紧张气氛不仅仅是因为时间紧，任务重。试验日期越来越近，科研人员纠结起关于原子弹的哲学问题，关于制造并投放如此致命，如此无可挽回的东西是否符合道德。在目标选定委员会的一次会议上，物理学家菲利普·莫里森向奥本海默、格罗夫斯和其他军方领导人表达了科研人员的忧虑。莫里森说应该先警告日本人，让他们知道原子弹要来了，给他们提前投降的机会。他的观点被军官们和他的上司奥本海默否决了。莫里森灰心了。离场时，他的感受是军人控制了项目，科学家无法影响军人的决定。

利奥·齐拉特要求限制使用核武器的请愿书在洛斯阿拉莫斯传开了，许多科研人员认同军方应该先通过核试验展示原子弹的破坏力，而不是直接扔到住着无数无辜平民的城市中的观点。物理学家爱德华·特勒（Edward Teller）将请愿书递给了奥本海默，但奥本海默拒绝签字。科学家"不应该掺和这种政治施压"，奥本海默告诉他。

特勒的几十名同事在请愿书上签了字。其他人还在考虑，包括洛斯阿拉莫斯的少数几名女科学家之一——莉莉·霍尼格（Lilli Hornig）。她是一名新来的化学家，一年前才和丈夫唐纳德搬到洛斯阿拉莫斯，唐纳德是参与曼哈顿计划的一名空军联队队长。在请愿书上签字可能会毁了她的事业。但莉莉·霍尼格已经在男性主导的科学界克服了千难万险。对她来说，这是原则性问题。

与参加曼哈顿计划的许多科学家一样，本姓施文克（Schwenk）的莉莉是一个出生在外国的犹太人，父母分别是捷克化学家和儿科医生。全家人来美国后住在新泽西州的蒙特克莱（Montclair）。父母从小就鼓励她投身科学。莉莉小时候参观过父亲的实验室，大大的实验室里满是铮亮的玻璃烧杯、试管和烧瓶。父亲给她的娃娃屋配上了小号的玻璃器皿，将对化学的深爱植根在女儿的心田。她本科在布林莫尔学院（Bryn Mawr College）读化学专业，1942年赴哈佛深造。

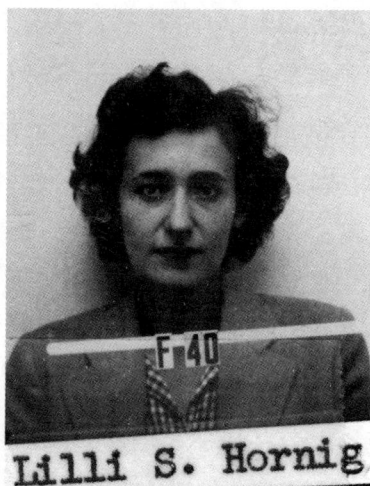

莉莉·霍尼格在洛斯阿拉莫斯的通行证上的照片

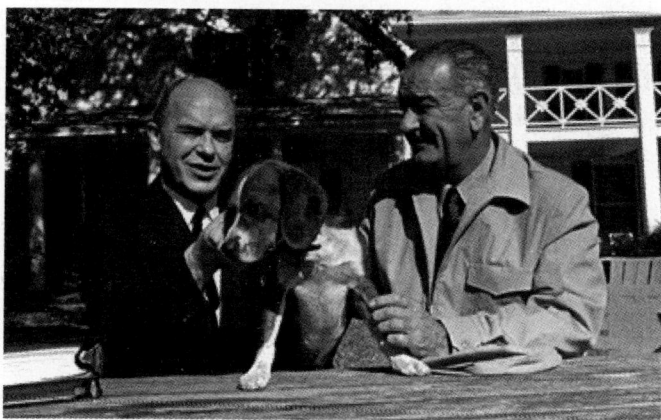

唐纳德·霍尼格（Donald Hornig，左）与林登·B. 约翰逊（Lyndon B. Johnson，右），1964年12月

    当时女研究生很少，攻读硬科学学位的女生更少。来到哈佛后，她很快发现女生是二等学生。教授们明白地跟她讲，男生去打仗了，招进来的少数女生只是凑合顶一下。研究生院的科学楼里没有女卫生间，最近的女卫生间在另一栋楼里，而且要找保管钥匙的教授开门。

上第一堂课之前，她被叫到一间屋子里和自然科学系的教授开会，屋子的名字起得很恰当——"分班室"。屋里有一张长长的会议桌，上方是历任系主任的画像，全是庄重的白人男性。教授们坐在桌子的一头，莉莉被告知坐到另一头。他们很直白，说女生总是学不好物理化学。因此，她必须先上一门哈佛本科的物理化学课，然后再继续读。

莉莉震惊了。她告诉他们，她是一名研究生，她来哈佛不是为了上本科课程。教授们看出来吓不住她，于是做了一个约定。她必须参加物理化学摸底考试，考过了就可以上研究生课程。

就是在那时，莉莉将目光投向了另一名哈佛学生——唐纳德·霍尼格，她到校的第一天就遇到他了。唐纳德来自密尔沃基（Milwaukee），他性格沉默严肃，正在攻读物理化学博士学位。

唐纳德很快被莉莉吸引。她娇小苗条，有一双漂亮的眼睛。他乐意将自己的笔记借给她，回答她提出的任何问题。莉莉考了很高的分数，证明了教授们是错误的。

1943年，莉莉与唐纳德相爱并结婚，而且双双毕业。唐纳德的博士论文题目是《爆炸冲击波研究》，他毕业后就职于马萨诸塞州伍兹霍尔海洋研究所（Woods Hole Oceanographic Institution）的水下爆破实验室。不久，唐纳德·霍尼格的领导将一份神秘邀请函转交给他，要求他去某不明地点承担某不明职务。

"有点意思。"霍尼格说，"是谁要我？"

"我不能告诉你。"领导说。

"是哪种工作？"他问。

"我什么都不能告诉你。是机密。"

"它在国家的哪个地区？"霍尼格说。

又是无可奉告。

"你最起码告诉我是北边、东边、南边还是西边吧，行不行？"

"也不行。"领导说。

于是，霍尼格拒绝了。当天晚些时候，实验室的对讲机响了："新墨西哥州圣菲来电话找唐纳德·霍尼格。"

对面是化学家乔治·基斯佳科夫斯基（George Kistiakowsky），洛斯阿拉莫斯的核武器专用炸药研发团队的负责人。他向霍尼格保证自己的要求是合理的，尽管在两人谈妥之前他不能透露具体细节。

"你竟然不答应，大家都抓狂了。"基斯佳科夫斯基说，"你是第一个说不的人。"

霍尼格对基斯佳科夫斯基说他要先跟莉莉谈谈，但马上又来了一通电话，是哈佛大学校长詹姆斯·科南特打来的，他是少数了解曼哈顿计划的非军方人员之一。他受罗斯福之托，与英国进行科研事务方面的先期接洽，他也是临时委员会的成员。科南特想知道"到底是怎么回事"，霍尼格是不是"不爱国"。

"霍尼格你记住，山姆大叔指着你呢。"科南特说。

霍尼格不需要科南特质疑他的爱国心。他立即回家，对莉莉讲了两通电话的事。莉莉心里拿不准，但当基斯佳科夫斯基给她在洛斯阿拉莫斯安排了一个职位后，她就下了决心。夫妇二人买了一辆1937年出产的轮胎都磨损了的福特车，横跨2200英里前往新墨西哥州。

霍尼格马上投身于钚弹引爆装置的开发工作。

但当莉莉与洛斯阿拉莫斯的人事官员见面时，他们问她打字速度有多快。

"我不会打字。"她厉声道。她在哈佛读化学专业的研究生时可没上过打字课。

最后，她参与研究钚元素的化学性质，测试各种钚盐的溶解度与放射性。她觉得这是一项单调的工作。由于担心放射性物质会损害女性的生殖系统，她被调到了爆炸物团队，参与制造核武器装药。

霍尼格夫妇逐渐适应了洛斯阿拉莫斯的生活。莉莉当时23岁，她的丈夫24岁。他们发现项目里有许多差不多同龄的科研人员。下班后，他们过着忙碌的社交生活，举办晚宴，去周围的山上远足，野营，骑马郊游。他们甚至有一个音乐剧团。莉莉帮忙制作道具，唐纳德在管弦乐队里拉小提琴。

但参与这些活动只是为了转移注意力罢了。霍尼格夫妇总是被笼罩在原子弹、计划和试验的阴影下。随着试验日期越来越近，莉莉越来越多地在思考众人的劳动成果可能会带来什么。科学家是有道德责任的，现在是发声的时刻了，霍尼格夫妇在请愿书上签了字。

倒计时

35天

随着试验的临近，格罗夫斯将军比以往任何时候都更担心间谍。他坚持要求所有研发设施要保密。洛斯阿拉莫斯的人员只有一个地址：1663号邮箱。他们的邮件要做常规检查。宣传板上用加粗的字体写着有时晦涩难懂的告诫标语："大嘴巴——间谍链式反应"，或者"谁？我？对，你。别讲你在干什么"。

安保人员在每个实验室、工厂和设施中都很常见。项目启动时，将安保重点放在潜在的德国间谍活动上似乎是合理的。军方情报机构认为，只有纳粹才有利用美国技术或情报的科技水平和工业能力。日本和意大利没有制造原子弹所需的工业基础设施和原材料。

接下来是苏联。苏联具备所有要素。苏联是美国的盟友，但不能信任。格罗夫斯早就明白这一点了。在他出任曼哈顿计划军方负责人的第一周，加利福尼亚州的劳伦斯伯克利国家实验室（Lawrence Berkeley National Laboratory）就发现了苏联特工。他们试图利用同情共产主义者的美国人获取科研资料。

格罗夫斯立即制定了美国的安保目标：避免德国了解美国的科研成果。确保原子弹首次投放的绝对突然性。最后，避免美国核武器计划的具体信息落入苏联手中。

洛斯阿拉莫斯的一道安全门

细致的背景调查是反间谍行动的关键一环。军方要确保科研及后勤人员不会被敲诈胁迫，这意味着要彻查他们的个人经历。任何与共产党的联系都会引起怀疑。

格罗夫斯痛恨共产主义，但他知道参与曼哈顿计划的许多科学家都了解过这种意识形态。两次世界大战之间的欧洲到处是无政府主义者、社会主义者和各种各样的自由思想者，其中不乏大学教授和科学家。大萧条激发了人们对共产主义学说的同情，而且参与计划的科研人员几乎都受过共产主义宣传，或者有极左翼的朋友。许多人逃避法西斯浪潮，来到西方工作，奥本海默就是其中之一。

直到1933年希特勒上台，开除犹太教授为止，奥皮对政治都不感兴趣。他为一家帮助失业犹太物理学家的基金会捐过款。他读过哲学家卡尔·马克思阐述资本主义体系如何剥削工人的理论著作《资本论》。他与共产党人有交往，但没有证据表明他本人加入过共产党。他支持取消种族隔离和维护劳工权利，还曾通过共产党员朋友为西班牙内战中的反法西斯力量输送资金。奥皮的妻子基蒂是党员，她的前夫是一名劳工权利宣传家，曾志愿加入林肯旅（Lincoln Brigades），并在西班牙内战期间死在了抗击法西斯的战斗中。1939 年苏联签署《苏德互不侵犯条约》，并与纳粹联手入侵波兰时，奥本海默脱离了共产主义运动，成为一名坚定的反法西斯斗士。

由于奥本海默的圈子里有大量已知或疑似的共产主义者，联邦调查局有一份关于他的厚厚的资料，给这位物理学家贴上了"同情共产主义的教授"的标签。当格罗夫斯向一个军方委员会提名由奥皮主持曼哈顿计划时，有几个人说了不。但格罗夫斯为奥本海默的忠心做了担保。再说了，委员会到哪里能找到比他更有资格负责洛斯阿拉莫斯的项目的候选人呢？格罗夫斯最终力保成功。但安保人员仍然在监视这位物理学家，只是以防万一。

格罗夫斯是一个务实的人，他明白有一部分参加曼哈顿计划的科研人员在大萧条时期接触过共产主义。共产党将大部分精力都用来组织失业者和支持劳工权利。但格罗夫斯相信手下能发现任何忠于苏联，而不忠于美国的人。

极大的难题之一是审查和监视项目中大批出生于外国的科研人员。深入调查这些人的过往经历几乎是不可能的。格罗夫斯承认，审查流程可能会让一些心怀异志的人漏过去。

就安保工作来说，洛斯阿拉莫斯是一场噩梦。太多人在同一个地方，朝着同一个目标工作了。为了防止间谍活动，格罗夫斯将军坚持将项目研究人员的工作内容分割，限制了解项目全貌和整体进度的人员数量。

但奥本海默的做法恰恰相反。他鼓励不同部门的科研人员见面、分享成果和协作。奥皮经常亲自主持这种小组讨论。此举有利于激发创造力，提高效率，促进团队合作，但也方便特务收集信息。如果发生了这样的事，格罗夫斯知道，美国战后将受到长期影响。

倒计时

34天

1945年7月3日

新墨西哥州洛斯阿拉莫斯

一个衣服皱巴巴的男人缓缓经过洛斯阿拉莫斯的活动板房和临时实验室，盯着手中的写字板，露出微笑。他没有看到夕阳投下的长长影子，太阳从桑格雷-德克里斯托山上掠过。美景和寻常景象都没有被注意到。

威廉·劳伦斯（William Laurence）一边走一边工作，在头脑中组织、编辑、调整着对方说过的话。他刚刚采访完一名重量级科学家，采访了很长时间。他必须确保不出一点差错，确保自己对科学家阐述内容的理解是准确的。

他的出现似乎是为了避开关注。劳伦斯年纪比较大，快60岁了，身体结实，说话略带东欧口音，还长着一个怪模怪样的塌鼻子，黑发梳成大背头。他的西装太大了，领带太宽了，即使按照洛斯阿拉莫斯的标准来看，也是不修边幅。要不是带着笔记本和钢笔，还有陆军安保人员如影随形地跟着，他完全可能只是一名普通的科研人员或工程师。

到了某个时候，劳伦斯会坐下来，记录一天的工作成果，试着将其纳入宏观背景中。但即使用几个月时间在洛斯阿拉莫斯和曼哈顿计划的其他每一处研究设施做采访，现在动笔写这篇大稿子依然为时尚早。他还在整理头绪。他知道接下来会有大事发生，这会极大地影响他的叙述。

劳伦斯是《纽约时报》科学版的记者，格罗夫斯将军亲自挑选他来报道这一历史性的计划。自4月以来，劳伦斯获得了知晓曼哈顿计划与洛斯阿拉莫斯的内幕的独家许可——这位记者将神秘的洛斯阿拉莫斯称作"火星原子国"。

劳伦斯在业内声名卓著。他是共同赢得1937年普利策科学报道奖的跨报社报道团队的一员。陆军情报机构详细调查过劳伦斯，他不是危险分子，但他的个人经历值得拍成一部黑色电影。

他出生于立陶宛，本名莱布·沃尔夫·西韦（Leib Wolf Siew）。他少年时性格叛逆，曾参加1905年的俄国革命，当时全俄各地有大批工人罢工抗议恶劣的工作条件。沙皇用武力做出了回应，数百名手无寸铁的抗议者被军队打死打伤。劳伦斯的鼻子就是被警察用枪托砸塌的。为了不让他被逮捕，母亲将他装在腌菜桶里从俄国偷运到了德国，他又从德国逃往美国，顶着新的名字开始了新的生活：威廉·莱昂纳德·劳伦斯（William Leonard Laurence）。［"威廉"代表莎士比亚，"莱昂纳德"代表莱昂纳多·达·芬奇，"劳伦斯"是马萨诸塞州罗克斯伯里（Roxbury）的一条街道的名字，他住在这条街上。］他进了哈佛大学法学院，但一战期间，他退了学并加入美国陆军。被派到法国后，他在负责将上级命令传达到前线单位的通信兵团担任翻译员。

回国后，劳伦斯立即决定投身报业。他先在纽约的《世界报》（World）干了两年，然后于1930年加入《纽约时报》，成为美国最早的一批科学版记者。劳伦斯是科幻小说的狂热爱好者，他对物理学和宇宙有着天然的好奇心。更重要的是，他有能力向读者解释复杂的概念。

劳伦斯在战前就一直关注医学、物理学、化学和天文学。作为全国大报的科学版记者，他能接触到著名科学家。1940年，他在马萨诸塞理工学院听了J. 罗伯特·奥本海默的一场高深的高等数学讲座。之后劳伦斯去找奥本海默，请他解释讲座中的某些方面。奥本海默直白地宣称，他的主题"不是面向普通大众"的。

劳伦斯没有退缩。他说，那他只好按照自己的理解写了。

"你要怎么写？"奥本海默问。

劳伦斯用老百姓都能听懂的简明语言解释了讲座的部分内容，给奥本海默留下了深刻印象。"我从来没那样想过。"奥本海默说道。

劳伦斯与奥本海默再也没有发生过不愉快。这位记者很早就看到了原子能的重要性。在1939年2月哥伦比亚大学的一次会议上，他从物理学家恩里科·费米和尼尔斯·玻尔那里知道了核裂变，而且立即意识到了原子"链式反应"的军事潜力。在1940年9月发表于《星期六晚邮报》（Saturday Evening Post）上的一篇题为《原子投降了》的文章中，劳伦斯预言了利用原子能的潜在的光明面与阴暗面。该文章在1943年是很有预见性的，引人警醒，以至于格罗夫斯要求该报社，如有任何人索要刊登该文章的过刊，则"立即"向他报告。

劳伦斯最重大的一次任务始于1945年4月。当时，格罗夫斯走进了位于曼哈顿中城区的《纽约时报》大楼。将军知道政府到了某个时候肯定要向公众披露原子弹的细节，他认定劳伦斯是合适的人选。

格罗夫斯对《纽约时报》的主编埃德温·詹姆斯（Edwin James）说要让他手下的记者报道一项秘密计划。他说劳伦斯会"失踪"几个月，而且在计划完成前不能发表任何内容。另外，这不是独家报道：劳伦斯的文章必须共享给其他新闻机构。

詹姆斯同意了，他把劳伦斯叫进办公室。格罗夫斯重复了一遍，说这个职位要求"绝对保密"。

"你会从地球上消失几个月。"格罗夫斯说，又说劳伦斯不仅将在政府的许可下工作，还要在政府的管控下工作。不许有一篇文章、一个句子、一个词流出去，直到格罗夫斯点头。如有需要，劳伦斯还要起草媒体通稿和其他官方通讯稿。

劳伦斯不喜欢这些条件，但他嗅到了大新闻的味道，很可能与原子弹有关。记者告诉上司他有一个重要的条件：他要完整的通行权。格罗夫斯同意了。劳伦斯抓住了机会。

他告诉妻子弗洛伦斯（Florence）说他要离开一段时间，而且会尽可能尽早与她联系。他这就上路了。他参观了田纳西州橡树岭的庞大的铀分离车间；华盛顿州汉福德的钚生产反应堆；芝加哥大学的冶金实验室，1942年费米在这里实现了首次可控链式反应；最后是这一切的神经中枢——洛斯阿拉莫斯的实验室。

他一路上采访了数十名科学家。了解得越多，他对计划的规模之大、范围之广就越是肃然起敬。他有时不得不压抑自己的热情，记住要保持客观。他不是来当啦啦队队长的。

哈佛大学校长、临时委员会委员詹姆斯·科南特向劳伦斯做了很多介绍。"到了计划可以被披露的时候，人们是不会相信的。这比儒勒·凡尔纳（Jules Verne）[1]还要奇幻。"他告诉记者。

"如果成功了，人们会相信的。"劳伦斯说。

劳伦斯热爱这次任务。这是一次寻访科学仙境的旅程，一次一期一会的报道。他周围的一切都"宛如梦幻"。他说他感觉自己"来到了火星"。

向非科学家解释原子弹背后的原理是一件难事，但他也不想过分简化。重点是找到平衡。劳伦斯总是在本子上写写画画，摆弄词语和图像，将复杂的术语拆解成最简单的要素。他最终选定的每一个词都要经过军方的审查，因此他必须小心谨慎。这是他当记者以来压力最大的一次任务，但他喜欢极了。为了把故事讲好，他必须从头讲起。

"1939年，打开原子能的钥匙被找到了。当时有人发现原子量为235的铀（铀–235）——一种稀有的铀元素——可以被分裂，从原子的核心，

---

1 法国科幻小说和探险小说作家。——编者注

也就是原子核中释放出相当巨大的能量。"他最后写道。

"关键在于，自然界中发现的铀-235的原子总是与普通铀（铀-238）的原子混合在一起，难以分离，前者在混合物中所占的比例只有0.7%。由于两种形态的铀是化学性质相同的双胞胎（同位素），所以不能用化学手段分离它们，而从现实角度看，提炼铀的物理方法是不存在的，因为1000台当时最好的设备要用1000年才能生产出一盎司[1]铀-235。"

做完高度技术性的讲解，劳伦斯就放飞了文采。他写道，科学家和工程师在三年时间里建立了一座科学"梦幻岛"，"凭借想象的魔力、汇聚起来的才智与行动的意志，在国难当头局面的激励下，昨天还不可能的事情变成了宏大到令人震撼的现实"。

劳伦斯不知道自己的报道何时会发表。一切都取决于两周后会发生什么，取决于原子弹被引爆的时刻。他尽可能准备好了背景介绍和辅助资料，到时候与时间赛跑，拼命写作，感受报道历史上极重大的新闻之一所带来的快感。

试爆开始时，他会在洛斯阿拉莫斯。他会见证原子时代的来临。

1　英美制重量单位，1 盎司等于 28.3495 克。——编者注

倒计时

21天

1945年7月16日
德国波茨坦

　　哈里·杜鲁门作为总统的首次出国访问的目的地是德国，他起床时感受到了一种他很少有过的情绪。他感到受到了惊吓。他当总统三个多月了，但他正面临着一项可怕的新挑战。

　　他是昨天晚上到德国的，准备开启波茨坦会议，代替罗斯福参加与英国首相丘吉尔、苏联部长会议主席斯大林的三巨头峰会。尽管下功夫做了准备，但他依然不确定自己是否为登上全世界最宏大的舞台做好了准备。

　　与此同时，在几乎半个地球以外的新墨西哥州的阿拉莫戈多，科学家们经过七年的研究、开发和制造，终于准备引爆全世界第一枚核武器了。

　　杜鲁门止不住地想着核试验。他身在欧洲，时间比新墨西哥州的团队的时间快八个小时。他能做的唯有等待。但他敏锐地意识到，试验结果——成败仍是未知数——可能会极大地重塑大国之间的关系。如果原子弹试爆成功，他心里想，"我可就有了一把锤子，可以敲打敲打这些伙计了"。

　　要与丘吉尔和斯大林坐在一起的想法让杜鲁门愁了好几周。7月7日离美当天，他在日记中写道："昨天和前天晚上跟贝丝聊过。她不高兴我去见俄先生和英先生——我也不高兴。"他又说："我恨死这次出国了！但我必须去——要么赢，要么输，要么和——我们一定要赢。"

　　开启会议的前几天，杜鲁门安排了一次学习，内容包括三国领袖将会探讨的一系列议题：苏联在东欧令人警惕的主宰地位，德国破碎后的前景，犹太复国主义，打赢对日战争的战略。最后一项是杜鲁门非常关心的。斯大林尚未履行在雅尔塔会议上所做出的对日开战的承诺。现在，杜鲁门想要取得苏联会参战的坚决保证。

新总统最担心的是能不能与两位领袖合得来。罗斯福和丘吉尔共度了100多天的时间，地点常常是在白宫。两人会彻夜讨论军事计划，也会分享漫长人生中跌宕起伏的故事。罗斯福还认为自己与斯大林建立了良好的共事关系。

杜鲁门对自己与人打交道的能力是有信心的。他觉得"复杂"的问题其实没有那么复杂。大家只要坐下来，当面讨论，便会消除分歧。话虽如此，但这可是全世界最宏大的舞台，杜鲁门从来没有登上过，更别提扮演主角了。

总统、总统高级顾问和100多人的访问团在巡洋舰"奥古斯塔"（Augusta）号上航行了8天。杜鲁门有很多时间是在甲板上与新任国务卿詹姆斯·伯恩斯一边绕圈走，一边交谈。他每天都会接到设于大副舱内，与白宫地图室有直接通信联系的前方地图室的信息更新。他要求访问团成员奋力工作，通读国务院起草的关于美国在全球面临的重大议题的长篇备忘录——这些备忘录有很多。

每晚6点，一支30人的乐团会在餐前奏乐。8点，伯恩斯的舱里会放一部电影。总统不会逗留，他在自己的房间里打扑克。

杜鲁门和访问团成员边打牌边聊天，但那不是寻常的牌桌闲聊。一个话题是丘吉尔在刚刚举行的英国大选中的前景。计票还在进行中，但大部分人认为丘吉尔会胜选。

另一个话题是原子弹。杜鲁门的参谋长莱希海军上将还是说原子弹不灵。"这是我们做过的最大的一件蠢事。"他坚持说，"我以爆炸物专家的身份讲，那是个点不着的哑弹。"

现在到了7月16日上午，杜鲁门在树木繁茂的柏林近郊小镇巴伯尔斯贝格（Babelsberg）醒来。他下榻于皇帝大街2号，格里布尼茨湖（Lake Gribnitz）湖畔的一栋三层灰泥别墅。

杜鲁门从一开始就觉得不舒服。"楼是红色和黄色的，脏兮兮的。"他在日记里写道，"一栋被毁掉的法国城堡式建筑，是被德国人掩盖法国风格的做法毁掉的……与其他所有房子一样，它里面被俄国人搬空了——连一把小勺子都没有留下。但美军指挥官是一员干将，他拦下了俄国人运赃物的火车，收回的家具足够让这里能住人了。物件全都不成套。"尽管颜色不符，但这栋别墅还是被称作"小白宫"。

有官员告诉总统，这栋别墅曾经属于一位德国电影制作人，纳粹电影业的负责人，现在被送到西伯利亚了。真相还要更黑暗。一位著名出版商曾与家人住在此处。杜鲁门抵达前十周，苏军洗劫了房子，还命令全家人一小时内搬走。

总统与参谋长共用的套房在二层，包括一间卧室、一间办公室和一间浴室。尽管总统用"噩梦"来形容室内装潢，但还有一个更大的问题：没有纱窗。酷暑时节，从湖里来的蚊子给总统一行人来了个"下马威"，天气凉了才好转。

会议原定于当日晚些时候开始，但实际上没有。斯大林尚未抵达，苏联方面也没有说他何时会到。丘吉尔住在同一片区域的另一栋别墅中。他在上午11点拜访了杜鲁门。他女儿说，他已经十年不曾这么早起了。杜鲁门6点半就醒了。

杜鲁门没与丘吉尔见过面，但与世界上的大部分人一样，他通过新闻片和广播讲话已经很熟悉他了——催人奋进的声线，富有力量的语言，还有对纳粹战争机器的斗志昂扬的蔑视。但现身"小白宫"的丘吉尔貌不惊人，看起来比实际年龄70岁更苍老，疲惫而无精打采——一个衰落中的民族与帝国的领袖。

他们谈了两个小时，主要是社交寒暄。杜鲁门说他准备了一份会议方

哈里·S. 杜鲁门总统在波茨坦的别墅"小白宫"前

针，并问丘吉尔有没有准备。首相说他用不着。丘吉尔似乎对新总统留下了深刻印象，后来提到杜鲁门"显然具有决断力"和"充满自信与决心"。离开前，两位领袖用威士忌"为自由碰杯"。丘吉尔的一位副官说，首相"喜欢"总统。

杜鲁门不是很确定。"他给我灌了很多迷魂汤，讲我的祖国有多么伟大，他与罗斯福是多么友好，他也希望与我友好，等等。"杜鲁门在当天的日记里写道，"如果他不过分吹捧我，我们肯定会相处愉快。"

当天下午，既然斯大林神秘失踪，总统便决定去柏林进行一次计划外的参观。那会给人们留下很好的印象。

在国务卿伯恩斯和海军上将莱希的陪同下，他乘着一辆敞篷轿车出发了。离城区还有大约一半路程时，他们看见美国第二装甲师全师排在高速公路的一侧。那是一次盛大的示威——共有1100辆坦克、卡车和吉普车。

总统坐着一辆半履带侦察车检阅了部队。人员和装备拉得很长，总统用了20分钟才从头开到尾。

"这是我见过的最强大的陆军部队。"莱希说，"如果他们真想去某个地方，我看没有任何人拦得住。"

师长答道："到现在还没有人拦过。"

杜鲁门从那里开进了柏林市中心。损毁状况令人惊讶。世界第四大城市不见了。先后经历了英美轰炸机和苏联炮兵的轰炸后，柏林如今遍地瓦砾。总统的车队缓缓经过希特勒的都城的残余部分——帝国总理府和纳粹元首向信徒发表讲话的阳台、胜利纪念柱、勃兰登堡门、蒂尔加滕（Tiergarten）。

"希特勒是个疯子。"杜鲁门在日记中写下了自己的观察，"他对领土贪欲太大，超出了自身的限度。他不讲道德，而人民支持他。我不曾见过更惨淡的景象，也不曾见过如此彻底的报复。"

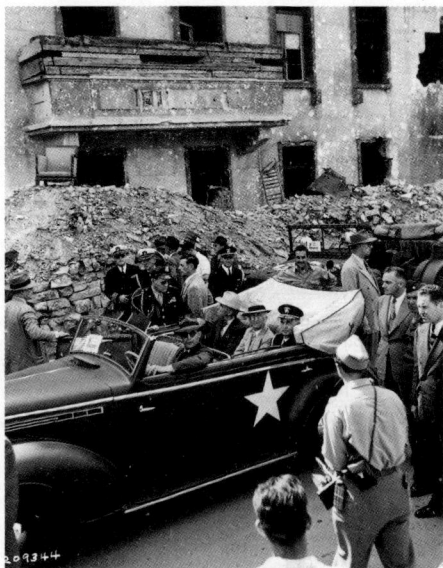

哈里·S.杜鲁门总统、国务卿詹姆斯·伯恩斯、海军上将威廉·莱希视察柏林的废墟，1945年7月16日

杜鲁门在一战期间是炮兵军官，见过毁灭的景象，但从没见过这样的惨状。一长串一长串无家可归的德国平民——老人、女人、孩子——在街上徘徊游荡，拉着或推着仅存的财产。年轻男子不见踪影，他们已经为希特勒扭曲的幻梦牺牲了。在7月的酷热中，到处都弥漫着死者的气味。如果说杜鲁门因惨象而震惊的话，那他也很清醒。"我从未见过这样的毁灭。我不知道他们

有没有得到教训。"

总统正等着首次原子弹试验的消息。以原子弹之威力，一旦成功，必将永远改变战争的性质和人类消灭同胞的能力。在反思柏林见闻的时候，他头脑里正想着这件事。

"我想到了迦太基、巴勒贝克、耶路撒冷、罗马、亚特兰大、北京、巴比伦、尼尼微、西庇阿、拉美西斯二世……谢尔曼、成吉思汗、亚历山大……我希望平静下来。但我害怕的是，机械发展走在了道德进步前面几百年，等到道德赶上来时，道德已经完全失去存在的理由了。"

新墨西哥州阿拉莫戈多

唐纳德·霍尼格像哨兵一样躲在新墨西哥州沙漠中的一座100英尺高的钢塔顶部的棚子里，雨水从棚檐上淌下来，他在沉思。身边的平台上放着"装置"——世界上第一枚原子弹。雷声大作，小小的棚子左摇右晃。

开阔的沙漠上，钢塔如同一根巨型避雷针。如果被闪电击中，会发生什么？霍尼格甚至不愿去想这个问题。4吨重的核武器已经接好线，做好准备了。只要雷雨停下来，试验就可以马上进行。与身在地球另一边的杜鲁门一样，霍尼格能做的只有等待。

距钢塔6英里的指挥中心里，奥本海默在踱步。装置本来应该在黎明时分被引爆，但试验因为大雨推迟了。指挥中心内的军方气象学家说雷雨很快会过去，但这并没有缓解让人难以忍受的紧张气氛。大家咬着指甲，一根接一根地抽烟——只要能缓解紧张就行。格罗夫斯将军每一分钟都比前一分钟更生气，将雷雨天气归咎于天气预报员。

没有人想再推迟了。他们拼命努力才走到现在。奥本海默从一开始就力主要试验，但格罗夫斯将军坚持认为他们没有足够多的钚可以浪费到试验上。但奥本海默咬定青山不放松。他争论说，不做实物试验的话，总会有人怀疑武器的效果，尤其是实战效果。全世界从没有见识过核爆，对核爆能释放多少能量的估计五花八门。洛斯阿拉莫斯的一些科研人员私下里仍然怀疑它到底能不能行。

"三位一体"试验场百英尺钢塔底部的"装置"

1945年7月16日"三位一体"试验前夕的"装置"

钚弹试验至关重要。他们相信"小男孩"——铀核原子弹——会成功。但科研人员对"胖子"就拿不准了。他们必须验证钚弹采用的新型内爆方案。数枚钚弹已经在生产线上了，几周或几个月后会分别下线。

钢塔上的霍尼格身旁是一枚钚核原子弹。1944年5月，奥本海默开始寻找试验场。曼哈顿计划的领导们遍寻新墨西哥州、得克萨斯州和加利福尼亚州，要找一处平坦偏僻的荒野进行安全的核试验。最终，负责开发首次核爆场地的实验物理学家肯尼思·班布里奇（Kenneth Bainbridge）在新墨西哥州沙漠找到了完美的地点。试验场位于洛斯阿拉莫斯以南约230英里处，阿拉莫戈多空军基地的偏远角落，那里的沙漠叫作"霍尔纳多-德尔穆埃托"（Jornado del Muerto），意思是"死者之旅"。奥本海默将试验代号取名为"三位一体"，这源于约翰·邓恩（John Donne）[1]的一句诗。

班布里奇的任务是在沙漠中建一座功能完备的科研实验室。这不是简单的任务。工人们建了一座用来安放装置的钢塔，还有三座供曼哈顿计划的科研人员安全观测的混凝土地堡。班布里奇租下了一处农舍，将其改造为野外实验室和宪兵站。不平的道路被铺平，以便将人员和物资运到试验场。他们还拉了几英里长的线缆，为起爆和后续研究供电。

地面科研人员要测量核反应的关键数据、内爆的对称性，以及能量释放大小。最大的担心是爆炸产生的放射性。他们不能指望天气会将所有放射性物质带到大气层上部，所以军方做好了疏散周边居民的准备。为防万一，地堡内的技术人员领到了撤离路线图。

随着波茨坦会议的临近，奥本海默将试验日期定为7月16日周一凌晨4点。7月11日上午，他与妻子基蒂道别，之后再也没有回家。7月14日，他在阿尔伯克基与从华盛顿飞来见证历史的军方领导人见面。当晚，科研人员测试了霍尼格的引爆器。引爆器一直运行良好，直到当时为止。霍尼格的上司乔治·基斯

1　17世纪的英国玄学派诗人。——编者注

佳科夫斯基向奥本海默和军方领导保证，引爆器在原子弹上会奏效。

7月15日早晨，一辆装着货物的卡车来到钢塔正下方，车斗对着钢塔。司机扯下蒙在车上的帆布，原子弹在明亮的阳光下露了出来。那是一个笨重的钢制球体，表面布满导线、开关、螺丝和状态显示仪器。8000磅重的外壳里面是裹着一层炸药的13.5磅钚。工人们小心翼翼地将炸弹移动就位，又在下面放上护垫。

塔顶波纹钢棚的地板上开了一扇门，放下数条钢缆。工人们用钩子将原子弹挂在钢缆上，然后电动绞盘将它缓缓拉了上去。往上升的过程中有一条钢缆松了，原子弹摆向一边，让观众倒吸一口凉气。但接下来原子弹被摆正了位置，送进了塔顶的门里。原子弹就位以后，技师们立即开始将电起爆器插入钢壳开口处，这可是一项精细活。

奥本海默在下面紧张极了。这种武器太复杂了，而且试验场上有许多人知道它的具体原理，知道它很容易被人破坏。他不能让原子弹夜里没人看着。于是，奥本海默让霍尼格"志愿"看管原子弹到早晨。

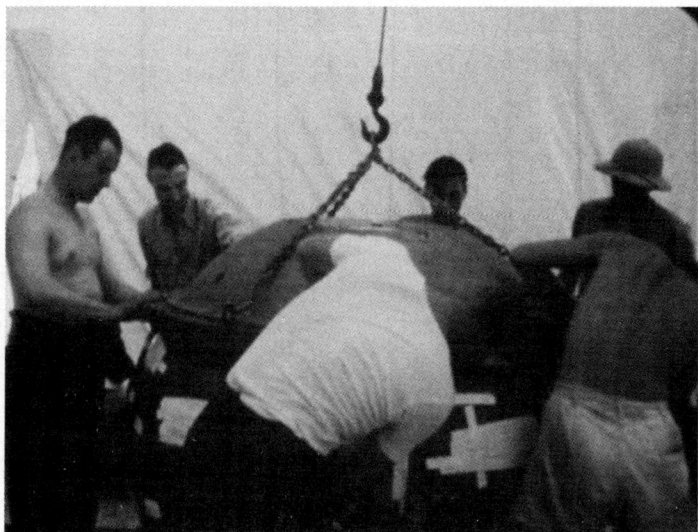

奥本海默（后排右二）在1945年7月16日"三位一体"试验前检查"装置"

霍尼格想了很久为什么奥本海默要让他来干这个。可能是因为当天早些时候失灵的引爆装置是他设计的。可能是因为他是曼哈顿计划中极年轻的团队负责人之一，所以牺牲他代价最小。还可能是因为霍尼格是科研人员里唯一能爬上百英尺高塔的。不管是什么原因，莉莉·霍尼格听他讲自己的任务时都不太高兴。

他黄昏时来到塔下，爬上去以后进了波纹钢棚。棚子一面是敞口的，其他三面无窗，里面有一部电话机，头顶有一盏60瓦的吊灯，还有一把折叠椅。他从屁股兜里掏出一本简装书——H. 艾伦·史密斯（H. Allen Smith）写的幽默故事集《荒岛十日谈》（*Desert Island Decameron*），然后坐下来，翻开了书。

霍尼格从没干过保安工作。如果真有人来搞破坏，他只能用一部电话机和一本轻松故事集来将其击退。夜幕降临，微光在地平线上忽明忽暗，这时他第一次感到了恐惧。后来又下起了大雨，他想着钢塔和地面都很湿，雷击的能量会直接传导到沙漠地面。但另一种情况让他隐隐担忧：突然袭来的大电流会引爆原子弹。他不知道那会不会发生。

最后，他一直盼着的电话打过来了：从塔上下来，跟奥本海默去地下指挥所。霍尼格最后环视了一眼棚子，把一只手放在棚子里的丑东西上。再也不会有人看见它了。

雨下得像瓢泼一样。当地正常的年降雨量在三英寸左右，而今年到现在已经达到四英寸了。沙漠里到处都是水，道路也变得泥泞。霍尼格走进地下指挥所时，水在地面上积成了池塘。他在食堂喝了一杯咖啡，然后和其他人一起等待见证接下来要发生的事。他累极了，他已经72小时没合眼了。

凌晨4点30分，霍尼格来到了下一项任务的岗位上，任务是把手放在一个开关上，一旦有事就终止核爆。他是有能力阻止起爆的最后一个人。联络用的无线电频道的信号断断续续，简直要人命。一首西班牙语的歌剧咏叹调响了起来，是墨西哥的信号飘过来了。往后还有什么？霍尼格心里想。

为了缓解紧张，技师们组织了一场赌局，让大家预测核爆的威力大小。爱德华·特勒报得高——45,000吨TNT。奥皮比较保守，报了3000吨。恩里科·费米让大家猜原子弹会不会点燃大气层，如果点燃了，新墨西哥州乃至全世界会不会毁于一旦。这让格罗夫斯感到不悦。

格罗夫斯害怕一部分比较谨慎的科学家会说服奥本海默推迟试验。费米警告奥本海默说，这不是引爆原子弹的好时机。雷雨可能会让他们全身沾染放射性物质。当时的风速达到了每小时30英里。"会出大事的。"他告诉奥本海默。军方气象学家杰克·哈伯德（Jack Hubbard）向大家保证天亮前就会雨过天晴，但格罗夫斯不相信。

奥本海默和格罗夫斯必须决断，他们都不想继续延期。格罗夫斯会对杜鲁门说什么呢？奥本海默对手下的人感到担心。他们为赶上日期已经干得太辛苦了，身体疲惫，精神紧张。如果推迟试验，他们有能力迅速重整旗鼓吗？格罗夫斯和奥本海默决定于凌晨5点30分展开试验，然后就只能希望一切顺利了。

正如哈伯德预测的那样，风雨在清晨时平息了。刚过5点，格罗夫斯就去往另一座地堡监督倒计时。格罗夫斯和奥本海默分别在两座地堡里，以防事情出岔子。谁都不想同时失去两位计划领导。

与此同时，《纽约时报》记者威廉·劳伦斯在起爆地点西北20英里外的高地上就位，身边是华盛顿来的高级观察员。他们是从阿尔伯克基乘坐三辆大巴和三辆轿车来的，还有一辆装满了广播设备的卡车。劳伦斯提醒他们，他们来到了新墨西哥州沙漠的中心，"方圆百英里茫茫一片，毫无生机，甚至连远方的地平线上都看不到光点"。在"起爆时刻"前，他们就驻扎在康帕尼亚山（Compania Hill）上。

他们围成一个圆圈，学习"开火"时要怎么做。一名士兵在手电筒的光亮下朗读了要求。起爆前五分钟会有一声短警报，这时所有人要找合适的地方趴下。起爆前两分钟会有一声长警报，这时所有人要"立即匍匐在地上，面部和双眼朝下"。

"切勿直视闪光。"要求中写道，"爆炸后应翻身观察蘑菇云。冲击波经过前（需时两分钟），不得起身。"

劳伦斯看见几名科学家在伸手不见五指的夜里，在距离预期光源20英里远的地方往脸上和手上抹防晒霜。他们比任何人都清楚"原子能的潜在力量"。

回到指挥中心，广播系统播报着倒计时。基地总部的观察员则通过调频信号收听。陆军情报官员托马斯·琼斯知道他很快就有的忙了。他的任务是确保没有人注意到大爆炸。他派人驻守在试验场周围，最南边一直到得克萨斯州的埃尔帕索（El Paso）和阿马里洛（Amarillo）。如有普通人报告异常状况，他的手下会进行误导。这是让核试验保密的唯一办法。他希望自己只用应付这些就行了。原子弹会出什么事，你真的不知道。

核爆在即，有科学家戴上了焊工护目镜，俯卧在地堡的地面上，脚朝着爆炸地点的方向。没有人知道零时，那个揭开真相的时刻，会发生什么。或许是一切的终结呢。

两分钟警报响起时，奥本海默小声念叨着："主啊，这可真是心中大石啊。"最后几秒钟了。

霍尼格的手按在"终止开关"上。点火是由自动计时器控制的。凌晨5点30分，电脉冲会从地堡传往钢塔，进入原子弹的引爆单元。在万分之一秒内，内核周围的32个串联炸药管会爆炸，将内部的钚核从橙子大小压缩到青柠大小，引爆原子弹。现在只有霍尼格可以阻止爆炸。他感到肾上腺素在高速分泌。他现在不困了，耳朵里听着倒计时。起爆前30秒，他面前的控制台上亮起了4盏红灯，电压表指针从左边摆到了右边，表示引爆单元已经充满电量。好兆头。但最后的几秒钟过得可真慢。

　　另一座地堡中的格罗夫斯一会儿咬紧牙关，一会儿又松开。无声好沉重。他趴着时只想着一件事：如果"倒计时到了零，结果却什么都没发生"，那该怎么办？

　　这时，地下指挥所传来一声巨响。来了。5点29分45秒，电脉冲顺着导线击中了引爆器。32个引爆器同时点火，压缩原子弹中心的钚核，引发剧烈的核反应。

　　在十万分之三秒内，观察员们在黎明前的黑暗里看到一束强光，随后是巨大的冲击波和震耳欲聋的巨响。爆炸威力相当于20,000吨TNT炸药，200英里外有人看到"比正午的太阳还要明亮"的光，声音传到了将近100英里外。一个橙黄色的火球冲天而起，继之而起的蘑菇云有将近40,000英尺高。热量传遍了沙漠，汽化了钢塔，形成了一个6英尺深，1000多英尺长的大坑。之前在塔边吃草的一群羚羊不见了。半径一英里的冲击波范围内看不到任何生命迹象，一条响尾蛇、一根草都没有。没有人能看到爆炸产生的放射性，但所有人都知道它存在。

1945年7月16日"三位一体"核试验中的硕大火球和蘑菇云

地堡里的人又是震惊，又是喜悦，又是松了口气。装置成功了！军方观察员们被原子弹展示出的强大力量惊呆了。地下指挥所内的托马斯·F.法雷尔将军听到了一声"轰鸣巨响，警示着末日的降临"。核爆让格罗夫斯清醒了。在那一刻，他明白战争已经永远改变了。"面对这种冲击，我觉得五角大楼也不安全了。"他说。

在康帕尼亚山上，那道白光是如此明亮，如此持久，以至于詹姆斯·科南特以为"全世界都陷入了一片火海"。爱德华·特勒说，爆炸就像"撕开暗室中厚厚的窗帘，让强烈的日光照进来"。在地下指挥所，基斯佳科夫斯基说："我确信到了世界末日——地球存在的最后几毫秒内，最后一个人类看到的就是我们现在看到的景象。"

在上方看到的景象同样壮观。物理学家路易斯·阿尔瓦雷斯（Luis Alvarez）当时跪在一架离地30,000英尺，离爆炸点15英里的B-29轰炸机的主副驾驶员之间。在没有人预警的情况下，"强光覆盖了（他的）整个视域"。接着，他看到了火球和蘑菇云。他想拍下照片，但想起来自己忘带相机了。于是，他用"机械制图"的本领，绘制了核爆云的概貌。

强光和巨响引起了空军基地附近居民的忧虑，他们马上开始给军方打电话。琼斯已经准备好假消息了。军方告诉居民和警察说是弹药库爆炸，但一切都处于控制下。美联社驻

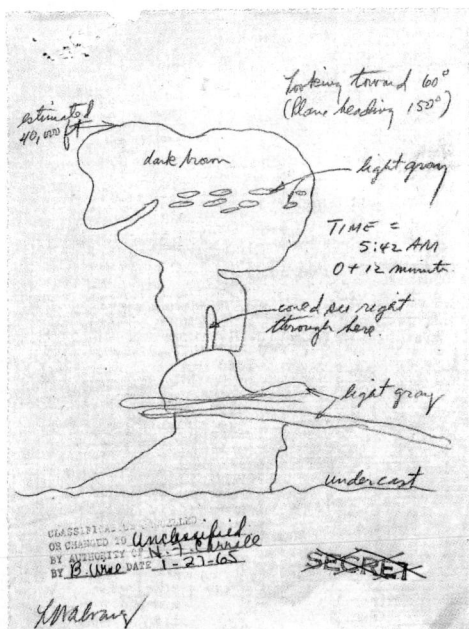

路易斯·阿尔瓦雷斯绘制的1945年7月16日"三位一体"核试验蘑菇云的草图

阿尔伯克基的记者的电话被询问基地情况的人打爆了。记者说，如果军方不回应的话，他就要自行发表文章了。最后，陆军发表了一份声明：

有多人询问今晨阿尔莫戈多空军基地发生的大爆炸。情况是一座偏僻的弹药库爆炸了，库内有相当多数量的高爆炸药和可燃物。无人员伤亡……由于天气状况对泄出的毒气弹内容物的影响，军方可能会临时疏散周边居住的平民。

同时，威廉·劳伦斯记者深受震动。

"在与新墨西哥州阿拉莫戈多的直线距离约为50英里的一块半荒漠土地上，在战时山区时间1945年7月16日5点30分整，在新一天的曙光降临地球前几分钟，原子时代开始了。"他写道。

J. 罗伯特·奥本海默与莱斯利·格罗夫斯将军站在烧焦的"三位一体"试验场钢塔残骸旁

"这是一个不亚于远古时代人类学会用火，开始走向文明的伟大历史时刻，锁在原子中心的巨大能量首次从地球上从未见过的火焰中释放出来，光耀天地，亮度相当于许多个比太阳还亮的天体加起来的亮度，虽然时间很短，感觉却像永恒。"

同时，长期为原子弹工作的人们的反应则更平实。格罗夫斯将军带着大大的微笑向奥本海默问候。"我为你骄傲。"他说。平时能说会道的奥本海默这时只能说一句"谢谢"。

　　但奥本海默也感到骄傲。他相信原子弹可以缩短战争。同时，他在思考文明的未来，他想起了印度教经典《薄伽梵歌》里的一句话："现在我化身为死亡，万千世界的毁灭者。"

　　有些人互相祝贺，拍对方的背。有些人比较内敛。狂喜被清醒的反思所取代。试验负责人班布里奇将核爆称作一次"肮脏而令人震惊的演示"。

　　原子弹落到日本城市头上会发生什么，这是显而易见的。没错，战争可能会缩短。但代价是什么？当奥本海默找班布里奇握手时，这位负责人没有伸手。他盯着奥本海默的眼睛说："现在我们都成了王八蛋。"

倒计时
20天

次日清晨，杜鲁门总统正在"小白宫"二楼的办公桌前工作。前一天晚上，他就是在这里接到重大消息的。

晚上8点刚过，战争部长史汀生和陆军五星上将乔治·马歇尔来了，副官说他们有要事。史汀生竟然来到德国，这是有一点意外的。杜鲁门没有请部长来波茨坦。出发前，杜鲁门曾对快要78岁的史汀生说希望他不要"过分操劳"。史汀生不听，他从卫生局局长那里取得了健康证明。杜鲁门让步了，他明白这次旅程对老政治家有多么重要。

史汀生和马歇尔来的时候，总统正与国务卿伯恩斯会面。史汀生递给杜鲁门一份华盛顿来的电报——正是杜鲁门企盼已久的第一份核试验报告。

"手术于今早进行。诊断尚未完成，但结果似乎令人满意，且已经超出预期。引起外地兴趣，有必要就地召开发布会。格罗夫斯医生很高兴，将于明日返回。继续联络。"

杜鲁门兴奋不已。悬在新任总统头上的一个核心问题终于解决了：原子弹成功了。他不再是峰会的配角了。他进入波茨坦会议时的底牌大为改观。"三位一体"核试验的成功为他带来了新的信心与乐观情绪。有史以来最强大的武器已经加入了他的军火库。

　　现在快到17日中午了，杜鲁门从办公桌上抬起头。他来了——"铁人"约瑟夫·斯大林，苏维埃联盟的独裁者，杜鲁门在展示斯大林高居于将军、共产党领导人和农民之上的新闻片中对他有所了解。但现在是真人——身高5英尺5英寸——在杜鲁门看来，斯大林"有点像个小毛孩"。

　　斯大林身穿朴素的卡其色军装，军大衣的胸口处挂着一枚金星——苏联英雄勋章，长裤两侧有红色竖线。他的头发从突出的额头向后梳，胡子又糙又硬，眼睛是黄色的，仿佛被香烟熏过。他蜡黄色的皮肤上坑坑洼洼——莫斯科人称之为"克里姆林宫综合征"。他的牙齿有缺口，而且变色了。身穿浅色双排扣正装、双色皮鞋，戴着波点领带和配套手帕的前密苏里州男装店店主跟他打了一声招呼。

　　斯大林为迟到一天道了歉。杜鲁门试着效仿罗斯福以前的做法，讲了个"乔大叔"的笑话，但对方连一丝笑意都没有。这是个公事公办的俄国人。

　　杜鲁门告诉斯大林，他不玩外交场上的游戏。他一般是先听完所有相关观点，然后就说行或者不行。斯大林似乎喜欢这一点。

　　接着，斯大林对杜鲁门说他会遵守在雅尔塔许下的承诺——8月中旬前对日宣战。总统感到惊讶，也大大地松了一口气。这正是杜鲁门来波茨

1945年7月波茨坦会议会址塞琪琳霍夫宫（Cecilienhof Palace）

坦的主要目的。会还没开呢，目标已经达成了。杜鲁门在日记中直白地写道："他在8月15日之前会对日开战。到时候日本就能被一举拿下。"

到了午餐时间，杜鲁门决定邀请斯大林一起吃饭。斯大林起初拒绝了。"你真想来就肯定能来。"杜鲁门坚持邀请。最后斯大林答应了，勤务人员于是增加了既定菜品的分量。前菜是奶油菠菜汤配黑面包，主菜是肝脏和培根。斯大林满意地抹了抹胡子。他对葡萄酒大加赞赏，总统后来送了两打多瓶酒去他的住处。

总统问斯大林觉得希特勒是怎么死的，大元帅说希特勒很可能还活着，躲在"西班牙或者阿根廷"。斯大林没有分享苏联做的尸检报告，报告指出希特勒已经在地堡中自杀。两人谈起了西班牙和意大利在非洲的殖民地。杜鲁门听着的时候，觉得可以与斯大林达成协议。他对苏联领袖的看法是：直率、诚实、"机智得要命"。

当天下午5点整，波茨坦会议正式召开。这场被丘吉尔取名为"终点"的会议在德意志帝国皇太子当年的夏宫——塞琪琳霍夫宫举行。别墅门口飘扬着三国国旗——星条旗、米字旗、镰刀和锤子旗。但会议由苏联人主持，他们明白无误地展示了这一点。红军战士手持装上刺刀的步枪，列队站在长长的车道两旁。庭院中有一个24英尺高的巨型俄国红星，由天竺葵、粉色玫瑰和绣球花组成。

塞琪琳霍夫宫有176个房间和4个区域，因此三国代表团都有自己的入场口和下榻处。会议在迎宾厅举行，又大又暗的房间包着橡木板，天花板很高，有一扇能看到湖面的大窗户。大厅的中央是一张直径为12英尺的大圆桌，桌上铺着桌布，中间插着小号的三国国旗，还为与会者提供了烟灰缸。

每国代表团有五张桌前的座椅，陪同人员坐在后排。杜鲁门坐在美国代表团中央，右边是国务卿伯恩斯和海军上将莱希，左边是驻莫斯科前大使约瑟夫·戴维斯（Joseph Davies）和担任翻译的国务院俄国事务专家奇普·波伦（Chip Bohlen）。

英国代表团引人注目，因为丘吉尔邀请了自己在大选中的工党对手克莱门特·艾德礼（Clement Attlee），以备计票结束后艾德礼成为新首相。

杜鲁门对会场安排感到满意，这让他想起了一张大牌桌。但他深知自己是新来的——仅仅十年前，他还是一个县法官——丘吉尔和斯大林或许会觉得可以利用他。

第一项事务是提名会议主席。见惯了大风大浪的斯大林率先出手。他提名杜鲁门，指出他是在场的唯一国家元首。丘吉尔欣然同意。

总统并不觉得高兴，但与往常一样，他做好了准备。他要求每天提前准备好第二天开会的议程。"我不想单纯讨论，"他明确表示，"我要做决定。"而且尽管丘吉尔和斯大林都是出了名的起床晚的人，杜鲁门还是要求会谈从下午4点，而不是5点开始。其他人同意了。

但尖锐的分歧很快开始浮现。杜鲁门提起了斯大林在2月初的雅尔塔会议上对罗斯福和丘吉尔许下的承诺——尤其是要在从纳粹手中解放出来的东欧国家建立自由选举的政府。事实上，在向德国挺进的途中，苏联已经在波兰、匈牙利、捷克斯洛伐克等国扶持了傀儡政权。斯大林还希望得到一部分现在由英国控制的德国海军。一个小时零四十五分钟后，杜鲁门结束了本场会谈。

会谈结束后，苏方邀请各国代表出席盛大的自助晚宴，晚宴上供应鹅肝、鱼子酱、种类数都数不清的肉和奶酪，还有许多种葡萄酒和伏特加。杜鲁门以后会知道这是苏联人的常见做派。

刚过7点，他就要回"小白宫"了。但在十分钟的车程里，总统的座车在一处检查站被苏军士兵拦了下来。一名苏军中尉很快赶到，呵斥了阻拦美国领导人的士兵。莱希上将小声对杜鲁门说："我敢打赌，这个中尉早晨就会被枪毙。"

总统对当天的情况感到满意，晚上他给一直思念着的贝丝写信，信里说："我害怕极了，我不知道大家会不会按套路出牌。不管怎么说，会谈已经开始，而且我已经达到了来这里的目的——斯大林8月15日参战，不会有差错……要我说的话，我们会提前一年结束战争，想想那些免于被杀命运的孩子吧。这可是大事。"

原子弹试验已经完成，初步迹象表明试验取得了成功。但杜鲁门依然在考虑对日本发动地面进攻，那会是一场漫长而血腥的战斗。

倒计时
19天

1945年7月18日
德国波茨坦

次日上午，史汀生部长冲进杜鲁门的别墅，递给他一份乔治·哈里森（George Harrison）连夜发来的电报。哈里森是杜鲁门安排在华盛顿的曼哈顿计划的专项助理。

"医生刚刚回来，兴致极好，他相信小男孩会和他哥哥一样体格健壮。他眼睛里的光从这里到高地（Highhold）[1] 都能看见，他的高呼声从这里到我家农场都能听见。"

陆军信息中心的解码员困惑不解，尤其是不懂史汀生是不是另一个77岁的老爷爷。但部长为杜鲁门翻译了电文。

"医生"（格罗夫斯将军）相信两天前试验的钚弹与尚未试验的铀弹一样威力强大。爆炸产生的闪光在250英里外都能看见，相当于从华盛顿特区到史汀生在长岛上的高地府。声音可以传到50英里外，相当于从华盛顿特区到哈里森在弗吉尼亚州的农场。

杜鲁门原定要与丘吉尔共进午餐，现在他为新的细节而激动不已。他徒步6分钟去首相的别墅，口袋里揣着折好的电报。两位领袖单独吃了饭。曼哈顿计划从一开始就是丘吉尔和罗斯福在合作。前一天晚上，史汀

---

1 史汀生的府邸。——编者注

生已经与首相分享了报告试验成功的简要电文。杜鲁门现在带来了最新的细节。

丘吉尔似乎与总统一样高兴。杜鲁门知道英国领袖很不喜欢登陆日本的想法，害怕那会造成100万美国人死亡，可能还有50万英国人。如今有了另一条可能的出路，再打一年乃至更久血战的噩梦或许就可以避免了。丘吉尔认为，这种"超自然武器"或许能在"一次或两次痛击"中结束战争。

两位领袖讨论了是否要告知斯大林，以及何时告知。杜鲁门说应该等到会议结束。丘吉尔建议早一点告诉大元帅，表明他们无意隐瞒。杜鲁门同意在下一场会谈结束后告诉斯大林。但丘吉尔提醒说，他们应该告诉斯大林"这一重大的新事实"，但"具体细节"一点都不要说。

首相又说，原子弹让苏联参战的承诺变得无关紧要。早在苏联进军日本占领的中国东北前，战争就已经结束了。杜鲁门表示赞同，至少当时是如此。当晚他在日记里写道："相信日本人会在俄国入局前屈服。我确信，当曼哈顿计划来到日本本土上空时，他们会屈服的。"

午餐过后，杜鲁门出于礼节拜访了斯大林。尽管刚刚吃过饭，他还是又来了一顿丰盛的俄式自助餐，还有无数次祝酒。最后，两位领导人单独离席。

斯大林递给杜鲁门一张便条，上面是从日本发来的信息。东京方面驻莫斯科大使说，裕仁天皇希望举行和谈。美英两国之前就料到日本人会试图分化盟军，争取尽可能优厚的条件。斯大林建议要求对方提供更多细节，"哄日本人入睡"。总统回答说他不相信日本人的诚意。

斯大林竟然如此大大方方地分享了从日本发来的信息，还讨论了应对方略，这给杜鲁门留下了深刻印象。苏联或许有意与盟国开诚布公地谈。但波茨坦会议从头开到尾，各方对彼此都称不上信息透明。美国的密码学家已经破译了日本人的密码，杜鲁门之前就读过东京发来的消息，但他在斯大林面前装作吃惊的样子。

到了应总统要求提前的开会时间下午4点，三巨头回到了会议桌前。杜鲁门还是公事公办，与对待自己的内阁成员时一个样。一位旁观者形容他的做派"干净利落，切中要害……罗斯福对丘吉尔和斯大林友善热情，杜鲁门则保持着礼貌的距离"。

1945年7月波茨坦会议上的温斯顿·丘吉尔、哈里·S.杜鲁门和约瑟夫·斯大林

如果说杜鲁门是干净利落的话，丘吉尔可就不是了。他的发言啰里啰嗦，而且好像提前没有准备。一个重要议题是盟军对战后德国的处置。"我们说的德国指的是什么？"丘吉尔问道。斯大林已经占领了德国东部的大片疆土。

斯大林给出了尖锐的答复。他说，德国"就是战后现在的德国。没有别的德国"。杜鲁门表示钦佩，并对苏联领导人报以极高的赞许。他对一名副官说，"斯大林是我认识的人里最像汤姆·彭德格斯特的人"，他以正面的态度将其比作堪萨斯城的政坛大亨。

在此次会谈期间，杜鲁门写了张字条传给驻苏前大使戴维斯。"乔，我干得怎么样？"戴维斯的回答是："百分之一千的好。整张桌子上，你的表现最好。"

但会议刚刚开了两天，果决干练的总统就已经对大国外交的慢节奏感到灰心了。他觉得丘吉尔说个不停，而"斯大林只是小声嘟囔，但你知道他是什么意思"。

他在日记里抱怨道："我可不想整个（夏天）都待在这个可怕的地方听演讲。要是想听演讲，我回国去参议院听就行了。"

倒计时

18天

1945年7月19日
田纳西州橡树岭

克罗斯利牌收音机的声音穿过客厅传了过来。露丝·西森一边熨家人的罩衫和衬衫，一边收听晚间新闻。美军轰炸机正在将日本城市化为烈火地狱，炸弹击中了深入日本300英里的目标。东京被炸成了瓦砾。战争似乎很快就会结束，但日本拒绝投降。

天皇为什么不叫停？一个有教养的北方佬的声音问道。他们会战斗到最后一人吗？露丝想关掉收音机，但她父亲正窝在自己习惯坐的沙发上一字不落地听着。

露丝检查着铺在熨衣板上的粉色花连衣裙的领口。劳伦斯道别时，她穿的就是这件衣服。腰线一圈都有磨损，几乎是一件完完全全的旧衣服了。也许母亲能补好，她没钱买新衣服。

她的母亲比拉正在厨房准备晚餐，也在听着广播。孩子们跑进跑出，狠狠地把纱门关上。再过两年，弟弟们也要入伍了，露丝心里想。

"我想他很快会回家的。"威廉·西森（William Sisson）[1]对露丝说。

她对他笑了笑，挂起连衣裙，把熨斗关上。她在屋前门廊上注视着农场边缘的一排树。他就在那边的某个地方，她的未婚夫，劳伦斯·赫德

---

1 露丝的父亲。——编者注

尔斯顿。她收到的最后几封信来自英国，但她不知道他还会驻扎在英国多久。"咱们可能过几个月就能见面了。"他写道。他等不及回家了，他等不及将她拥入怀中了，他等不及与她结为夫妇了。她努力读出字里行间的信息。他见过许多可怕的事情，未来还会遇到更多可怕的事情。他没有详细讲。这让露丝感到担忧。

纳粹投降已经快三个月了，之前在欧洲战斗的海空军士兵大部分还在那里。在田纳西州东部的兵工厂和山间的村镇里，女人们说她们的丈夫、男友、兄弟和儿子直接从欧洲被送去了太平洋，根本不回家。露丝失去了劳伦斯的音讯就是因为这个原因吗？也许他不想把坏消息透露给她。

父母、表亲、朋友、电台人员、公交车乘客，所有人都在谈论战争。露丝烦透了。欧洲战事结束时，她以为兵工厂用不着那么多人了，可她错了。兵工厂仍然在招工，而且有很多民用工厂也在生产军用品。劳伦斯的老东家美国铝业公司正在《诺克斯维尔杂志》（*Knoxville Journal*）上刊登广告，招收每周工作48小时的工人。未成年人也有兼职可以做。

显然，士兵们一时半会儿是回不来了。政府正开足马力，准备对日本发出最后的致命一击。劳伦斯也会过去，再一次上前线。这个想法让露丝恐惧不已，动弹不得。作为医务人员，他还有多少个小伙子

露丝·西森（右）和表姐妹在一起

要救？他还有多久会受伤，或者被杀？这全都是秘密。每个人都在尽可能看清接下来会发生什么，于是各路流言一直在传播。

露丝的父亲走了出来，伸了个懒腰，打了个哈欠。"你没事吧？"他问道。

她点点头。

父亲站在旁边，一言不发。他一句话也不用说，她知道他在乎女儿。

他说什么都不能使她振作起来。

露丝的表姐妹玛丽·卢（Mary Lou）和特尔玛（Thelma）正要来，也许她们可以帮她散散心。

露丝走回屋里，拿起报纸查看电影院的广告。翻着翻着，全是打仗的消息：波茨坦会议啊，苏联啊。她对政治是绕着走的。战争结束后，她要上大学，攻读教育学学位，当一名教师。她想看电影，结婚，买房子，养家。总有一天会实现的，等仗打完了。如果那一天会到来的话。

倒计时
17天

1945年7月20日

德国波茨坦

　　杜鲁门的心情更糟了。会开了好几天，几乎没有成果。啰里啰唆的丘吉尔还在滔滔不绝地讲，斯大林话不多，明确拒绝向盟国做出任何让步。杜鲁门"从头到尾烦透了"。

　　他写信给贝丝说，"我每天至少要向他们说明一次，只要我还是总统，就别想着有圣诞老人的好事了，美国的利益在我这里是第一位的。因此，我要打赢对日战争，而且我要他们两个都参战"。

　　欧洲议题陷入僵局，于是杜鲁门把越来越多的时间投入到如何对日发出最后通牒上。关键是日本投降后裕仁天皇的地位问题。

　　通过名为"魔术"的密码破解设备，杜鲁门能看到日本外相东乡茂德发给日本驻莫斯科大使佐藤尚武的"机密"信件。日本人希望与斯大林媾和，从而削弱美英两国的筹码。东乡开出了这样的条件："我国如今仍有实力，如英美两国尊重日本的尊严存续，则可以结束战争，拯救生灵。但如果他们一意孤行，坚持要求无条件投降，那么日本国民将万众一心，奋战到底。"

　　"尊严存续"指的是为天皇保留一定的权位，那样便可以"结束战争"。但如果美国继续坚持要求"无条件投降"，非要将天皇从菊花宝座上拉下来，日本就会继续"奋战到底"。

　　杜鲁门的幕僚们分歧很大。英美两国的对日立场一贯是"无条件投降"——在欧洲对纳粹政权也是如此。不谈条件，不讲待遇，只有投降。但现在史汀生部长和莱希上将都建议总统放弃"无条件投降"的要求。他们知道，任何结束战争的决定最后都要由天皇批准。如果天皇自身难保，合作的可能性就会大大降低。

　　国务卿伯恩斯不赞同。鉴于日军袭击珍珠港的"恶行"，美国的立场一直是要求彻底投降，不附加任何条件。罗斯福在漫长的太平洋血战中一直坚持这一点。伯恩斯觉得，如果杜鲁门刚上台几个月就松口，美国民众会把他"钉在十字架上"。

　　另一个议题是苏联参战。他们担心的是苏联一旦先入中国和朝鲜，后入日本，便会寻求在亚洲建立其正在整个东欧巩固的霸权地位。国务卿伯恩斯的态度尤其坚决，他认为美国应竭尽所能在苏联入局之前结束战争。

　　但那意味着动用原子弹。而杜鲁门仍有两方面的疑虑，一是原子弹在实战中能否奏效，二是即使奏效，它能否迫使日本投降。杜鲁门依然希望斯大林和苏联参战，以确保取胜，不管这样可能会有怎样的长远影响。

　　谈判桌上少有进展，关于日本尚有多个重大议题要决断，再加上别墅里酷热难耐，这些都让总统越发暴躁。于是，他邀请德怀特·艾森豪威尔和奥马尔·布莱德雷（Omar Bradley）两位将军共进午餐。

　　艾克[1]是盟军在欧洲战场取得胜利的象征性人物。他先后成功领导了北非和意大利的战役，随后于1943年被任命为同盟国远征军最高司令。在最高司令任上，他于1944年6月6日指挥发动了诺曼底登陆，打响了进攻纳粹占领的欧洲地区的战斗。15万名以上的盟军战士冲上了诺曼底的各处海滩，一举扭转了欧洲战局，为盟军赢得了决定性的优势。艾森豪威尔如今是美国真正的战争英雄之一。

1　艾森豪威尔的昵称。——编者注

布莱德雷的名气小一些，但也是一位令人生畏的统帅。他是诺曼底登陆日美军部队的一线负责人。他的部队率先攻入德国本土，战争结束时控制着大片德国土地。布莱德雷还有其他的一些特质。他与杜鲁门一样来自密苏里州，而且他喜欢新任总司令，认为总统"直率，不做作，头脑清晰，富有力量"。

三人在午餐桌上讨论了太平洋的战略以及是否要投放原子弹。杜鲁门给布莱德雷留下的印象是，他已经决心要使用这种新的超级武器了。总统没有征求两人的意见，但艾森豪威尔还是决定进言。

三天前史汀生第一次告知艾森豪威尔原子弹的情况时，一股"抑郁之感"淹没了艾森豪威尔。现在，他将自己"深切的忧虑"告诉了总统。首先，日本已经战败了，动用如此可怕的炸弹毫无必要。其次，他认为美国"应该避免"成为第一个动用真正意义上的大规模杀伤性武器，让战争的性质大大升级，从而"震动世界舆论"的国家。

艾森豪威尔还建议杜鲁门不要急于拉斯大林参战。与总统的其他顾问一样，艾克也担心苏联未来在远东地区的行为。但杜鲁门依然希望苏联参战。

与两位顶层将领的谈话给了杜鲁门更多的思考。除了怀疑原子弹在精心控制的阿拉莫戈多试验场以外能否正常工作，以及一击得手是否足以"震动"日本并使其投降，他还必须考虑艾森豪威尔提出的建议。他想要成为第一个动用恐怖的新技术，开启人类战争新时代的人吗？

眼下他要继续考察进攻日本的多种方案。但杜鲁门知道他必须做出决断，而且要快：到底要不要动用新武器？

倒计时
16天

1945年7月21日

提尼安岛

蒂贝茨上校刚刚又写完了一份重要会议的纪要。他在行军床上揉了揉眼，打了个哈欠，伸了个懒腰，准备小睡一会儿。每天都有新的倒霉事，新的麻烦，新的争执，或者说"一切正常，就是完蛋了而已"。蒂贝茨拿到格罗夫斯将军的密电后，步调才有所加快。

新墨西哥州的试验成功了。直到现在，整个计划都还只是理论。20亿美元花在了等式和公式上。原子弹是一个实物。蒂贝茨此前的疑虑全都烟消云散。于是，他对手下的训练更严格了。他知道下一次核爆就是动真格了。

蒂贝茨的机组成员正在对日本进行空袭，投放形似原子弹的"南瓜弹"——内含5500磅高爆炸药和近炸引信，于目标上空引爆的橙色球体炸弹。这是很好的训练机会。

只有一个人不许去：雅各布·贝塞尔中尉。

贝塞尔每次要求参加空袭，蒂贝茨都会拒绝。贝塞尔是军方最优秀的雷达专家，蒂贝茨不能冒在重大任务前失去他的风险。贝塞尔是避免日本人的无线电信号在核武器抵达目标位置前引爆核武器的保险。

贝塞尔忍受不了人人上飞机，又把他留下的感觉。他决定再试一次。他闯进蒂贝茨的宿舍，准备陈词力争。"上校啊，就这一次。"他转过墙角时，看见上司正平躺在行军床上。

蒂贝茨抬起头，叹了口气。他喜欢贝塞尔。过去一年里，两人在文多弗、洛斯阿拉莫斯和五角大楼共度了很多时光。但最近蒂贝茨的压力比往常更大。自从5月份第509混成航空大队抵达提尼安岛，就是这样了。岛上的地形如同公园，有树丛，有大片大片的甘蔗田。开阔的地形特别适合建造机场。1944年7月美军夺取该岛仅仅几天后，绰号为"海蜂"的海军工程部队就带着推土机开工了。

一位来自纽约的"海蜂"发现，提尼安岛从空中看与曼哈顿岛很相似，于是就按照"大苹果"纽约市的样子布设了街道网格。百老汇大街与第42街的交叉口最繁忙，许多思乡的美国大兵喜悦地发现自己住在公园大道、麦迪逊大道或河滨路上。第509混成航空大队的驻地在125街和第8大道的拐角处。他们将自己的街区称作"哥伦比亚大学"，尽管该校实际上在纽约的哈勒姆区中心。

提尼安岛很快就变得几乎像大都市一样紧张、嘈杂和拥挤。它是一个重要的美国空军基地，位置绝佳，正适合空袭日本本土。

美国军方给提尼安岛的代号是"目的地"。它也确实是蒂贝茨手下的1200人和18架特别改装过的B-29轰炸机的目的地。第509大队五脏俱全，由第393轰炸机中队、第320运输机中队、第390空勤中队、第603航空工程中队和第1027航空器材中队组成。之后又来了一个特殊单位，名为"第一军械中队"：专门负责原子弹。

从上岛当天起，蒂贝茨就忙着与高层将领开会，包括时任第20航空队司令的李梅将军和太平洋舰队总司令尼米兹将军。蒂贝茨的部下一直在岛上的两个空军基地之一——北场基地（North Field）过着相对隔绝的生活。北场基地的跑道有8500英尺长，是全世界最长的跑道——刚刚足够让重载荷战机在夜间出发打击敌人，来回一趟要12个小时。

过去几个月是蒂贝茨职业生涯中最忙乱的日子。大大小小的问题每天都会跳出来，每个问题看起来都需要他上心，这让他既灰心丧气又筋疲力尽，他晚上睡觉的时间很少能超过几个小时。

一大部分麻烦来自第509大队蒙着的神秘面纱。就连向高级军官汇报，也只能笼统地讲。蒂贝茨的任务与其他中队执行的常规轰炸任务大为不同。其他指挥官不理解第509大队的情况。没有人理解。对提尼安岛上的其他人员来说，第509大队的人是一帮"纨绔宠儿"。他们受人嘲弄。甚至有人写了一首讽刺第509大队的诗，在岛上被复印出来，广为流传。诗中有这么几句：

> 飞上天空的是秘密，
>
> 无人知道他们要去哪里，
>
> 明天他们会再次归来，
>
> 但我们从不知道他们去了哪里。
>
> 再过一个来月，我们就能回家了吧，
>
> 因为第509大队会打赢战争。

第313轰炸机联队的长官约翰·戴维斯（John Davies）准将被蒂贝茨的大队惹恼了，一直在询问大队所执行的任务。当蒂贝茨说无可奉告时，戴维斯发怒了。只要蒂贝茨在场，他就愤恨。戴维斯的部下有丰富的对日空袭经验，准将说，蒂贝茨的人将从他手下最精锐的军官所做的报告中获益。蒂贝茨耸了耸肩，派了三名手下去参加其中的一次报告会。当天下午，戴维斯要求和蒂贝茨谈谈。

"你手下的人都像你上午派来的那几个人一样吗？"戴维斯问道。

蒂贝茨说是。

"可恶！"戴维斯骂了一句，"他们把整个学校都弄消沉了。他们比我的教官还懂飞机和导航。"

报告会就此结束。但蒂贝茨还有许多其他冲突要处理。比如李梅将军的军需处主任比尔·欧文（Bill Irvine），他对岛上的几百架B-29轰炸机进行统一维护，他不明白蒂贝茨的天之骄子们为什么要另搞一套。在他看来，B-29就是B-29。他坚持要求将蒂贝茨的维护人员并入其他维护人员中，并将第509大队的飞机送去统一维护。但蒂贝茨不让他手下的机械师以外的任何人摆弄他的专用战机。上校又一次维护了自己的立场。

仅仅一个月时间里，蒂贝茨就三次返回美国与军方领导人开会。他本来要到新墨西哥州见证"三位一体"核试验，但他信任的投弹手托马斯·费尔比紧急把他叫回了提尼安岛。

消息是在蒂贝茨刚到辛辛那提的伦肯机场时发过来的。他原本计划见一见当年让他放弃学医，追求航空事业的艾尔弗雷德·哈里·克拉姆医生。

费尔比没有说明细节，但蒂贝茨马上抛下一切，赶回了提尼安岛。当他走下飞机时，费尔比已经在等着了。"坏消息，保罗，真的是坏消息。"费尔比说。有人正在想方设法将原子弹投放任务交给另一个单位。蒂贝茨说他要彻查到底。

幕后操纵者是李梅将军。蒂贝茨知道李梅其实并不了解这项任务已经投入了多少训练、时间和精力。直到最近，李梅才得知原子弹秘密任务，而且只知道基本情况：这种武器存在，且将于近期投入使用。李梅有权将原子弹的事情告知自己的作战处主任威廉·布兰查德（William Blanchard）上校，蒂贝茨认为是布兰查德惹的麻烦。布兰查德精明而雄心勃勃，有政治头脑，明白原子弹投放任务一旦成功，便会让一支刚到太平洋的无名部队赢得结束战争的美名。布兰查德显然希望自己和手下分享这份荣誉。

布兰查德不知道的是几个月以来为投放原子弹所进行的技术训练。就这项特殊任务而言，蒂贝茨拥有18名水平远远高于李梅手下的任何人的驾驶员。蒂贝茨可以去找李梅的上司，也许当场就能解决问题。但蒂贝茨决定直接去找将军本人。他不会让李梅接手的。蒂贝茨走进李梅的办公室，问他流言是否属实。李梅承认了。

当蒂贝茨是一名莽撞的年轻军官时，他可能会提高音量，面露怒意。但多年来他已经锻炼出来了。他做了一个深呼吸，接着"礼貌而坚定"地说，他要亲自执行任务。第509大队必须被允许延续从组建开始的行动方式，外人不得干涉。如果李梅将军手下有人想见识一下大队的水平，蒂贝茨欢迎他们来参加飞行训练。

次日，布兰查德被派去参加了蒂贝茨大队的一次飞行训练，目标是不远处仍在日本人手中的罗塔岛（Rota），任务是将南瓜弹扔向岛上的机场。布兰查德上了飞机，绑好安全带。蒂贝茨启动引擎，向A组发出了"全体出动"的信号。蒂贝茨是主驾驶，罗伯特·刘易斯是副驾驶。他们带给了布兰查德一场永生难忘的旅程。

B-29抵达目标地点上空的时间与领航员"荷兰人"范柯克预估的时间分毫不差。费尔比投下炸弹，正好击中目标。这时，蒂贝茨来了个155度的转向，让人头发都要竖起来了——蒂贝茨知道等到执行秘密任务的那一天，他必须这样做才能避开冲击波。好几倍于重力的力量将布兰查德死死地按在座位上，让他几乎动弹不得。他的脸都白了。"够了，"他喘着气说，"我满意了。"

"我们还没完呢。"蒂贝茨说。

此外，蒂贝茨还让上校见识了一下升级版飞机的性能，简直像是电影里的特技车手。尽管要了几个花样，但B-29还是在范柯克预估时间后的15秒内回到了提尼安岛。舱门一打开，布兰查德就蹿了出去。

蒂贝茨再也没有听到布兰查德或李梅对第509大队的水平说三道四了。

但贝塞尔呢？他是头犟驴。蒂贝茨知道贝塞尔参军就是为了到德国执行飞行任务。他对无数个人讲了无数次自己的故事，但他还是一次飞行任务都没参加过。

"保罗啊，我就想参加这一次的任务，看看是什么样！"贝塞尔喊道。

蒂贝茨从床上一跃而下，呵斥他道："妈的，贝塞尔中尉啊，我说了不行，那就是不行。你赶快滚出我的房间，干你自己的事情去。下次你再有事过来求我，要说蒂贝茨上校，懂了吗？"

贝塞尔转身走出了小屋。

消息很快在基地里传开了："老爷子暴走了。"

倒计时
13天
1945年7月24日
德国波茨坦

哈里·杜鲁门的时间不多了。现在是他来波茨坦的第十天早晨，他知道如果要动用原子弹的话，他必须尽快决断了。没有总统下令，军队不能采取进一步的行动。但他仍然在纠结于自己所面临的重大抉择。

9点刚过，战争部长史汀生就来到"小白宫"，然后被领进了二楼的总统办公室。他带来了一封从华盛顿发来的密电：

最高机密
手术要务

战争部36792号电。部长独览。哈里森密信。

根据患者的准备情况与气候条件，手术可能于8月1日起的任何一天进行。只考虑患者情况，8月1日至3日有一定可能，4日至5日可能性较大，除非有意外状况，否则10日前几乎肯定可以进行。

杜鲁门明白密电的意思：原子弹将于八天内完成对日投放准备。他们一直在等这个消息。但杜鲁门告诉史汀生，他还在考虑要不要提前警告日本。甚至到了这么晚的时候，万事已经齐备——机组人员、科研、1942年罗斯福总统批准曼哈顿计划以来投入的数百万工时和几十亿美元——杜鲁门依然想给日本人最后一个投降的机会。

三天前，杜鲁门在"小白宫"通过史汀生接到了另一份报告，报告来自格罗夫斯将军，其中首次完整记述了一周前的核试验。报告之所以这么久才到总统手中，是因为格罗夫斯不肯发电报，而是派了一名信使乘飞机横跨大西洋亲手递交。

杜鲁门听着史汀生将报告大声读给他和国务卿伯恩斯听。报告采用双倍行距，共14页。史汀生激动不已，读得磕磕巴巴的，用了将近一个小时才读完。

格罗夫斯的备忘录中说，试验完全超出了预期。"这是历史上第一次核爆炸。何其伟哉！……据我估计，爆炸当量超过15,000吨至20,000吨TNT。"

但最有意义的部分是对爆炸的物理描述。"短时间内，在20英里半径范围内出现了相当于多个正午太阳之和的光亮；一个巨大的火球形成，持续了数秒……爆炸产生的亮光在阿尔伯克基、圣菲、银城（Silver City）、埃尔帕索等约180英里外的多处地点清晰可见……一个巨大的云团带着巨大的力量升起，直达41,000英尺高的亚同温层。"

格罗夫斯引用了自己的副手，洛斯阿拉莫斯的一线负责人托马斯·法雷尔将军关于原子弹对日美战争的意义的评论。"我们现在拥有了迅速结束战争，挽救成千上万名美国人生命的保障。"

总统听史汀生读完报告时感到了"一种崭新的自信"。第二天，史汀生带着格罗夫斯的报告去找丘吉尔。首相的回话中带有他那无法模仿的历史情怀与戏剧色彩："史汀生，火药算什么？微不足道。电力算什么？毫无意义。原子弹就是鬼神再临。"

如果说原子弹让杜鲁门增加了坚持原有条件结束战争的把握的话，那他仍然希望永远不必使用原子弹。他仍然在寻求一条出路。那就是一份对东京方面的精心措辞的最后通牒，由对日作战的三国——美国、英国和中国——共同发表，即《波茨坦公告》。

公告仍然要求日本无条件投降。尽管杜鲁门没有具体提到原子弹，但公告确实发出了威胁："吾等之军力加以吾人之坚决意志为后盾，若予以全部使用，必将使日本军队完全毁灭，无可逃避，而日本之本土亦终必全部残毁。"

史汀生再次试图说服杜鲁门放弃"无条件投降"的要求。他说日本人会将公告理解为要求天皇必须退位。他想把用语改得模糊一些：盟军将"坚持对日作战，直至其停止抵抗"。不谈天皇。

但国务卿伯恩斯不同意。他提醒杜鲁门，总统上任仅仅四天后就在对国会的首次讲话中重申了美国将奉行"无条件投降"政策。纳粹政权是无条件投降的。而且美国舆论对日本人和日本天皇的反对声仍然高涨。

报纸上充斥着讲述敌军暴行的报道。5月份，一张照片广为流传，照片上是一名美军战俘跪在地上，眼睛被蒙住，双手被绑在背后，即将惨遭日本士兵斩首。

6月的一份盖洛普民意调查显示，只有7%的美国人认为应该保留天皇，哪怕仅仅是作为傀儡。三分之一的回答者希望将天皇作为战犯处死。美国自珍珠港事件以来的要求一直是无条件投降，除此之外的一切做法都会被视为绥靖。

总统对东京下达最后通牒前，还要把通牒给中国方面看，征得其同意。这是日本避免人类历史上前所未有的毁灭的最后一次机会。

尽管心存疑虑，但杜鲁门知道原子弹是一定要投的。曼哈顿计划赋予他一种具有结束战争之潜力的武器。而且日本不管蒙受了多么严重的损失，都拒绝投降。他们让他别无选择。

但这丝毫没有减轻抉择的痛苦。他第二天的日记表明，他完全理解自己的选择具有里程碑式的意义。"我们发现了世界历史上最可怕的炸弹。

它或许就是挪亚和他的奇迹方舟之后的幼发拉底河谷时代所预言的那场毁天灭地的大火。"但他只会在漫长的无眠之夜中思考这些事。

　　现在是7月24日清晨，总司令坐在"小白宫"的办公室里又开始思考作战问题。据杜鲁门事后回忆，"对日使用该武器的日期范围是从今天到8月10日。我已经嘱咐过战争部长史汀生，打击目标是军事设施和陆海军士兵，不要波及妇孺。哪怕日本人野蛮、残忍、无情、狂热，我们身为追求共同福祉的世界领袖，也不能将原子弹投向旧京新都（指京都和东京）"。

　　11点30分，丘吉尔及其军事代表团来到别墅的餐厅，参加英美两国的联席参谋长会议。杜鲁门或许仍对投放原子弹有些许疑虑，而他在会上听到的内容只是坚定了他前进的决心。

　　杜鲁门再次转向陆军五星上将乔治·马歇尔，总统问他在本土击败日军所需的最新估计时间是多久。马歇尔回顾了不久前的冲绳血战，美军击毙了10万多名日军，但日军无一人投降。马歇尔说，就连日本平民都宁愿自杀，不愿被俘。

　　美军对日本城市投放燃烧弹也一样。马歇尔说，美军一夜之间杀死了10万多名东京人，"结果似乎毫无成效。没错，空袭摧毁了日本人的城市，但据我们所知，日本人的士气并未受损"。

　　马歇尔告诉杜鲁门，他需要"震出（日本人的）行动来"。震动敌人的一种方法是入侵日本本土。马歇尔说那可能会"损耗"25万至100万美国人的生命，并会给日本造成差不多的损失。其他在场的军方领导人同意马歇尔的估计。他们说，目标是1946年11月前结束战争。

　　接着，杜鲁门转向另一个选项。他问史汀生哪些日本城市专门生产战争物资。部长列了一张单子，广岛和长崎都在上面。杜鲁门对屋内的众人说他已有了决定：他要动用原子弹。他进行了"长期和缜密的思考"，而且"不喜欢这种武器"。但他感到只要武器有效，他就一定会有使用它的意愿，这是无可逃避的。

不使用它的代价则令人脊背发凉。美军离日本本土越近，敌军的抵抗就越激烈。杜鲁门就职以来的三个月里，美军在太平洋战场的伤亡数量几乎达到了之前三年的一半。没有一个日军单位投降。而且敌方本土已经动员起来，为抵抗登陆和展开最血腥的战斗做好了准备。本土驻军达200万人以上。每一个平民都有武器，都接受了军事训练。

杜鲁门后来说，"我当时的想法是，25万我国青壮年男子的精华抵得上两座日本城市"。

决策既然定了，总统就不能再拖了：他要将曼哈顿计划和新式超级武器的存在告知斯大林。晚上7点30分，在塞琪琳霍夫宫开完当天的会后，杜鲁门走到苏联代表团跟前，通过苏方翻译与部长会议主席谈话。他没有要求私下会面。他"随意"地向斯大林提到，美国拥有一种破坏力非凡的新武器。

杜鲁门是鼓足了勇气来的。他不知道斯大林会做何反应，斯大林会为美国开展重大研发计划，制造出破坏力巨大的新式炸弹，同时瞒了盟国这么多年而发怒吗？

斯大林说他很高兴知道有这种武器，而且希望美国"好好用它对付日本人"。

这就是他的反应。没有问武器的性质，没有提分享给苏联。美国和英国官员都震惊了。美方翻译不确定对方有没有理解杜鲁门的意思。

后来丘吉尔来找杜鲁门，问他说："怎么样？"

"他一个问题都没问。"总统答道。

但斯大林是感兴趣的，他只是不吃惊罢了。苏联自己的核计划已经开展三年了，而且有一个特务打入了曼哈顿计划。克劳斯·富克斯（Klaus Fuchs），这名出生于德国，在洛斯阿拉莫斯工作的物理学家为莫斯科提供了珍贵的信息。

　　富克斯是一名入党多年的共产党员，自从他的家人因批判第三帝国而惨遭迫害后，他就入了党。（他的父亲被送入集中营，母亲被逼自杀。）富克斯加入德国共产党的原因是，他觉得只有德国共产党才能实际对抗纳粹。富克斯最终逃离德国，并在英国拿到了物理学博士学位。1942年，他与其他几名英国科学家去了纽约，与哥伦比亚大学的一个曼哈顿计划的团队合作。他在那里遇到了一位共产党员，名叫雷蒙德（Raymond），是给苏联间谍送信的。

　　1944年，富克斯开始在洛斯阿拉莫斯工作。1945年6月2日——杜鲁门将原子弹一事告知斯大林的六周前——富克斯与雷蒙德在圣菲见面。富克斯在自己的车里打开公文包，将一个信封递给雷蒙德，里面是关于"胖子"的详细机密信息，包括钚核、启动器和高爆炸药引爆系统。他还放了一张原子弹的草图在里面。尽管富克斯受到了洛斯阿拉莫斯的美国科学家的欢迎，但他更是一名共产主义事业的忠实信徒。他忠于苏联，而不忠于美国。

　　尽管斯大林表面上对杜鲁门透露的消息无动于衷，但苏联代表团的一名成员当晚听见了斯大林和外交人民委员维亚切斯拉夫·莫洛托夫（Vyacheslav Molotov）谈论原子弹。莫洛托夫说，现在是时候"加紧"开发苏联原子弹了。一名历史学家后来写道："20世纪的核军备竞赛是于1945年7月24日晚7点30分在塞琪琳霍夫宫开始的。"

倒计时

12天

1945年7月25日

新墨西哥州洛斯阿拉莫斯

得知阿拉莫戈多"三位一体"核试验的消息后，大家在洛斯阿拉莫斯的街道上聚会欢庆。威士忌横流，小手鼓敲响，科学家和技师们在头一个大日子里跳了一整天舞。

随着时间的推移，目击者兴奋地讲述起那天早晨在沙漠中的所见所感。一道闪光突如其来，发出灼人的光亮，继而出现一个硕大的火球，火球在变大的过程中从黄色变成橙色，又从橙色变成红色。蘑菇状的云团冲上云霄，有几千英尺高。人造的隆隆雷声后是一声巨响，几英里外都能听见。

科学家、工程师和军人们已经苦干太久了，他们必然要谈论。那是具有里程碑意义的时刻，而他们见证了无比奇妙的事物。在他们眼中的当代奇才奥本海默的领导下，他们合力破解了宇宙的一个奥秘。

接着，狂喜消退了。

部分科学家开始面对尖锐的真相：他们创造了一种大规模杀伤性武器。很有可能，他们激情澎湃地创造出来的装置不久便会将一座日本城市，一座满是男人、女人和孩子的城市化为灰烬。

洛斯阿拉莫斯的工作慢了下来。科学家们开始公开争论使用核武器的道义性。曾参与开发核武器专用引爆炸药的化学家基斯佳科夫斯基说，新式炸弹并不比一直被投向日本城市的燃烧弹更坏。还有人说这是一个权衡问题：一批人（日本人）会死，于是另一批人（盟军士兵）就不用死了。

物理学家罗伯特·威尔逊（Robert Wilson）觉得特别难熬。"我们做了一个可怕的东西。"他告诉一位同事。还有一些人感到内疚，因为他们等了这么久才站到道义这一边——他们以前就应该与齐拉特和弗兰克一起发声的。有人相信他们还有时间说服军方领导人不要在没有提前警告日本的情况下动用原子弹。

奥本海默在人生的大部分时间里都在与抑郁症做斗争，现在他感到熟悉的黑暗正在逼近。在会议室里与军方领导人商定目标日本城市的详情时，奥本海默想象着核爆下方的地面上会发生什么，城区街道会迎来怎样的劫难。他的秘书安妮·威尔逊（Anne Wilson）看到了变化。他从住处走向技术区，嘴里念叨着："那些小可怜啊，那些小可怜啊。"她知道他指的是什么。

但不知怎的，奥本海默能够将自己的反思隔离起来。他继续与格罗夫斯合作，确保核爆会对日本人造成最大的心理冲击。负责广岛轰炸任务的两位军官——托马斯·法雷尔将军和约翰·莫伊纳汉（John Moynahan）上校接到了一份指令列表。

"不要从白云或乌云上方投弹，"奥本海默写道，"要看到目标……雨雾天气当然不能投弹……起爆点不要太高……否则对目标的破坏力会不足。"

奥本海默的怪兽快要出笼了。而与弗兰肯斯坦博士不同，怪兽现在已经毁不掉了。他只能尽量控制危害。哈里·杜鲁门为自己的决断力而自豪。但从没有人不得不做出他这样的决断。现在就连杜鲁门都在挣扎，他在巴伯尔斯贝格的"小白宫"里失眠了。或许是因为难耐的酷热，或许是因为诡异的环境，又或许都不是。

他思念家人。和贝丝打完电话后，他写道，他"在努力想出结束谈判，然后回国的理由"。他抱怨说贝丝和女儿玛格丽特给自己写信不多。他让妻子"告诉那位年轻女士，她的爸爸还能看字"。有时，他又让贝丝"亲亲宝贝"。玛格丽特当时已经是21岁的成年女性了。

他收到妻子的来信时特别高兴。"你对帽子的品位一点都不怪。"他在一封回信中写道。但宽慰之情并不能持久。杜鲁门抱怨这段时间头疼得厉害——他只要压力大就头疼，一辈子都是这样。

选择或许是清楚的。马歇尔将军已经给出了美国入侵日本本土会遭受的可怕伤亡状况：继续作战一年以上，数十万美国人死伤。但投下第一枚原子弹意味着完全摧毁一座日本城市和数万名平民。不只如此，这还意味着人类多了一种新的毁灭性力量。杜鲁门明白后果。他在当天的日记里写道，"我们发现了世界历史上最可怕的炸弹"。

尽管总统内心深感不安，但他还是叫史汀生部长继续——重大决策被归为官样文章。

绝密指示只传达给了主要军事将领：卡尔·斯帕茨（Carl Spaatz）将军，美国陆军航空队战略力量司令部司令；道格拉斯·麦克阿瑟将军，美国陆军太平洋战区总司令；切斯特·尼米兹将军，美国太平洋舰队总司令。

"第20航空队第509混成航空大队应于约1945年8月3日后，在天气状况允许目视投弹时，尽快对下列目标之一投弹：广岛、小仓、新潟、长崎。除投弹机外，另有飞机搭载战争部派出的军职及文职人员，负责观察和记录爆炸效果。观察机应停留在爆点外数英里处。"

杜鲁门知道，如果第一枚原子弹没有结束战争，美国的军火库里还有一枚。第二枚原子弹的能量来源是钚，而不是铀。这意味着它的破坏力甚至要更大。

　　但即便到了现在，杜鲁门还认为他也许——仅仅是也许——有机会叫停，不动用原子弹。或许日本人还是会投降的。这或许可以解释当总统得知美国驻华外交官还没有收到前一天通过电报发过去的《波茨坦公告》的草案时，他为什么会盛怒。等外交官总算收到了草案，他们又找不到蒋介石，最后通牒发给日本前需要得到蒋介石的认可。

　　这一切都在总统的脑海中。他在日记中写道："我们会发表一份警告声明，要求日本人投降，拯救生灵。我确信他们不会投降，但我们会给他们机会。希特勒一伙没有发现原子弹，这对世界来说当然是一件好事。原子弹似乎是人类所发现的最可怕的东西，但它也可以发挥极大的用处。"杜鲁门又一次用了这个词——"可怕"。

　　当天上午的会议还有更多戏码。丘吉尔要回伦敦听三周前举行的大选的结果。令人生畏的首相忧心忡忡。他头天夜里做了一个梦，他把梦讲给了私人医生听。"我梦见生命结束。我看见——生动极了——我的尸体放在空屋的桌子上，上面盖着白布。我看见自己的赤脚从白布下面伸出来。栩栩如生。"丘吉尔给出了自己的评论："这或许就是结束了吧。"

　　但如果说丘吉尔忧心忡忡的话，可能接他的班的工党领袖克莱门特·艾德礼也一样，后者从一开始就是英国代表团的成员。艾德礼的面相有点像老鼠，秃头，小胡子修剪得整整齐齐，戴着圆框眼镜。丘吉尔喜欢称自己的对手为"披着羊皮的羊"。斯大林在会上打量过艾德礼后说，"在我看来，艾德礼先生不像是渴望权力的人"。

　　本日会谈结束时，三巨头站在宫外合影，这是他们的最后一张合影。杜鲁门站在中间，双臂交叉，以便同时与其他两位领导人握手。三人在摄影师和录像师面前都面露微笑，掩盖了自己的情绪。

　　杜鲁门乘车回到住处，身边有前大使戴维斯陪同。会谈并不顺利。在欧洲战后道路的问题上，斯大林拒绝做出任何妥协。

　　但那只是杜鲁门头脑中众多事情中的一件。他紧张而疲惫。现在他担心的是国会对波茨坦会议进展不顺的反应。他告诉戴维斯，如果参众两院不支持他首次登上世界舞台时的外交表现，那么他会考虑辞去总统职务。

仅仅是会议的问题吗？还是他对自己结束太平洋战争的方式的决断感到不安？戴维斯试图消解一下愁绪，于是他对总统说，"想一想就行了"。

倒计时
11天

1945年7月26日
提尼安岛

詹姆斯·诺兰（James Nolan）上尉和罗伯特·弗曼（Robert Furman）少校一直没有适应"印第安纳波利斯"号重型巡洋舰上的生活。从圣弗朗西斯科出发以来，他们已经坐了整整10天船，在遍布日军潜艇的海域航行了9000英里，还要假装自己不是真正的医生和工程师。他们轮流在一个船舱周围晃悠，船舱的内壁上焊着一个形似水桶的古怪筒子。

只有诺兰和弗曼知道这个铅衬容器里装着什么。他们接到的命令很简单：随时要有一人守着它。筒内是价值3亿美元的武器级铀-235，要装到美国第一枚做好实战准备的原子弹上。

船员不知道神秘物的具体情况，但知道肯定是重要物件。他们得到严令：如果"印第安纳波利斯"号开始下沉——甚至在逃命前——他们必须将筒子装上救生艇，然后放开。为确保绝对保密，这艘老巡洋舰是独自航行的，与所有船只或飞机隔离。

巡洋舰不是用来搜寻潜艇的——那是驱逐舰的任务，因此"印第安纳波利斯"号没有装备声呐，这使其更容易遭到偷袭。

诺兰和弗曼一点都不像保管员。诺兰是一名医师，放射科和妇产科专家。他于1942年加入陆军，并被征入曼哈顿计划。诺兰在洛斯阿拉莫斯建立了一所临时医院，接生了几十名婴儿，包括奥本海默的女儿。后来他承担了另一项职责：测量和研究核辐射对人体健康的影响。

弗曼毕业于普林斯顿大学，是一名工程师，在五角大楼与格罗夫斯将军有过密切合作。格罗夫斯后来任命他为曼哈顿计划外国情报部的负责人。他是间谍头子，负责打探纳粹为制造原子弹投入了多大精力。他组织了多次骇人听闻的特务行动，目标是绑架德国科学家和夺取铀矿石仓库。他曾率领一支突击队前往比利时，在德国狙击手的火力下夺取了31吨铀。接着，他又想办法将矿石安全送到港口并运往美国。

奇怪的两人组于7月14日在洛斯阿拉莫斯见面，在前往圣弗朗西斯科的途中遇到了一连串事故，险些酿成大祸。他们在阿尔伯克基附近开车时，有一个轮胎爆了，车子斜着冲向山路边缘。得知"三位一体"试验成功后，他们带着制造原子弹的材料登上了"印第安纳波利斯"号。他们在船上伪装成陆军炮兵军官。保持伪装真的很难，船员很快就怀疑起他们了。

一名水兵问诺兰在陆军中用什么口径的炮弹，他答不上来，只是用手比画。诺兰水性不佳，在船上的大部分时间都以晕船为由待在舱里。同时，原子弹的点火装置放在一个15英尺长的箱子里，箱子被绑在甲板上，由全副武装的海军陆战队士兵保护。货物引来了流言。会不会是某种秘密武器？诺兰和弗曼对谁都不说。舰长查尔斯·麦克维二世（Charles McVay II）了解的不比小兵多。

航程结束时，"印第安纳波利斯"号在提尼安岛外半英里处下锚，用绞盘将箱子从甲板上转移到登陆艇上。诺兰和弗曼顺着梯子下了船，费力地拿着沉重的筒子走上等候的小船。小船靠岸时，工人们已经等在岸边准备接收特殊物件了。铀和点火装置被卸下来，装上卡车，然后送到组装车间安装到原子弹外壳中。

1944年 "印第安纳波利斯" 号巡洋舰俯视图

还有一部分铀尚未送达，也就是所谓的 "子弹"，用来射入大铀筒并引发核爆。它是由一架B-29从加利福尼亚州的哈密尔顿空军基地（Hamilton Air Force Base）送往提尼安岛的。同时有另外两架B-29起飞，运送第二枚原子弹要用的钚。

完成了秘密任务的第一部分后，可敬的 "印第安纳波利斯" 号向菲律宾驶去，战舰正在那里集结，准备入侵日本。这艘巡洋舰没能到达。运送完铀四天后，"印第安纳波利斯" 号被一艘日本潜艇发射的鱼雷击中，沉入太平洋海底。舰上的1200名水兵中，只有317人生还。

与此同时，杜鲁门和其他领导人迎来了令人震惊的政治新闻：丘吉尔输掉了大选。曾领导大不列颠度过最黑暗时期的人不再是首相了。克莱门特·艾德礼将领导英国政府。斯大林将会议推迟了几天。

尽管有此剧变，《波茨坦公告》还是发布了，向日本领导人发出警告：若不无条件投降，则必将 "完全毁灭，无可逃避"。

这在日本人听起来也许像是挥刀吓唬人。但杜鲁门已经准备好了一种将威胁化为可怕现实的武器。

倒计时

8天

1945年7月29日

提尼安岛

在黎明前的黑暗中，第509大队的大部分驾驶员、飞行技师、领航员和投弹手站在北场基地跑道的边缘，听一名情报官员大声宣布当日的具体任务：袭击日本本土的军事目标——炼油厂和兵工厂。高射炮的火力强度预计为"中度至轻度"，军官说道。

罗伯特·刘易斯翻开地图，反过来给范柯克看。他们的目标是郡山（Koriyama）的工业区。今天跟刘易斯搭档的不是他平常的领航员，而换成了范柯克。肯定是蒂贝茨在捣鬼，刘易斯愤愤地想。

尽管刘易斯努力将注意力集中到眼前的空袭上，但他总是想着想着，又回到即将到来的秘密任务上。范柯克和费尔比肯定是想上，他们和自己不是一伙的。刘易斯不喜欢这样。

与许多空军飞行员一样，刘易斯有迷信思想和山头意识。机身底部印着数字"82"的那架B-29是他的座机。他热爱引擎的轰鸣声，以及威力无比的燃油喷射系统和软垫座椅。这架改装版B-29从出了奥马哈的工厂以来一直是他在开。他驾驶着它飞到文多弗，再飞到提尼安岛，而且从训练和投弹任务开始以来，机组成员几乎没变过。是他先来的，不是蒂贝茨。他的部分机组成员也有同感。

刘易斯跟每个人都处得来，但他还是觉得在普通士兵中间最自在。尾炮手鲍勃·卡伦回忆道，刘易斯愿意"花费非比寻常的力气，只为成为一名士兵"。与士兵们在一块儿时，刘易斯有时会脱下军官外套，将外套披在另一位机组成员身上。

刘易斯与蒂贝茨的老伙计范柯克和费尔比一直没多少交情。范柯克承认这一点。刘易斯跟他们出去时，他们会给他买"两三杯烈酒，好把他甩掉"。他们觉得他性子太急，指挥时可能会决策失当。

刘易斯擅离职守，开飞机回家过圣诞节之后，范柯克认为蒂贝茨应该让刘易斯上军事法庭。刘易斯是一名"优秀的飞机驾驶员"，范柯克说，但秘密任务需要的是一名指挥官。

尽管范柯克与刘易斯不对付，但范柯克知道机组成员必须讲灵活，不管彼此感情好坏。刘易斯最喜欢的82号机正在维护，所以他和范柯克要开查尔斯·斯威尼（Charles Sweeney）上尉的座机"大艺术家"号执行今天的长途日间轰炸任务。

会开完了。卡车载着机组成员上了各自的B-29。刘易斯的座机排在第四位，前面是詹姆斯·霍普金斯（James Hopkins）少校驾驶的"奇怪货物"号。刘易斯坐在驾驶舱里，看着"奇怪货物"号的四个引擎启动。飞机向前滑行时，刘易斯听到了金属摩擦的刺耳声音。"奇怪货物"号的投弹口缓缓打开了。霍普金斯停下飞机，一枚五吨重的炸弹掉在了跑道上。

刘易斯倒吸了一口气。硕大的炸弹就在他的座机前面几英尺的路面上。如果炸弹爆炸，方圆数百码内的一切都将不复存在。糟糕了，他心里想。

刘易斯不想让机组成员们紧张，他小声镇定地跟他们讲了发生的事情。他听见霍普金斯用无线电呼叫塔台求助。片刻之后，抢修车和救护车便飞奔而来。

消防员用专门扑灭爆炸物的泡沫盖住了炸弹。机组成员把一辆推车和一个起重机绞盘推到机腹下，将固定器摆在炸弹周围，一英寸一英寸地将炸弹吊了起来，然后将推车滑到炸弹下面。一辆小型拖拉机倒退着就位，把炸弹拖走了。

塔台广播传来："问题解决。现在可以放松了。"但刘易斯吼出了一句招牌式的回话："见鬼！我们还要出任务呢！"

不到几分钟，刘易斯和手下就飞往郡山了。和往常一样，任务很累人，往返共13个小时，无损失伤亡。飞机归来时，蒂贝茨正在跑道上等着，还专门跟刘易斯打了招呼。

蒂贝茨刚刚从关岛回来，他在那里与一批高级军官祝贺卡尔·斯帕茨将军出任美国陆军航空队战略力量太平洋司令部司令。斯帕茨将主管目前的对日轰炸任务和更重要的原子弹投放任务。蒂贝茨和斯帕茨是在欧洲战役中认识的，当时蒂贝茨在斯帕茨手下执行过日间轰炸任务。当最高统帅需要安全进入战区时，是斯帕茨头一个让蒂贝茨负责驾驶飞机的。

蒂贝茨已经听说了早晨机场上的骚动。他对刘易斯在如此近的地面上就有炸弹的情况下，依然能保持头脑冷静的表现表示了祝贺。刘易斯没有把时间浪费在聊天上，他必须游说蒂贝茨，以确保他和部下参加即将到来的重大行动。"我的人是你手里最好的人选。"刘易斯说。蒂贝茨说他知道。他转向刘易斯，直直地盯着他。

"任务是你飞。"蒂贝茨说。

这是蒂贝茨第一次提到哪些人有可能参加历史性的飞行任务。刘易斯的脸红了。他认为蒂贝茨的意思是由他担任那架主宰命运的B-29的主驾驶。他欣喜若狂。他觉得自己终于赢回了蒂贝茨的青睐，就像参与B-29试飞项目时那样。当年他们是可以互相开玩笑的。据蒂贝茨称，刘易斯"年轻气盛，尚未成家"，每到一个新地方，他就直奔"当地灯光最明亮的地方，开始找姑娘"。当年，蒂贝茨开玩笑地说刘易斯是一头"小公牛"。刘易斯让他解释清楚。

于是，蒂贝茨讲了一个故事。一头小公牛和一头老公牛在一个牛棚里一起被关了一整个冬天。开春时，农夫把两头牛放到地里，地的另一边有一整群母牛。小公牛扭头跟老公牛说："来啊！咱们跑过去搞一头母牛吧！"但明智的老牛答道："孩子，放松点，咱们走过去，母牛全都是咱们的。"刘易斯哈哈大笑。

从那时起，刘易斯就叫蒂贝茨"老公牛"。至少在他们来提尼安岛前是这样。

但在今天的跑道上，刘易斯错了。他只听到了他想听到的内容。蒂贝茨无意让刘易斯做主驾驶。刘易斯确实会参加任务，但是作为副驾驶。对于主驾驶的人选，蒂贝茨心中从未有一丝怀疑。

倒计时

6天

1945年7月31日
德国波茨坦

杜鲁门总统已经离开华盛顿25天了，他现在只想干一件事——离开波茨坦回国。他不确定哪一种情况更糟糕，是心力交瘁，还是政治挫败。

他给妻子贝丝打了一通越洋电话，这又一次让他"思乡甚切"。他写信给密苏里老家的母亲和妹妹。"唉，又过去了一周，我还在这个倒霉的国家。"

一天晚上，在谈判桌上又度过了令人沮丧的一天之后，杜鲁门的车队正要离开会场，这时一名陆军公关官员问他能不能进总统的座车。两人刚单独在后座上坐下，上校就说："听着，我知道你在这里很孤单。如果你有需要的话，你懂的，我愿意为你安排。"

"打住，别再说了。"总统打断了他，"我爱我的妻子，我的妻子是我的挚爱。我不想做那种事。你不要再跟我说了。"接下来，杜鲁门和上校乘车回到"小白宫"，一路默然。

世界局势让杜鲁门打不起精神。7月26日，中方终于表示同意，美国遂发表《波茨坦公告》，要求日本"无条件投降"。公告称："时机业已到来，日本必须决定一途：其将继续受其一意孤行计算错误而将日本帝国陷于完全毁灭之境之军人统制？抑或走向理智之路？"

除了通过常规手段，美国还以一种更直接的方式向敌国传达了信息。

美国战机在日本本土各地投下了60万份传单。

但令人抓狂的是，东京方面的官员两天里都没有做出回应。到了7月28日，内阁总理大臣铃木贯太郎宣布日本政府不认为公告具有"重大价值……我们必须予以默杀"。"默杀"（mokusatsu）的字面意思是"用沉默杀死"。在不知情的情况下，日本拒绝了避免原子弹劫难的最后机会。

于是，敌国彰显了战斗到底的意志，很快对美国舰只发起了新一轮的神风自杀袭击。一架自杀飞机撞上了"卡拉汉"号驱逐舰，它是战争期间最后一艘被击沉的美国驱逐舰。舰上的47人全部丧生。

28日还发生了另一件事。貌不惊人的英国新首相克莱门特·艾德礼回到了德国。哈里·杜鲁门及其代表团成员震惊于英国人民竟然拒绝了丘吉尔——鼓动抵抗希特勒并最终领导祖国走向胜利的英国斗牛犬。

杜鲁门对丘吉尔的继任者并无钦佩之意。他在寄给女儿玛格丽特的信中写道："艾德礼先生不如又老又胖的温斯顿敏锐，而作为外交部长，（欧内斯特·）贝文（Ernest Bevin）先生的形象则似乎过于浑圆。"他补充了一句："我真的喜欢老丘吉尔……其他两人整天阴着脸。"

但到了现在，7月31日，波茨坦会议即将落幕，杜鲁门的注意力集中到了太平洋地区的前景上。他早晨起床时又收到了一份来自华盛顿的绝密电报。当时是7点48分。"格罗夫斯的计划（S-1）进展神速，现在的重点是媒体通稿应不晚于8月1日周三前准备完毕。"这里讲的是美方团队几周来一直在撰写的媒体通稿，第一份向世界声明美国已经开发出原子弹，而且要首次将其用于战争的官方通告。

总统把粉色的电报纸翻过来，拿起一支铅笔。"同意。"他写道，同时更改了时间安排。"写好即发表，但不应早于夏威夷标准时间8月2日。"他想在原子弹投放前就离开波茨坦，离开斯大林。

杜鲁门准备回国了。他在写给爱人贝丝的信中讲述了经英国回国的计划。"我见到你和白宫时肯定会很高兴，我在白宫里起码睡觉没有人盯着。吻我的宝贝（指他的女儿玛格丽特）。很爱很爱你。哈里。"他又加了一句附言："我到普利茅斯（Plymouth）时，看来要跟柠檬精国王吃午饭了。"

哈里·S.杜鲁门总统于7月31日签署的命令，同意发表原子弹公告

倒计时
5天

1945年8月1日
提尼安岛

吃完早饭，蒂贝茨回到办公室，关门坐了下来。"装置""小男孩"，随他们怎么叫，反正现在都已安装就位，除了存放在岛上的军械库里的两小块充当"子弹"的铀。"子弹"要等到原子弹上飞机前才安装。

出击的确切日期还没定，只知道是8月3日之后的某一天。但现在是时候采取下一步行动了。蒂贝茨抽出几张纸，拿起钢笔，开始起草他在脑子里琢磨了好几周的文件：史上第一次投放原子弹的绝密命令。

他利用了实战飞行员和精英中队指挥官的经验。他知道手下的人能做到什么。他之前逼得很紧，尽可能让他们发挥了最大潜能。尽管尚有许多未知因素，尤其是原子弹在实战条件下能否奏效，但他相信自己的人会完美地执行好任务。

任务要动用七架B-29轰炸机。司令部已经给出了目标排序：广岛、小仓、新潟。蒂贝茨将担任投弹机的主驾驶，采用目视投弹。天气晴朗是关键因素。他不会依赖如同巫术的军方气象学家的远程预测，而会派三架B-29飞抵一、二、三号目标上空，并将信息传递给他的座机。如果广岛天气不好，他就会转向小仓或新潟。

第五架B-29是备用机，在硫黄岛待命。投弹机如发生机械故障，便会在硫黄岛降落，把原子弹装到备用机上，由蒂贝茨继续执行任务。

另外有两架B-29会和蒂贝茨一同飞往目标城市。它们的职责不是护航，而是观察。一架B-29会装载测量冲击波强度的科学仪器；另一架会携带照相器材，将经过用照片记录下来。投弹前，这两架飞机会退后，由蒂贝茨完成投弹任务。因此，最后是蒂贝茨单枪匹马飞到广岛上空，目的是打日本人一个措手不及。这样做有风险，但蒂贝茨知道日本现在的战机和飞行员的数量都有限。

蒂贝茨把写完的报告叠好，放进了一个信封里。他要派特使将报告送到位于关岛的司令部。

接下来，上校将注意力转移到了另一件大事上：选定到时候和他一起飞的飞机。很快他就决定了。绰号是"同花顺""贾比特三世"和"满堂红"的三架B-29负责报告天气状况。硫黄岛上的备用机是"讨厌鬼"。"大艺术家"装载科学仪器，"必要的恶"负责拍照。每架飞机的机组成员都是精锐。但现在，蒂贝茨必须挑选他的无名座机82号上的人。

他同样很快下了决定。他已经知道要谁了。大部分是几乎从文多弗开始就一路跟过来的老人。范柯克和费尔比当然要去。在他看来，他们是空军里最优秀的领航员和投弹手。负责侦测和反制敌方雷达的专家雅各布·贝塞尔终于要参加战斗任务了。海军武器专家和军械官威廉·"迪克"·帕森斯上校也一样。帕森斯是土生土长的伊利诺伊州埃文斯顿（Evanston）人，从曼哈顿计划启动时就一直在洛斯阿拉莫斯参与原子弹研发。他的副手，内华达州卡森城（Carson City）人，莫里斯·杰普森（Morris Jeppson）少尉也会上飞机。他和帕森斯都是军械专家。

来自布鲁克林的尾炮手鲍勃·卡伦军士是蒂贝茨很喜欢的人之一。两人从B-29试飞项目起就认识了。卡伦上飞机时，总是头戴布鲁克林道奇队的幸运棒球帽。他是众人在广岛上空的唯一一道防线。

蒂贝茨又选好了12人机组团队中的其余成员——他知道这些人在压力下表现良好。有的沉默寡言，有的外向一些，但他们都有一个共同点：自信。飞行技师选了密歇根州兰辛（Lansing）人怀亚特·杜岑伯里（Wyatt Duzenbury）军士，他是扑克牌高手，而且对B-29的引擎了如指掌，以至于机组成员管引擎叫"杜岑的引擎"。助理飞行技师是底特律人罗伯特·舒马德（Robert Shumard），他身高6英尺4英寸，比机组里的所有人都高，包括他的两个好朋友：来自洛杉矶的无线电操作员"小子"理查德·纳尔逊（Richard "Junior" Nelson）二等兵和协助观察敌机的雷达操作员，得克萨斯州泰勒（Tyler）人约瑟夫·斯蒂伯里克（Joseph Stiborik）军士。机组成员代表了美国的每一个部分——东西海岸、中西部、南方。

蒂贝茨给手下的每一位军官发了消息，要求和他们逐个单独面谈行动计划。第一个来的是长期负责伙食的查尔斯·佩里（Charles Perry）。蒂贝茨让佩里保证"从8月3日起要有充足的油炸菠萝馅饼供应"。蒂贝茨最喜欢吃菠萝馅饼，每次执行飞行任务前总要吃几块。这是他自己的祈福仪式，他可不想在这次任务中倒霉。

查尔斯·斯威尼上尉进来时，蒂贝茨告诉他"大艺术家"号会成为空中暗室。类似地，克劳德·伊瑟利（Claude Eatherly）上尉得知"同花顺"号会化身空中实验室。蒂贝茨喜欢伊瑟利——伊瑟利是一名出色的驾驶员，但表现难测。在一次东京附近的轰炸任务中，伊瑟利的预定目标被云彩遮住了。他没有掉头返回，而是决定向裕仁天皇的寝宫投下一枚炸弹。当时天气不好，再加上没有人知道寝宫在哪里，所以炸弹打偏了。

假如他打中了，那会是一场战略灾难，因为裕仁被认为比军方领导人更温和。他受到日本人民的崇拜，如果杀了他，日本永远不会投降，不管有没有原子弹。蒂贝茨得知这次越轨行动后大发雷霆，给了伊瑟利一顿他"X级的破口大骂"。

这一天结束时，每个人都知道了自己的职责。尽管两人的关系磕磕绊绊，但蒂贝茨还是选了刘易斯当他的副驾驶。他认为刘易斯"干练可靠"。

但与其他人不同，蒂贝茨没有立即告知刘易斯。蒂贝茨认为他的决定是"不言自明"的，用不着把刘易斯叫过来开会。

　　但刘易斯有他自己的想法。当他是副驾驶，而不是主驾驶的事实降临时，心痛会伴随他余下的一生。

倒计时

4天

1945年8月2日
德国波茨坦

　　哈里·杜鲁门醒来时有一种如释重负的感觉。该回家了。他已经在柏林这座他口中的"糟糕城市"的市内和周边停留了17天。波茨坦会议昨天晚上结束了。会开得非常令人失望。

　　面对杜鲁门和丘吉尔，以及之后的艾德礼，斯大林几乎在每一点上都寸步不让。他要保住红军横扫东欧，开进德国期间的全部成果。他在这些国家建立的威权政府要保留。德国要保持分裂，其中首都柏林深居苏占区腹心。

　　多年后，总统说他在波茨坦是一个"无辜的理想主义者"，他将斯大林称为"不可理喻的俄国独裁者"。接着他又加了一句附言："我喜欢这个小王八蛋。"

　　杜鲁门的参谋长莱希上将尖锐地评估了新的权力平衡。"如今苏联成为欧洲无可置疑的全能霸主……一个现实因素是大英帝国的势力衰落……世界不可避免地只剩下了两个大国——苏联和美国。"

　　莱希总结道："波茨坦会议将全世界的目光聚焦于两大理念的斗争：盎格鲁-撒克逊的民主政府原则，以及斯大林主义俄国咄咄逼人、扩张成性的警察国家策略。这就是'冷战'的起点。"

　　尽管如此，甚至在会议开始前，杜鲁门就已经从波茨坦得到了他最想要的东西：斯大林承诺将于8月对日开战。总统对斯大林的承诺感到满意，这表明总统对原子弹在现实环境中能否奏效——而且即便奏效了，能否迫使日本投降——仍然有很深的疑虑。斯大林的承诺给了杜鲁门一个关于太平洋战争的有效备选方案。

8月2日早上7点15分，总统的车队离开巴伯尔斯贝格的"小白宫"。8点5分，总统的座机"圣牛"号起飞，目的地是英国的普利茅斯。思乡心切的杜鲁门要求不要在机场举行仪式。他没有坐船横渡英吉利海峡，而是乘飞机去英国，这样就能早两天回美国。

但在登上"奥古斯塔"号巡洋舰，踏上返美旅程前，他还要与"柠檬精国王"吃一顿午饭。"欢迎来到我国。"当杜鲁门登上英国的"声望"号战列巡洋舰时，乔治六世向他致意。总统得到了全套军礼待遇，数千名英美士兵行注目礼。

杜鲁门的第一站是国王的特等客舱。乔治想要全面了解波茨坦会议以及"我们最新的强大炸弹"，也就是原子弹的情况。

国王摆弄起自己的一件武器，他向杜鲁门展示了一把弗朗西斯·德雷克爵士（Sir Francis Drake）献给伊丽莎白女王的剑。"那是一件好兵器，"杜鲁门说，"但国王说它的重心不够平衡。"

总统记下了午餐菜单——"汤、鱼、羊排、豌豆、马铃薯、巧克力酱冰激凌"。两位领导人"天南海北地聊，就是没谈什么正经事"。但实际情况要更严肃。杜鲁门发现国王的消息灵通程度令人吃惊。

乔治提起了原子弹，而且做了具体讨论。他特别关心长远的民用原子能问题。莱希上将也参加了午餐会，他再次表达了对原子弹能否奏效的疑虑。"我不认为它的实际效果会达到预期，"他说，"我听着像是一个教授的幻梦。"

国王不赞同。"将军，你愿意为这件事打个小赌吗？"

午餐过后，乔治送总统回到"奥古斯塔"号上。据杜鲁门说，国王视察了卫兵，看了看水兵，"开了一瓶翰格威士忌（Haig & Haig），在舰上的宾客名单上签了名，为他的每一个女儿和王后要来了一份签名，又履行了一些礼仪，然后就回他的船上了"。

"奥古斯塔"号启程了，总统的思绪又回到了原子弹上。在舰艇航行到大西洋中间的某个地方时，美国陆军航空队会投下新式超级武器。"奥古斯塔"号在大海上，舰上的几名记者被切断了一切传播消息的途径，于是总统把记者们叫到了自己的船舱里。他介绍了曼哈顿计划的历史，而且说原子弹即将投入使用。他给合众社的传奇记者梅里曼·史密斯（Merriman Smith）留下的印象是，他"为我们手中有一件能加快结束战争的武器而感到高兴和感激。但他对一种破坏力如此巨大的武器的未来发展心存恐惧"。

史密斯感受到了同样多的兴奋和沮丧。"这是火药发明以来最伟大的新闻报道。而我们能做什么呢？什么都不能。只能坐等。"

关岛

蒂贝茨和费尔比弯着腰看地图桌上铺着的巨幅广岛空中侦察照片。他们能看见每一个细节——街道、河流、地标。他们以前就研究过城区图，但这一次离得更近了一些。他们正在寻找投弹的完美地点。

蒂贝茨将作战计划发给李梅后不久，他和费尔比就被叫到了将军的关岛司令部。纸面上可以讨论的目标细节太多了，李梅说。现在，就在将军的办公室里，李梅同意广岛是正确的选择。当地有数千名日军士兵，工厂也在生产军火。在讨论照片提供的惊人细节时，李梅请了威廉·布兰查德上校一起来。

蒂贝茨和费尔比不喜欢布兰查德。他们知道他曾试图削弱第509大队，将投掷原子弹的任务抢过来，交给他手下的某个中队。但现在没有时间扯皮了。李梅有一个有趣的技术问题。

计划要求从城市上空31,000英尺处投弹。在那么高的地方，侧风会不会是一个问题？一阵大风就能把原子弹吹偏。

布兰查德坚决同意。顺风飞行也许会更好，布兰查德提出，而且有风在后面助推，他们在目标上空也更不容易遭到攻击。

蒂贝茨另有想法。按照他的经验，他说，逆风飞行会削弱侧风的影响，也最有利于投弹手准确击中目标。

"我们的首要目的是击中目标。"费尔比补充道，"我们过去是投弹的，不是求稳的。"

众人转过身面对地图，房间里鸦雀无声。这是一幅了不起的图片。太田川（Ota River）蜿蜒流过城市，住宅和工厂排列在河岸边。河上的桥将广岛分割成了几个部分。

"你要瞄准哪个点？"李梅问费尔比。

费尔比毫不犹豫地指向地图中央的相生桥（Aioi Bridge）。它很显眼，因为中央桥墩与桥下黑色的河水构成了一个T字形。李梅和蒂贝茨点头表示赞同。

"在这一整场可恶的战争中，它是我见过的最完美的瞄准点。"投弹手说。

会议结束了，蒂贝茨和费尔比返回提尼安岛，琢磨着何时能来出击日期的准信。他们当天就会得到答案。

广岛"瞄准"点

倒计时

3天

1945年8月3日

华盛顿特区

    德雷珀·考夫曼坐在五角大楼的走廊上，一边等着叫到他的名字，一边摆弄袖子上的纽扣。纽扣是重新缝的，总算又合身了。他在过去两个月里瘦了大约50磅，妻子不得不把他嫌大的制服长裤和衬衫拿去改小了一两个号。

    考夫曼过来是要将一个密封的信封交给海军人事处处长兰德尔·雅各布斯（Randall Jacobs）将军。考夫曼的上司里士满·特纳将军在马尼拉的一次计划会议上告诉考夫曼这封信很重要，但别的就没说了。考夫曼不知道信的内容，也不知道为什么要选他来送信，但他本来也要来华盛顿开一周的会，所以管它呢。不过，说怪还是有一点怪。如果信息真那么重要，特纳会给雅各布斯打电话或者拍电报的。

    现在都无关紧要了。考夫曼来了。他把信交给雅各布斯，并与上将闲聊一会儿，然后就去参加另一场会议。五角大楼内的人忙得马不停蹄，军方正在努力筹备美国历史上最大的军事行动——奥林匹克行动。这是入侵日本第一阶段的行动代号。考夫曼6月份就在菲律宾得知了细节，之后他了解到了自己在行动中要扮演的角色。

    大举推进将于11月1日在日本最南端的大岛九州岛拉开序幕，那里是岛国日本少数几处可以进行两栖作战的地方之一。九州行动的开端是三处不同地点的抢滩登陆。考夫曼是其中一处的负责人。一旦建立滩头阵地，美军就会向内陆挺进，开始建造空军基地并调来更多兵力，为规模更大的第二次入侵行动——"小王冠行动"做准备。该行动要登陆日本最大的岛屿，首都东京所在的本州岛。小王冠行动预计将于1946年3月1日展开。仗似乎还要打很久。

据麦克阿瑟将军预测，进攻日本将成为历史上最大的流血事件。他认为，一开始在九州岛建立滩头阵地就要损失5万美军。不同的人的预测差异很大，但军方规划人员认为，仅奥林匹克行动的美国陆海军阵亡人数就可能高达45万人。之前几年的战斗已经证明，离日本越近，敌军的抵抗就越激烈，越狂热。平民可能会转入乡间，坚持游击战直到战争结束后多年。有多少美国人会死在日本？考夫曼在想。

考夫曼在仔细品味这一次回华盛顿的每一刻的快乐。回家和妻子佩吉在一起真好，还有跟亲友一同出行。他看着他们时，带着新的欣赏的眼光，把他们抱得比以前更紧了一点。考夫曼第一次为自己和部下感到了悲观。这大概是他最后一次来华盛顿了。他试图甩掉这种感觉，但就是甩不掉。

考夫曼听到喊自己的名字，于是赶忙进了雅各布斯将军的办公室，敬礼后将信封递了上去。雅各布斯读了特纳的信，接着抬头瞥了考夫曼一眼。"给你放两周假。现在。这是命令。"他说。

考夫曼迷糊了。他已经在华盛顿待了一周了，为什么还要逗留？

然后他明白了：特纳。考夫曼之前一直忙得不可开交。他的时间一半花在欧申赛德，为任务培训人员，一半花在菲律宾，帮助指挥官们敲定大规模入侵的方案。考夫曼每天工作很久，饭也不吃，日子过得一团糟。他自己不觉得糟糕，但体重已经狂跌到只有125磅了。

美国太平洋战区两栖部队司令特纳留意到了。几周前瘦得跟猴子一样的考夫曼来参加一场计划会议时，特纳被他憔悴的样子吓到了。考夫曼是他手下极有创新精神的指挥官之一。接下来的几个月还用得上考夫曼，所以特纳一定得做点什么。

特纳是一名硬汉，他从不表露出软弱或情绪，但考夫曼知道这个"花招"是他表现关爱的方式。考夫曼有两周空闲时间可以体会将军的爱护之意了。

考夫曼心中涌起一股感激之情。现在他可以旅游出行，把杂事处理完，与每个人道别了。

他一定要好好利用，他心里想。他的时间要到了。一旦他进入登陆行动的岗位，他就不准备活着回来了。

倒计时

2天

田村秀子是一个聪明又勇敢的女孩，还有一点任性，但她得偿所愿了。秀子和三佳在长阶梯的顶上等待着，看街上有没有人来拯救她们。

"天晚了。"三佳说。

"我知道她们会来，"秀子说，"我知道，我能感觉到。"

"她们现在就应该到了啊。"三佳抱怨道。

几个月来，秀子和朋友一直被困在与世隔绝的旧寺庙和学校里。回广岛的家当然危险。美军战机向其他日本城市投放过燃烧弹，数十万普通人在空袭中或死或伤。她见过母亲看着报纸上东京大火的照片流泪。每个人都知道，他们的城市被炸只是一个时间问题。

10岁的秀子还没有完全理解其中的危险。她参加过空袭演习，听到警报声后，她会按照要求直奔最近的地下掩体。但从来没有战机出现。

秀子与半个世界以外的舰上的美国总统有着同样的渴望：她想回家。

她最后想办法将自己生病并感到痛苦的消息传给了父母。孩子的家信会受到学校老师的检查，老师不许学生讲食物不足、没有自来水、被迫长时间劳动的事情。但秀子有一天想出了一个办法。她和三佳要写"不经过检查的真实信件"，然后悄悄从长长的阶梯下到村子里，在邮局寄出去。

两个女孩不久便得到消息，说她们的母亲正在来接她们的路上。尽管

1940年，5岁的秀子在成美学院读一年级

还在打仗，但她们要回家！现在快到晚饭时间了，但女孩们不饿。不，她们一直在偷看，希望见到母亲。突然，她们来了。两个女人终于从街角出现，她们的女儿尖叫着跑下阶梯，冲进母亲的怀里。秀子和三佳紧紧抱住母亲，喜极而泣。

等到喜悦之情稍稍平复，两位母亲就把孩子们的东西整理好，并建议她们租一间房，在平静的小镇上住几天。"城里每晚都有空袭，"公美子说，"我们可以在这里好好睡一觉。"

秀子和三佳不喜欢这个主意。她们迫不及待地想离开，于是她们抗议并乞求母亲。"我们不能忍受继续待在这里了，"秀子说，"我们现在就要回家。"

母亲们答应第二天，8月5日周日上午离开，踏上回广岛的长途旅程。秀子和三佳几个月来第一次感到了快乐。她们等不及见到家人和朋友们了。她们不考虑危险。不，她们只想在自己的床上入眠，在自己的院子里玩耍，重拾过去的生活。她们要做的就是等到天亮。

提尼安岛

他们在完成了一次短时间的试飞后刚刚落地，乔治·卡伦的飞行服被汗水浸透了。太阳很大，湿度接近100%。卡伦知道自己不好闻，但其他人也没有好闻的。一个人在机尾炮塔工作也不总是坏事。

卡伦扒下道奇棒球帽，用袖子擦了擦眉毛。

"下午3点开会，"有人告诉他，"带身份证。"看来是大事。没准就是今天了。

有流言说，只有七架飞机的机组成员被请去开会。卡伦感到荣幸，而且满怀希望。也许今天他就能知道重大秘密任务的情况，自从十个月前到文多弗起，他们一直在为这个任务训练。

卡伦快步走过停机坪，看见第509大队会议室的门关着。海军陆战队员手持M1加兰德步枪将铁皮活动板房围住，不许外人入内。门口的宪兵逐个检查来人的身份证，然后才将人放进去。板房狭长低矮，顶灯昏暗，里面摆着长椅。讲台上方挂着一块白色大幕布，台前有一位讲师。卡伦能感觉到空气中的火花。室内大满为患，大家都在窃窃私语。

情报官将放大的城市侦察照片钉在两块黑板上。墙上贴着警示标语："说话不慎害死人。"

卡伦在最后一排的末端坐下，希望没有人坐在他的下风向。他把棒球帽从额头前往上推了推，接着当一名长官出现时，他把帽子摘了下来——他没穿制服，这种违规是会受罚的。他深吸一口气，手里搓着幸运帽的帽舌。他到哪里都戴着它，就连机组成员应该戴飞行帽执行任务时也戴。帽子是4月份从布鲁克林道奇队的总部直接邮寄过来的。今年早些时候，卡伦给球队总裁兼总经理布兰奇·里基（Branch Rickey）写了一封信：

> 我听说大联盟俱乐部会给实战机组人员送球队的帽子，我就想……我们机组能不能从大联盟最棒的球队——道奇队手里拿到几顶帽子呢？

里基没有回信，但他的助理回了。鲍勃·芬奇（Bob Finch）说他们没有多余的帽子了，所以无法送出。不过，卡伦还是给芬奇写了一封感谢信：

得不到帽子，我有点失望，但我完全能理解，你们肯定会收到好多类似的请求，一一满足太难了。有个伙计建议我找另一家俱乐部，但我要是找了就倒霉了。哪怕我三年没有回家看一场道奇队的比赛，我的小妹妹还帮我守着我的座位呢。

芬奇被感谢信所打动，于是他给卡伦寄了一顶帽子并附上留言：

任何一个人，先写了一封信，没有得到满意答复，然后在失望中还能写出这样一封信，那么世界上的一切事物他都值得拥有。我希望你有一天能戴着它走在东京的大街上。

卡伦看着最后一句话笑了。他不关心东京。他宁愿戴着帽子回家，与妻子凯和他们的小女儿一起走在弗拉特布什大道（Flatbush Avenue）上。他想死纽约了。这次会议也许是回家旅程上的一步吧。他当然希望是这样。

临到下午3点，刘易斯到了，脸红扑扑的。他与范柯克和费尔比进行了一次高难度的演练，演练前他刚刚告诉平常跟他飞的领航员和投弹手说他俩不会参加秘密任务。他感到痛苦。他的喉咙和胸口还在为他们而疼痛。他们被"顶下去"了，他告诉他们，范柯克和费尔比是"蒂贝茨的兄弟"。刘易斯明白自己的人有多难受。毕竟，他也是刚刚才知道自己不是投弹机的主驾驶。他只是副驾驶。

讲台上是帕森斯上校、上校的副手杰普森少尉和一批科学家。帕森斯从公文包里取出一盘录像带，将它交给放映师，放映师将带子插进了正对白色大幕布的放映机里。

帕森斯精心准备了这次讲话。他要披露一点原子弹的情况，但不能将细节全盘托出。重磅内容之后会来的，他只要讲到足以敲响警钟的程度就可以了。

下午3点整，蒂贝茨走到会议室前面。上校的卡其色军装熨得平平整整，头发也没有一根不妥帖。私语声停止了。

"是时候了。"他说，"最近，我们要投放的武器在国内试验成功，我们已经接到了向敌人投放的命令。"

蒂贝茨说明了任务指令，列出了预定目标。得知是蒂贝茨的座机——"82号"B-29会投下秘密武器时，没有人觉得惊讶。

广岛行动前夕，海军上校威廉·S.帕森斯（左）和陆军上校保罗·W.蒂贝茨在活动板房里做报告

蒂贝茨将会议的掌控权交给了帕森斯。军械专家没有浪费一丁点时间。

"你们即将投下的炸弹是战争史上的全新事物，"他说，"它是人类所制造过的最具毁灭性的武器。我们认为它会扫平3英里范围内的几乎所有东西。"

机组成员们惊呆了。卡伦在想自己是不是听错了。帕森斯从来没有用"原子弹"这个词，但他用《读者文摘》（*Reader's Digest*）式的描述方式描绘了曼哈顿计划的样子。有时听起来一半像是科幻小说，一半像是漫画书。帕森斯向放映师示意开始播放录像。录像带开始旋转，发出嘶嘶的声音，然后加速转动，最后停了下来。操作员过来摆弄放映机，但胶片缠在了链轮里，放映机开始"吃"胶片了。屋内哄堂大笑。这里有一位开发全世界最复杂的武器的工程师，却被一台简简单单的放映机给难住了。

帕森斯没有浪费时间。他让操作员停掉放映机，他自己讲述影片上的全部内容。影片展示的是新武器的唯一一次试验。

"爆炸的闪光在10多英里外都能看见。"帕森斯说，"一名站在10,000英尺外的士兵被掀翻在地，一名5英里外的士兵一时不能视物。在很远以外的一个小镇上，一名天生失明的女孩看见了光芒。有人在50英里外听到了爆炸声。"

现在，他抓住了所有人的注意力。

"没有人知道炸弹从空中投下时发生了什么。这是前所未有的事。"说着，他转向黑板，画了一个蘑菇云，然后转回来面对听众。他说，他们预计会升起一团至少30,000英尺高的蘑菇形状的云，"之前是一道比太阳明亮得多的光"。

机组成员们在长椅上坐不住了。哪怕一个人不是天才，他也能明白他们到时候全都在爆炸以及蘑菇云的范围内。

一名情报官拿出一副类似焊工戴的那种有色护目镜。帕森斯解释说，靠近目标的飞机上的每一名机组成员在爆炸时都必须戴这种眼镜。爆炸、冲击波和辐射的影响目前依然未知，他说。为了减少风险，只有蒂贝茨的飞机会飞到目标上空。冲击波可能会让飞机严重损坏，乃至摧毁飞机。没有人能说得准。

机组成员会怎么样？范柯克不禁思考。这是一次自杀任务吗？他想起了自己的妻子和儿子，他们正在宾夕法尼亚州乡下等自己回去。他已经离家太久了。范柯克知道，屋里的每一个人都想活下去。他们有自己的目的。他们有家庭，有工作，有未来。但他们也有使命，他告诉自己。他努力将负面想法逼出自己的脑袋。为了这次任务，他必须保持头脑清醒。

帕森斯又讲了几个具体细节，情报官做了补充。最后蒂贝茨起身宣布会议结束。

屋里静悄悄的，每一双眼睛都盯着他。

蒂贝茨说，他们为一项未知的任务辛苦工作了这么久，他为他们感到骄傲。现在，如果一切按照计划进行的话，他们的成果会缩短战争，挽救成千上万的生命。

"与我们即将要做的事情相比，我们目前的所有成果都不足为道。"

大家沉默地离开板房，走进下午的明媚阳光中，心里琢磨着，担忧着，畅想着。

倒计时

1天

1945年8月5日
提尼安岛

在提尼安岛上经历了一个发生多次空难和多人死亡的可怕周六后，法雷尔将军准备好重新开始了。周日太阳刚升起来的时候，他就起床了，换上干净利落的军装，等着收到天气状况良好的报告。法雷尔是一名讲规矩的指挥官，格罗夫斯将军亲自将他选为自己在曼哈顿计划中的副手。53岁的法雷尔参加过第一次世界大战的西线战役，在西点军校教过土木工程，在洛斯阿拉莫斯研究过原子弹的物理学原理，还见证过"三位一体"核试验。投放任务万事俱备，只欠一个好天气。

多日以来，他们一直在关注气象图和照片，日本附近的一场台风推迟了进攻行动。也许今天可以了吧。法雷尔大步走进司令部。他有许多事情要做，但在拿到天气报告之前，他没法推进什么工作。

还差几分钟到上午9点，副官呈交了报告。老将军扫了一眼，面露微笑：日本上空的云层将于未来24小时内消散。他等的就是这条消息。投下"小男孩"的完美条件有了。

法雷尔很快将报告传给了格罗夫斯，后者又通知了乔治·马歇尔将军。信息沿着指挥链逐级传达：原子弹将于明日——8月6日投放。战机将于凌晨2点45分起飞，飞行6个小时、1500英里，去往广岛。

法雷尔中午安排开了一次"提尼安岛首长联席会议"，与会者是参与这次任务的高级军方和科研领导。众人回顾了投放任务的每一个细节。这时，军械专家帕森斯投下了一枚炸弹。

很少有人比"迪克"·帕森斯更了解铀弹。他毕业于美国海军学院，自1943年起一直参与曼哈顿计划的工作。帕森斯行事有条理，天生具有领导才能，是一名爆炸物专家，也是奥本海默在洛斯阿拉莫斯的朋友和邻居——帕森斯的妻子玛莎经常帮忙照顾奥本海默的孩子。帕森斯将自己解决实际问题的本领用于对付原子弹引爆的难题，"小男孩"的枪式引爆装置就是他开发的。

帕森斯告诉其他人，他对飞机起飞时携带完整原子弹的做法心怀忧虑。在来到提尼安岛的几天里，帕森斯见过超载的B-29没能按时起飞的后果。昨天有几架B-29坠机后，夜不能寐的人不止法雷尔将军一个，雷鸣般的爆炸照亮了整个天空。

"如果出了差错，飞机着火了，就有发生横扫半个提尼安岛的核爆的危险。"帕森斯告诉其他军官。

法雷尔蹙眉嘟囔道："我会祈祷那不会发生。"

帕森斯的建议不只是祈祷。他自告奋勇在飞机起飞后安装原子弹的引信，在飞机飞往广岛的途中将一枚铀"子弹"和炸药插入炸弹外壳。如果飞机在起飞时坠毁，那么损失的只有机组成员和飞机，而不会危及原子弹或提尼安岛。

"你会吗？"法雷尔问。

"不会，"帕森斯承认道，"但我有一整天时间去学。"

"弹舱太小了。"蒂贝茨说。

"我行，"帕森斯说，"别人都不行。"

帕森斯都说行了，指挥官们没有质疑他。他们同意不对格罗夫斯讲这一变动，因为一旦讲了，将军的命令就要撤销，又会造成新的拖延。

中午，蒂贝茨到了北场基地，看着一辆拖车将"小男孩"从组装车间拖到装载坑内。接着，巨大的银色飞机被拖到了原子弹上方。

　　他盯着原子弹，思考着它的破坏力。这样一个12英尺长的丑东西竟然有相当于20,000吨TNT炸药的爆炸力，简直不可思议。与它相比，他1942年在欧洲和北非投下的炸弹就像烟花棒——它相当于20万枚这样的炸弹。

　　他想到了奥本海默和洛斯阿拉莫斯的其他魔法师。他对他们深怀敬意。他们的所有劳动成果就在自己面前，准备被吊升入机腹。它很快就归他管了——"小男孩"。他笑了。他们为什么起这么个名字？从任何标准来看，它都不小，他心想。它重达9000磅，与他投下的任何炸弹相比，它都是一个怪物。中性灰色涂装和鳍让它看起来像鱼雷，但它太身宽体胖了，跟优雅完全不沾边。卡伦管它叫"有鳍的加长版垃圾桶"。

　　两个机组成员过来在原子弹上涂鸦，其中有一条是写给日本最高领袖的："'印第安纳波利斯'号船员向天皇致意。"

　　蒂贝茨看着他们涂画着。一个想法开始形成。

　　基地中第509大队的这一头忙碌了起来。所有辅助单位——工程、通信、雷达、反雷达、武器、摄影，乃至食堂——都忙得不可开交。七架飞机都要加油和润滑。机枪要测试和装弹。无线电和雷达设备要调试和检查。投弹瞄准器、自动驾驶仪和罗盘要校准。

原子弹"小男孩"

这是贝塞尔一生中最忙的一天。没有时间瞎胡闹。他将合适的雷达干扰天线装到了蒂贝茨的座机、两架观察机和要被派到硫黄岛的备用机上。

只有一个问题：安装每个天线阵列所需的设备都是专门的。如果他们不得不在硫黄岛降落换飞机的话，他需要相应的工具才能把设备重新安装到新的飞机上。他必须确保硫黄岛备用机的飞行技师有拆除天线罩和压力密封垫所需的工具。他还需要合适的密封垫。这些问题都必须马上解决。他的待办事项越来越多了。

蒂贝茨正在停机区，他意识到自己的座机缺了一样东西：名字。参加任务的其他B-29都有花哨的名字：有叫"同花顺"的，也有叫"博克轿车"的——这是驾驶员弗雷德里克·博克（Frederick Bock）玩的文字游戏。蒂贝茨在欧洲飞的B-17轰炸机叫"红地精"。

蒂贝茨知道此次任务事关重大。如果原子弹投放成功了，他的座机会名留青史。他必须认真起名字。全世界第一枚原子弹绝不能是"82号机"投下的。

他需要带一点威严和诗意的名字，但不能太过沉重。

"妈妈会怎么说？"他心里想。他很快想到了母亲，一位勇敢的红发女士，她那无言的信念从他儿时起就一直是他的力量源泉。当他放弃学医，父亲以为他完蛋了的时候，艾诺拉·盖伊·蒂贝茨（Enola Gay Tibbets）站在了儿子一边。"我知道你能行。"他听见她这样说。

艾诺拉·盖伊。听起来不错。蒂贝茨没听说过其他叫"艾诺拉"的人。

他从办公桌旁一跃而起，发现范柯克和费尔比正在隔壁房间打牌。他们几个月前见过上校的母亲，她当时来文多弗看他。用妈妈的名字命名座机？有什么问题吗？他们说。也许会有好运气呢。蒂贝茨微笑着将母亲的名字写在了一张纸上，然后去机场找维护人员。

"把这个涂到投弹机上，好好涂，字要大。"蒂贝茨告诉他。维护人员照办了。

　　帕森斯热得汗津津的，双手也脏兮兮的，但他的活基本干完了。绞盘将"小男孩"运上飞机后，帕森斯马上爬进了弹舱。他在里面待了两个小时，挤在根本没想让人进去的狭小空间里，还带着工具和好几包无烟火药。他反复练习拆下枪膛塞，然后插入四包无烟火药作为激发铀的"子弹"。他的身体紧贴着原子弹，为了努力形成肌肉记忆，他的双手被石墨润滑剂弄得乌黑。钢制飞机内的温度接近100华氏度，汗水刺痛了他的眼睛。但在确保自己做好之前，帕森斯没有退出。

　　他出来时脏兮兮的，但他有自信在B-29进行空中飞行时处理好。风险是有的。他需要助手杰普森来帮助他完成计划。首先，他们要经过一条狭窄的通道到达原子弹那里。接着，帕森斯要挤进去拆下导火线，取掉枪膛塞，放入无烟火药粉包，再安上枪膛塞，把所有线重新接好。

　　飞机接近广岛时，武器组要立即更换引爆器。杰普森要将弹内电池上的三个绿色安全塞换成红色的实战塞。到了这个时候，核武器才算可用。

　　时间渐渐过去，没有杂活的机组成员忙里偷闲，有人去参加周日的教堂仪式，有人小睡，还有人打球或玩牌。

　　下午过半后，军官们开始在第509大队队部外排队集合。蒂贝茨、刘易斯、范柯克和费尔比等着其他人来。4点15分，卡伦、斯蒂伯里克、舒马德、纳尔逊和杜岑伯里终于露面了。有的人裸着上身，刚刚跟其他机组成员打了一场临时凑人的垒球比赛。现在该拍合照了。

　　摄影师调整好镜头，让士兵们蹲在站着的军官们前面。这是许多张任务留影中的第一张。众人在板房前面露微笑。他们骂了不肯摘下布鲁克林道奇队棒球帽的卡伦。没错，他们知道前方是什么。但在这一刻，他们没有去想危险的事。

　　摄影师拍好了需要的照片，吃晚饭前还有些时间。刘易斯和几名机组成员跳上一辆吉普车，开去跑道上检查飞机。还没等到飞机跟前，一名宪兵就把车拦了下来。刘易斯跳下吉普车，绕到飞机正面，欣赏灿烂阳光下的银色轰炸机。

另一头的人听见了刘易斯的尖叫。

"那玩意他妈的对我的飞机做了什么？"刘易斯看到了新喷涂的"艾诺拉·盖伊"——机身上的几个加粗的黑色字母，就在驾驶舱窗户的正下方。

刘易斯气疯了，把负责维护的军官叫了过来。

"谁把名字放上去的？"

军官拒绝回答，这让刘易斯更生气了。他要求军官的手下把名字擦了，但军官说做不到。

"你他妈的在讲什么？谁批准你放上去的？"

最后军官放弃了，把实情告诉了刘易斯。

提尼安岛第509混成航空大队队部外的机组成员合影，拍摄于1945年8月5日下午。站着的人从左到右分别是：托马斯·费尔比少校、西奥多·J.范柯克上尉、保罗·W.蒂贝茨上校、罗伯特·A.刘易斯上尉。蹲着的人从左到右分别是：乔治·R.卡伦军士、乔·斯蒂伯里克军士、怀亚特·杜岑伯里军士、理查德·H.纳尔逊二等兵、罗伯特·H.舒马德军士

　　终极暴怒时刻终于到来，刘易斯暴走了。一开始，蒂贝茨把刘易斯的几个老搭档踢出了机组。后来，蒂贝茨又决定自己领头。现在又来这一出？他冲回队部，闯入蒂贝茨的办公室。

　　他试着将声音稳住。"是你批准维护人员在我的飞机上涂画名字的吗？"他问道。

　　蒂贝茨没有时间管这种无聊的事。

　　之前去奥马哈的工厂把这架飞机直接从生产线上提回来的人是蒂贝茨。没错，刘易斯作为主驾驶开了很多次这架飞机，但那只是因为蒂贝茨一直忙着在华盛顿、洛斯阿拉莫斯和太平洋的好几座岛上开计划会议。刘易斯只是借用了这架飞机，就像小孩借父母的车开一样。它是蒂贝茨的飞机，如果他想把母亲的名字放上去，他就可以放，而且他也放了。他不需要征得刘易斯的同意。

　　"我没想到你会在意我给飞机取了我母亲的名字。"蒂贝茨说。

　　他母亲。刘易斯知道，如果反对，会显得自己粗鲁。他仍然愤怒，但他能做什么呢？蒂贝茨是他的上司。他做了一个深呼吸，转身离开了蒂贝茨的办公室。多年后，蒂贝茨对这次不快不屑一顾。"我才不管鲍勃在不在意。"他说。

　　蒂贝茨没告诉刘易斯他为什么选了这个名字，他的母亲又是如何支持他当飞行员的决定的。他也没有说每当他遇到紧张状况——在北非或欧洲执行任务——时，他总会回想起母亲安慰的话语。在筹备这次绝密任务的时候，蒂贝茨很少去想一旦出了差错会发生什么。但当他确实忧心时，母亲的声音总会让他"不再去想"。

　　到了晚上8点，整个空军基地都忙活起来了。十几名地勤人员在会上得知了任务内容和时间。科研人员被护送到了远离北场基地的安全地带。万一"意外"核爆发生，他们绝不能拿这些无可替代的核研究专家的性命冒险。

　　北场的A跑道被选定为起飞跑道，跑道两旁每隔50英尺就有一辆消防车。发生空难时，一个专门的单位会负责监测放射性污染区域。

　　蒂贝茨在组装车间跟参加任务的7名机组成员开了一次简短的出发前会议。长官过了一遍飞行路线、各段航程的飞行高度和使用的无线电频率。有两个地方与初始方案不同：蒂贝茨将无线电呼号从"维克托"改成了"丁普斯"，以防敌人监听到他们的无线电通话；另一个地方是第一段航程的飞行高度要低于5000英尺，让帕森斯有时间在未加压的弹舱里安装原子弹。

　　再次集合前，他们还有几个小时需要打发。

　　在队部餐厅里，勤务官查尔斯·佩里手下的厨师们正在准备机组成员午夜刚过时吃的饭菜，包括蒂贝茨的菠萝馅饼。

　　但对许多人来说，饭菜也不那么诱人了。有的人静静地躺在行军床上，思念爱人，书写信件。有几个人喝着威士忌来安神。有一个人去天主教教堂向神父告解。

　　贝塞尔想睡一会儿，但蒂贝茨插手了。马上要开出发前会议的时候，上校把贝塞尔叫进了自己的办公室，向他引见了《纽约时报》的记者威廉·劳伦斯。"战争部安排比尔[1]负责我们项目的全部报道。"蒂贝茨告诉贝塞尔。然后，他转向劳伦斯说："你们俩有很多共同点，之后几个小时就由他好好陪你。"贝塞尔知道这是蒂贝茨的暗号，意思是"给他找事情做，别来打扰我们"。

　　贝塞尔的觉没有睡成，倒是收获了不少教益。两人谈了好几个小时。

　　贝塞尔很快意识到劳伦斯"拥有一个能够理解最复杂的科学理论，然后将其简化成普通人的语言的头脑"。他们属于提尼安岛上少数几个去过洛斯阿拉莫斯，了解那里情况的人。尽管从来没有人对贝塞尔说"原子弹"这个词，但他完全了解他们运载的致命武器。

　　劳伦斯向热情的青年军官描述了"三位一体"核试验的情况，还阐发

1　比尔是威廉的昵称。——编者注

了原子弹中所蕴含的和平利用核能技术的可能性，只要"他们有智慧去利用它，造福于人类"。他将即将发生的事件称作"新时代的黎明"，但他也警告道："我们现在掌握着操控宇宙基本力量的能力，它可能会带来美好的千禧年，也可能会造成文明的毁灭。"

对年轻的中尉来说，这太沉重了。当有人来叫贝塞尔去第509大队队部开最后一次会时，他告诉劳伦斯，他真希望在执行任务前还能再跟他谈一次。

科学家埃德·多利（Ed Doll）挡住了正要进楼的贝塞尔。两人聊了一会儿天，然后多利递给贝塞尔一张折起来的米纸，纸上写着一行数字。贝塞尔一看就认出来了，那是原子弹下落时测量距地高度的雷达所用的无线电频率。

"怎么用这么奇怪的纸？"贝塞尔问。

"一旦出了状况，你觉得自己有可能被俘，就把它团起来吞掉。"多利说。

之前有劳伦斯所描述的末日幻象，现在又是写在米纸上的电码。

贝塞尔想知道自己还能不能活着回来了。

倒计时
9小时15分

1945年8月6日

提尼安岛

　　时候到了。不再有练习，不再有空跑了。这次是动真格的了。午夜时分，蒂贝茨将参加任务的机组成员集合了起来。现在该把他们可以知道的真相全都告诉他们了。

　　"我们连月来的训练即将要经受考验了。我们很快就会知道成败结果。我们今晚所做的事有可能会创造历史。"蒂贝茨说，"我们的任务是投下一枚炸弹，它与你们任何一个人见过的、听过的炸弹都不同。它蕴含的破坏力相当于两万吨炸药。"

　　蒂贝茨停顿了一会儿，等人提问，但机组成员们一片沉默。

　　上校回顾了一遍计划：派一架B-29去硫黄岛作为备用机，三架飞往日本了解潜在目标的实时天气状况，三架飞往目标城市——一架投弹机，两架观察机。

　　最后一次会只有最后三架飞机——"艾诺拉·盖伊""大艺术家"和"必要的恶"——的机组成员参加。

　　蒂贝茨逐点复述了同样的过程和细节。他们之前就看过"三位一体"核试验的照片，也听说过原子弹的破坏力，但仍然很难理解一枚炸弹怎么会如此厉害。他们理解不了，直到蒂贝茨给每个人发了一副可调整的焊工护目镜，并警告他们不要用裸眼直视闪光。蒂贝茨指挥这个单位快一年了，他还从来没有用过"原子"或"核"的字眼。

他干脆利落地点明了成功执行任务的规矩：做好自己的事；听从命令；不打折扣，不撞大运。

人人都知道任务危险至极。蒂贝茨比任何人都更清楚。他口袋里装着一个纸质药盒，盒里有12枚氰化物胶囊。军医唐·扬（Don Young）当天早些时候把它放进了上校的办公桌里。"我希望你永远用不上它们。"他说。

几天前，扬和机组成员们讨论了在投弹前或投弹后需要脱困时该怎么办。如果被抓住了，日本人肯定会折磨他们。

"我要是想落到他们手里，天打雷轰。"帕森斯说。机组成员们执行任务时总会带着手枪。没错，他们可以用手枪自杀。但扬告诉他们，"吞下药片或胶囊比用手枪打爆脑袋要简单些"。

蒂贝茨知道还有别的危险。他的B-29——其他B-29可能也一样——可能会因为原子弹被引爆后的冲击波而严重受损。原子弹可能会在中途爆炸。有各种各样的原因让他们不能活着回来。蒂贝茨找了一位随军牧师，让他送手下上路。

倒计时9小时

上校向部下引见了威廉·唐尼（William Downey）上尉，一位25岁的路德宗随军牧师。唐尼抽出一张纸，盯着纸上自己写下的字。他知道这是一次特殊的任务，它可能有助于缩短战争。唐尼让屋里的每个人低下头，他读出了写在信封背面的正式祈祷词：

全能的父，父会听到爱父之人的祈祷。我们向你祈祷，求你与那些勇敢地飞到高高的天上，去与敌人战斗的人同在。我们向你祈祷，求你在他们执行任务时照看和保护他们。愿他们和我们知晓你的力量和权柄，凭借你的威力迅速结束这场战争。我们向你祈祷，愿战争的结束快快来临，愿和平回到地球上。愿今夜飞行的人在你的照料下一路平安，安全返回。我们会信靠你，知道我们受你的照料，从现在到永远。奉耶稣基督的名，阿门。

贝塞尔怀着敬意站在一边，心里想着自己信奉的犹太教的惯例是在凯旋后感谢神，比"事先祈求特殊照顾"更合适。不过，他也知道祈祷总没有坏处。

说完"阿门"后，大家去食堂吃早饭。厨师军士埃利奥特·伊斯特利（Elliot Easterly）试图让食堂富有节日氛围，将纸做的南瓜饰物挂在墙上，代表第509大队的南瓜弹。菜单上的每道菜都配有一句俏皮话：燕麦片（"做成片干吗？"）、香肠（"我们以为是猪肉"）和苹果酱（"看起来像轴承润滑油"）。菜品共有30多道，包括培根、鸡蛋、牛排和菠萝馅饼。许多人紧张得吃不下。有人找菜的碴儿。蒂贝茨喝了几杯黑咖啡，试着找人闲聊，装出一副镇定自若的样子。

但他根本不镇定。他紧张，几乎到了害怕的程度。他必须打消这种感觉。

贝塞尔恰恰相反。他把餐盘装得满满的，有燕麦粥、好几个鸡蛋和一块羊排。餐后甜品是一夸脱[1]牛奶和几片大兵面包配黄油。就算要死，他也要当个饱死鬼。

倒计时8小时

吃过早饭，蒂贝茨和他的机组成员回了趟队部，取飞行服和飞往广岛

1　英美制容量单位，用作液量单位时，英制 1 夸脱约等于 1.137 升，美制 1 夸脱约等于 0.946 升。——编者注

的六个小时航程中所需的个人物品。蒂贝茨带上了自己抽烟的装备——香烟、雪茄、烟草和烟斗。蒂贝茨、范柯克和费尔比开着吉普车去往起飞线。

在等摆渡车的时候，范柯克回想了他们过去两天在飞机上做过的所有事情。他是一个完美主义者。每一件事都必须井井有条，尤其是今天的这次飞行。他和费尔比两人对飞机的驾驶舱和工作区做了深度清洁，从角落和缝隙里抠出了皱巴巴的糖纸、口香糖和一条去奥马哈那回留下的女式内裤。

范柯克已经在脑子里想好路线了，一路上的大部分时间他都会利用夜空中的星星导航。他觉得天文导航是从A地去往B地的最准确也最自然的导航方法。这次任务需要绝对的准确。在欧洲和北非，他能看见地面。现在到了广袤的太平洋，那就是另一回事了。范柯克的工作区井然有序：地图、图表、铅笔、纸张、偏航仪，还有一个老式的六分仪，用来测量可见物体之间的角距。

费尔比要确保自己的诺顿投弹瞄准器没有故障。投弹手在执行任务的大部分时间里都无事可做，但等时候到了，如果一切正常的话，就该他上场卸货了。弹舱会打开，他要在视线中锁定目标，然后接管驾驶一段时间，在同步视线追踪速度与飞机地面速度时保持飞机稳定。接近目标，时机合适时，他便释放炸弹，然后退回幕后，将控制权交还给驾驶员。

现在，两位好朋友在温暖的夜色中静静地站着，感受着8月的热度从路面上传来。上路以后，他们会有更深的感受。

军用卡车终于来了，大家穿着浅绿色的战斗服爬了上去。他们身上唯一的身份证明就是狗牌。他们在短暂的摆渡时间里没有多说话。用不着多说。

飞往广岛前"艾诺拉·盖伊"号的大部分机组成员的合影。站着的人从左到右分别是：约翰·波特（John Porter）中校，地勤人员（没有上飞机）；西奥多·J.范柯克上尉，领航员；托马斯·费尔比少校，投弹手；保罗·W.蒂贝茨上校，主驾驶；罗伯特·A.刘易斯上尉，副驾驶；雅各布·贝塞尔中尉，雷达反制员。蹲着的人从左到右分别是：乔·A.斯蒂伯里克军士，雷达操作员；乔治·R.卡伦军士，尾炮手；理查德·H.纳尔逊二等兵，无线电操作员；罗伯特·H.舒马德军士，助理飞行技师；怀亚特·杜岑伯里军士，飞行技师。合影中缺海军上校威廉·S.帕森斯和陆军航空队少尉莫里斯·杰普森

倒计时7小时38分

三架天气观察机起飞了，接着是飞往硫黄岛，一旦投弹机出故障就顶上去的"讨厌鬼"号。

倒计时7小时10分

"艾诺拉·盖伊"号的机组成员都准备好登机了，却发现他们的B-29被探照灯所笼罩，跑道上拥挤着100多位摄影师、录像师和来献上祝福的人。那场面活像好莱坞的电影首映式。这是格罗夫斯将军的主意，他想要记录下"艾诺拉·盖伊"号的启程场面。

蒂贝茨惊呆了。他知道会有人拍照，但怎么来了这么多人？就为了一架飞机？他对这样的关注度毫无准备。他意识到部下们看起来有些衣衫不整。蒂贝茨不太重视着装规定——只要他们把自己的事情做了，而且做好，那就行了。他今晚当然不会要求他们穿全套制服。有些不属于军装的物件已经成了幸运符：卡伦戴着道奇队的棒球帽，斯蒂伯里克戴着针织滑雪帽，更别提口袋里装满念珠和兔脚了。

有人请机组成员摆造型拍照，对着镜头说几句话。贝塞尔在人群中认出了劳伦斯，走过去与他握手。记者艳羡不已。他本来要被安排上投弹机的，但后勤部门不让他去。下一次原子弹投放任务会让他上飞机，如果有下一次的话。他为年轻的朋友送上了祝福。

刘易斯在一片喧闹中把机组成员聚了过来。他已经冷静下来，接受了蒂贝茨担任主驾驶的事实。他为至少还能参加任务而感到高兴。他有话想跟大家说。劳伦斯打断了他，递给他一个本子和一支钢笔，问他能不能记录

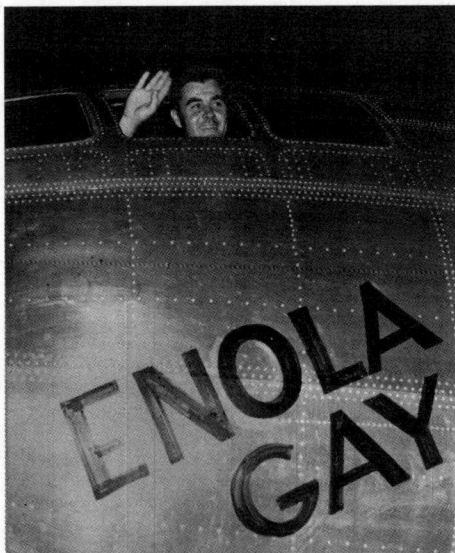

1945年8月6日驾驶B-29飞往广岛前夕，保罗
W.蒂贝茨上校挥手道别

"艾诺拉·盖伊"号的飞行日志,事后会发表在《纽约时报》上。刘易斯同意了,然后转向士兵们:

"伙计们,这枚炸弹比一艘航空母舰还贵。我们把它造出来了,我们要把仗打赢,别搞砸了。好好干吧。"

时间逐渐过去,但第509大队的摄影师还要拍正式的机组成员照。与往常一样,士兵们蹲在前面,军官们站在后面。卡伦正半蹲着呢,这时摄影师让他们靠得再近一点,卡伦感觉到有人用靴子顶他的屁股。他回头看见范柯克咧着嘴,两人都哈哈大笑起来。

拍完最后一张照片,蒂贝茨转向机组成员说:"好了,开工了。"

倒计时7小时5分

"艾诺拉·盖伊"号被拖到了起飞位置。蒂贝茨过了一遍起飞前的检查事项,然后示意杜岑伯里开始测试引擎。启动一切顺利。油料压力、燃料压力、仪表,全都是"满负载效率"。测试完成后,蒂贝茨从驾驶舱的窗口向人群挥手——一位摄影师捕捉到了这一刻——然后向跑道西南端滑行,距离是一英里多。

法雷尔将军、《纽约时报》的记者和唐尼牧师一起在塔台观看起飞。

蒂贝茨直视着跑道上将近两英里外的地方。跑道一侧是四架前一天晚上发生空难的B-29的残骸,骨架都烧得发黑了。

82号战机的最大起飞重量是13.5万磅。今天,"艾诺拉·盖伊"号的重量达到了15万磅。这不只是携带了原子弹的缘故,飞机后方还装载了更多燃料,目的是平衡前方弹舱中的"小男孩"的重量。平衡对飞机来说是关键,尤其是起飞时。如果B-29到了跑道末端还速度不够,它便无法离开地面。而在提尼安岛上,跑道末端就是大洋。

蒂贝茨以临危不乱而闻名,但他今天掌握操纵杆时,感受到了一种自

1942年首次执行轰炸任务以来从未有过的紧张。这不过是又一次起飞。你已经起飞过许多次了。不要出汗，他心里想。但他的手掌已经湿了。在第一次轰炸任务中，他驾驶的B-17装载着总重量为2200磅的多枚炸弹。而现在机腹中有一枚9000磅重的炸弹。就是它了。他必须战胜紧张，因为有许多人都在倚靠着他。

蒂贝茨将注意力转向机组成员。每个人都在自己的位置上。他呼叫塔台："丁普斯八二呼叫北提尼安塔台。准备离开跑道起飞。"塔台同意他起飞。

蒂贝茨转向刘易斯道："走吧。"

蒂贝茨把所有操纵杆往前推，飞机开始全速前进。他要等到最后一刻，尽可能让飞机加速，然后再让飞机抬头。"艾诺拉·盖伊"号在跑道上轰鸣，一些机组成员已经在为最坏的情况做打算了。刘易斯紧紧握住操纵杆，好像是他在驾驶飞机一样。他不是唯一担心"艾诺拉·盖伊"号能不能飞起来的人。看着B-29吃力地在跑道上加速，塔台里的唐尼小声地自言自语。他不确定他们能不能做到。

飞机快到跑道尽头了，但引擎的转速依然达不到每分钟2550转——根据蒂贝茨的计算，飞机上天需要达到2550转。刘易斯紧张地盯着仪表盘。"太重。太慢。"他说。

蒂贝茨没理他。他不会放弃。到了最后关头，他收起起落架，"艾诺拉·盖伊"号一跃升空。范柯克呼出一口气，在领航员日志上潦草地写道："我往外看，能看到海水，所以我们肯定已经离地了。"

塔台里响起一阵欢呼。飞机内的机组成员纷纷发出如释重负的叹息。

倒计时6小时30分

飞机引擎安稳地低吟着。仪器状况良好。卡伦打了几发尾部炮塔的点五零口径机枪的子弹，以确保机枪能用。结果是能用。

帕森斯拍了拍蒂贝茨的肩膀，手往下一指。该给"小男孩"装引信了。

蒂贝茨将飞机稳定在稍高于云层的5500英尺的高度。帕森斯和杰普森打开弹舱口，俯身进入通道，一路爬到装原子弹的弹舱，身下就是紧闭的舱门。这里噪声大，风力大，而且很黑。杰普森拿着一只手电筒和一套工具。帕森斯挤进狭小的空间里开始了工作。两人按照一张事项列表操作，杰普森要在正确的时间递给帕森斯正确的工具，就像护士和外科医生一样。帕森斯做过演练，他饱经风霜的双手娴熟地工作着，但他紧张极了。不光是原子弹爆炸的危险。如果有一个人滑倒，那么两人与天空和大洋之间只隔着承载不了一名男子重量的薄薄的铝门。

帕森斯小心地拆下导火线和枪膛后盖，插入铀和四包无烟火药，然后把导火线连回去，再把后盖装回去。每做一步，帕森斯都会通过延伸到弹舱内的对讲系统告知蒂贝茨。他用20分钟就完成了精密的任务。

"炸弹装好了。"帕森斯告诉蒂贝茨。上校通过无线电向上级报告，然后爬升至巡航高度。

倒计时3小时30分

"大艺术家"号和"必要的恶"号在硫黄岛上空与"艾诺拉·盖伊"号会合，设定好飞往日本的航线。原子弹装好后，长途航程中的机组成员们平静了下来。很多人已经24小时没睡觉了，有人打起了盹。蒂贝茨决定在飞机上巡视一圈，看看大家的情况。他首先去后面看尾炮手卡伦。

按规定测试好机枪后，前方又有漫漫长夜，卡伦已经坐进焊在隔板上的折叠椅里抽起了好彩牌香烟，手里盘着母亲给他的念珠。他还将一张妻子和女儿的照片塞进了窗户的一角。

卡伦很高兴有上校做伴。他们谈起了任务，"三位一体"核试验中的蘑菇云照片，还有这一切背后不可思议的物理学知识。蒂贝茨要起身离去时，卡伦问了他最后一个问题。

"上校，我们是要把原子分裂吗？"

"差不多吧。"蒂贝茨说。

蒂贝茨知道有些人大概已经知道了。但任何人都不被允许说出来。

蒂贝茨回到驾驶舱，让刘易斯盯一会儿自动驾驶仪。他准备睡一会儿。没错，原子弹装好了，但一切都在控制之下。刘易斯正在给劳伦斯写观察日志。帕森斯和杰普森在原子弹电路监视器旁边走来走去。范柯克越过他们的肩膀看了看监视器，然后看向杰普森。"如果绿灯灭了，红灯亮了，那会发生什么？"他问。

杰普森摇了摇头。"那我们的麻烦可就大了。"他说。

蒂贝茨躺回座椅，合眼入睡。刘易斯在日志中写道："'老公牛'蒂贝茨在打盹，刘易斯在看着绰号为'乔治'的自动驾驶仪。"

倒计时2小时15分

杰普森回到弹舱，这次只有他一个人。他吃力地贴着原子弹挪动，取出三个绿色安全塞，换上三个红色的塞子，激活了原子弹内部的电池。"已激活。"他朝对讲机说道。

现在是时候把秘密说给机组成员听了。蒂贝茨打开了对讲机。"我们正载着全世界第一枚原子弹。"他宣布道。

有几名机组成员倒抽了一口气。刘易斯吹了一个长长的、低沉的口哨，心里想，现在一切都说得通了。

他感到不安。"炸弹现在被激活了，"他在日志里写道，"知道它就在你身后的感觉真是奇妙。敲桌子，求好运吧。"

贝塞尔带上了一台笨重的录音机。蒂贝茨告诉他们，"投下炸弹时，贝塞尔中尉会录下我们对所见景象的反应。这是历史记录。注意用语，在对讲机里别乱讲"。

同时，贝塞尔在仔细监测着无线电频率。原子弹有三根引信，最让人担心的一根是负责在上空引爆核武器的雷达近炸引信。贝塞尔不想吓唬任何人，但他知道引信生效的频率非常模糊。如果日本人现在发出了那个频率的信号，原子弹就有可能被引爆。

倒计时51分钟

天气观察机飞抵目标城市上空。"同花顺"号驾驶员发来一条密电："所有高度的云层遮蔽率不到十分之三。建议：投弹首选。"蒂贝茨打开对讲机。"广岛。"他说道。

蒂贝茨转头让无线电操作员理查德·纳尔逊给硫黄岛的中队安保负责人威廉·乌阿纳（William Uanna）发一条一个词的信息："首选。"

倒计时25分钟

"艾诺拉·盖伊"号在31,000英尺的高度越过了广岛以东的四国岛。天空晴朗，投弹条件良好。通过之前对地图和侦察照片的研究，机组成员认出了下方的道路与河流。

倒计时10分钟

广岛进入视线时，"艾诺拉·盖伊"号的飞行高度是31,060英尺，速度是每小时200英里。范柯克和费尔比发现了T字形的相生桥。"10分钟后到达目标点。"范柯克宣布。

倒计时3分钟

投弹流程启动。蒂贝茨将"艾诺拉·盖伊"号的控制权交给了费尔比。"归你管了。"他说。费尔比把左眼贴在投弹瞄准器的取景器上。"瞄准目标了。"他说。刘易斯又在日志上写下了一条："轰炸目标前的短暂间歇。"

倒计时1分钟

"戴眼镜。"蒂贝茨对机组成员说。就是现在。不能回头了。

倒计时58秒

T字形的相生桥清晰可见。

倒计时43秒

弹舱门打开。费尔比按下了释放炸弹的按钮。"小男孩"从挂钩上掉了下去，从距离相生桥31,060英尺的高空开始自由下落。

"炸弹出去了！"费尔比喊道。

随着蒂贝茨向右急转弯155度，"艾诺拉·盖伊"号的机头突然抬高了10英尺。

费尔比看见原子弹先摇晃了几下，然后加速下坠。"搞定了。"他朝对讲机说道。

"你能看见什么？"蒂贝茨问卡伦。

尾炮手在炮塔里四仰八叉，好几倍的重力让他头部失血。"什么都没有。"卡伦喘息道。

贝塞尔也被转弯的力量甩到了隔板上。他有一段时间都做不到抬手打开录音机。原子弹继续朝相生桥坠去。还是没动静。是哑弹吗？

蒂贝茨又叫了卡伦一声。"你看见什么了吗？"回答还是没有。但就在这时，一道闪光——比正午的太阳还要明亮——让飞机沐浴在白光中。

那一刻，一切都改变了。

倒计时：
火焰风暴

　　"小男孩"在43秒内下坠了将近6英里，在广岛上空1890英尺，相生桥东南方向约550英尺处爆炸。那时"艾诺拉·盖伊"号已经开足马力，飞到6英里以外了。

　　飞机还远远没有安全。蒂贝茨在担心冲击波，他不知道飞机能不能抵挡得住。这就是他们最后的时刻了吗？背对广岛的蒂贝茨看不见破坏情况，但他知道肯定很严重——他能闻得到。他的牙齿在打战，嘴巴里有一股铅味。这肯定就是放射性力量的味道，他心里想。

　　卡伦坐在飞机尾部的座位上，能看见冲击波来了，正以音速逼近。它看起来就像炎热夏日里柏油路面上方颤动的热浪。我的摩西啊，它来了，他心里想。他按下麦克风说道："上校，它朝我们来了。"

　　冲击波在广岛以东9英里处撞上了飞机。B-29颤抖着呻吟起来。机组成员喊叫起来，不知道"艾诺拉·盖伊"号会不会凌空解体。飞机发出的声响让蒂贝茨想起了当年在欧洲和北非执行战斗任务时，高射炮弹在飞机附近爆炸的声音。帕森斯也是同样的想法。在意识到是冲击波之前，他喊道："高射炮弹！"刘易斯则感觉像是有一个巨人在用电话线杆子砸飞机。

　　接着，剧烈的抖动停了下来，与来的时候一样快。

卡伦是B-29上唯一能看见毁灭景象的人。现在冲击波过去了，他便试着向其余机组成员描述。他找不到合适的语言。蒂贝茨将飞机转了一个圈，好让每个人都能看见。随着广岛映入眼帘，一种又是惊讶又是难过的心情席卷了众人。

一团泛着紫色的蘑菇云升到了45,000英尺的高空，下方的地貌支离破碎。助理飞行技师罗伯特·舒马德知道蘑菇云里除了死亡，别无他物，或许所有遇难者的灵魂正在升向天堂。下方的城市笼罩在一片黑烟中。

范柯克说它像是一口"黑油滚沸的大锅"。在蒂贝茨看来，那黑烟是但丁的《神曲·地狱篇》中描绘的景象，"滚滚升腾，好似某种可怕的活物"。滚滚浓烟下到处烈火蔓延，"像热沥青似的冒着泡泡"。

卡伦专心地看蘑菇云。蘑菇云的内核是红色的，"看起来像是熔岩或糖蜜覆盖了整座城市"，他回忆道。

投弹手费尔比能看到"云中真的有残缺的东西在上升——部分建筑物、垃圾、沸腾的尘土"。

在理查德·纳尔逊看来，蘑菇云是"那么大，那么高"，简直要将飞机吞没。

贝塞尔拿出录音机。每个人都录了一句话，但没有人说出深刻的内容。他们被惊呆了。贝塞尔将机器收了起来。

刘易斯震惊了。片刻之前，他看到的还是一座生机勃勃的城市，小河里行驶着小船，有电车，有学校，有房屋，有工厂，有商铺。现在一切都没有了。城市在他眼前消失了，"只有黑云、废墟、浓烟和火焰混在一起，成了一大团"。于是，他在记给《纽约时报》记者的日志中写道："我的上帝啊，我们干了什么？"

他们已经看够了。蒂贝茨转向返航，回提尼安岛。世界已经永远改变了，他心里想。"有史以来一直在荼毒生灵的战争如今具有了不可置信的恐怖力量。"他后来写道。

原子弹在广岛上空爆炸后升起蘑菇云

同时，他们也松了一口气。任务完成了。"我觉得战争这就该结束了。"蒂贝茨告诉刘易斯。他将烟草塞进烟锅里，然后点火。他给纳尔逊写了几条要发回基地的信息。已击中首选目标，效果显著，未遇到战斗机拦截或高射炮火力。

与此同时，帕森斯自己也给基地发回了信息："视觉效果比新墨西哥州的试验更显著。"

日本广岛

小田村秀子趴在塌下来的卧室天花板下尖叫着。她前一天刚刚回到祖父家中，但她的房间、她的书、父母的拥抱、明媚的清晨，还有知道她再也不用回到可怕的儿童集中营这件事，这一切都在一瞬间被炸飞了。就像她周围的房子一样被炸飞了。

秀子想起了母亲，母亲正在附近的某个地方参加"强制义务劳动"，把废弃的房屋拆掉。公美子当天早晨差点没去上工。她刚刚长途跋涉把女儿接回来，想陪一陪秀子，但她最后还是决定出去。

母亲离开后不久，秀子听到了空袭警报声，她打开收音机。三架敌机朝广岛飞去。几分钟后，播音员说飞机掉头了。警报解除了。

秀子拿起一本头天晚上表姐给她的故事书，很快就入迷了。

突然，一道炫目的闪光照亮了书页。她向窗户望去，看见一道"巨大的白色光柱横扫树木而来"，接着听到了一声大瀑布暴发般的巨响。她随即昏了过去。

秀子是被雷鸣般的爆炸声惊醒的。空气在颤抖，大地在震动，屋内所有立着的物件都倒了。这时，她脑海中响起了母亲的话语，以及母亲教她在遇到空袭时如何保命的手段。"找结实的东西抓住。"

女孩顶在两根结实的柱子和一个橱柜中间。一盏灯砸在了地板上，还有她父亲的眼镜，一筐冬天穿的衣服。橱柜里的东西全都掉了出来，上面的架子也甩了出去。屋子里突然变暗，仿佛太阳消失了一样。秀子被困在了什么东西下面。她什么都看不见了。她被恐惧所压倒。她要死了，她已经认命了，不再抗争。

轰鸣和震动突然停止了。浓厚的尘云开始散去。秀子发现自己还活着，她抱住的柱子救了她的命，可她还是被困在了瓦砾下。"救命啊，有人吗？救救我！"她喊道。

她的姑姑文子（Fumiko）听见了，把她从石膏和柱子中拽了出来。秀子身上只有几处淤青，右脚跟上有一道深深的口子。文子也受伤了，但她的小女儿没事。两人在屋子的废墟中搜索，把其他家人救了出来。每个人都有伤，有的人呆若木鸡，有的人在哭。秀子意识到她只能自己管自己了。

她从自己的旅行包里找出了一条裤子和一双无扣便鞋，又在伤口上和鞋内放了几张纸。她准备继续听从母亲关于躲避空袭的告诫：下一步是离开屋子，否则就会被火焰包围。这一点得到了遭受燃烧弹袭击的东京和其他主要城市的反复验证。人们被烧死，是因为被困在了家里。

"我们不能留在这里，"秀子对家人说，"接下来就是大火。走吧，求求你们了。我们去河边。"但他们对她的话无动于衷。

就在这时，她害怕的事情应验了。街对面的工厂发生爆炸，巨大的火球变成了吞没一切的橙色火浪。秀子在恐惧中尖叫："火！火！"亲人们只是呆坐着。秀子又想起了公美子的教导。出去。去河边。秀子离开屋子，径直向近一英里外的太田川走去。河水会保护她。河边也许有人能帮忙。

秀子做了一个深呼吸，独自踏上行程，途中是一片世界末日般的景象，到处是死者和命不久矣之人。她看到了人，还活着的人，他们的皮肤正在从身体上脱落。另一条街上有人在哀号，他们已经瞎了，热风将他们的眼睛从眼眶里抽了出来。还有人在地上爬着求助，有老有少。秀子想起了自己的母亲——她会不会也在这群怪人中呢？

"妈妈，你在哪儿？"她呐喊道，"我帮不了你。我不知道你在哪儿！"她克制住恐慌，努力不哭。她向神灵祈祷，让她找到并安慰母亲。她在火焰、瓦砾和尸体中行走，害怕的10岁女孩哼起了母亲经常唱给她听的一首小调，一首咏春歌。她心里想着，神啊，我什么也做不了，但能不能请你让这首歌随着风传到我母亲身边？求你安慰安慰公美子吧。你知道她在哪里。

秀子不像小孩子一样爱哭，但那一天，她哼着哼着歌，也啜泣起来。她一边穿过活着的人和死去的人向河边走，一边哭。

女孩这时还不知道，但她周围的城市和乡村已是一片混乱。广岛郊外的军事基地与城内的无线电和电话联络突然断掉了。救援人员抵达时，被惨象惊呆了。日本电台报道中说，"一切活物——人类和动物——都被活活烧死"。

但秀子走到河边时已经知道了。现在，她必须想办法求生。

大西洋

在半个地球外的地方，"奥古斯塔"号巡洋舰正处在第四天的航程中，现在位于纽芬兰南部，再有一天就到家了。大副办公室中的前方地图室收到了一份来自华盛顿海军部的绝密信息，舰上人员用特殊的密码设备来解码。

杜鲁门正在舰尾食堂与6名士兵共进午餐。上午11点45分，海军上校弗兰克·格雷厄姆（Frank Graham）冲了进来，将字条和一张日本地图递给总统，格雷厄姆用红色铅笔在地图上圈出了广岛。

"曼哈顿后续信息收到。"字条上写着，"各方面均取得明确成果。视觉效果比所有试验都显著。"总统握了握上校的手。"这是历史上最重大的一件事。"杜鲁门说。

10分钟后，格雷厄姆又带着第二张字条来了，这一次信息来自先于总统返回华盛顿的史汀生部长。"大炸弹落在广岛……初步报告显示取得了完全的成功，效果甚至比先前的试验还要显著。"杜鲁门一跃而起，朝桌子对面的国务卿伯恩斯喊道："我们该回家了。"

总统用银器敲了敲玻璃杯，食堂里静了下来。杜鲁门宣布，他刚刚收到了两条关于"首次对日本动用威力惊人的新式武器"的报告。武器的爆炸力相当于一吨TNT炸药的15,000倍。食堂内爆发出阵阵欢呼声。

总统在伯恩斯的陪同下冲进军官餐厅，将消息告诉给舰上的军官们。他宣布道："我们赌赢了。"随着消息在"奥古斯塔"号上传开，船员们皆有同感。也许战争很快就能结束了，也许他们可以回家了。

华盛顿特区

在华盛顿，白宫助理新闻秘书埃本·艾尔斯（Eben Ayers）召集记者们来白宫参加"重要"的新闻发布会。总统不在时，白宫通常相当沉闷，所以有些报社只派了初级记者去。

艾尔斯站在房间前面，手里拿着总统声明的副本。"我手里有一条了不得的好新闻。这是一份总统的声明，开头是这样的。"接着，艾尔斯向记者们读了第一段。"16小时前，一架美国战机向广岛投放了一枚炸弹，让毁灭降临到敌人头上。该炸弹的威力相当于20,000吨以上的TNT炸药，比人类战争史上使用过的最大炸弹——英国的'大满贯'炸弹还要强2000多倍。"

艾尔斯接下来用自己的话讲。"好了，声明把整件事都做了解释。那是一枚原子弹，释放的是原子能。这是人类第一次做到这事。"但记者们这时早已冲到前面抢声明，给主编打电话了。有一个人喊道："这新闻绝了。"

新墨西哥州洛斯阿拉莫斯

奥本海默在等着电话响起。他已经派物理学家约翰·曼利（John Manley）带着如下指令去华盛顿了：听到任何关于原子弹的消息就立即给奥本海默打电话。但目前还毫无音讯。这时，奥本海默打开了收音机。令他惊讶的是，他听到了杜鲁门的声音。

总统正在向国民宣告原子弹已经投放。过了一会儿，奥本海默的电话终于响了。是曼利。他告诉奥皮，武器专家帕森斯上校之前就从"艾诺拉·盖伊"号上发来了一份电传打字机电报，说一切都按计划进行了。但曼利说，格罗夫斯不让他在杜鲁门发表广播讲话前打电话。

奥本海默有些恼火。"你以为我一开始派你去华盛顿到底是干什么的？"他厉声道。

奥本海默刚挂电话，铃声就又响了起来。这一次是格罗夫斯。

"我为你和你手下的所有人感到非常骄傲。"将军说。

"一切正常？"奥本海默问。

"似乎闹出了一个大动静。"

"每个人都感觉很好。我在这里致以最诚挚的祝贺。这条路好长啊。"奥本海默说。

"是啊，"格罗夫斯说，"好长的一条路啊。我觉得我做过的极明智的事情之一就是选你来负责洛斯阿拉莫斯的工作。"

"好吧，我心里是有疑虑的，格罗夫斯将军。"

"哎呀，你知道我从来没有认同过这些质疑。"

就在这时，洛斯阿拉莫斯基地各处的广播喇叭都在播放一条通知。"大家请注意，大家请注意，我们制造的一个装置已经成功在日本投放。"基地内爆发出阵阵欢呼。科研区的许多科学家开始庆祝。物理学家奥托·弗里施（Otto Frisch）听到人们在走廊里边跑边喊："广岛完蛋啦！"

工作人员纷纷在圣菲的休闲场所订桌，电话此起彼伏。弗里施认为，庆祝那么多人——哪怕他们是美国的敌人——的死亡像"食尸鬼"一样。其他人也有同感。他们仍然无法接受自己参与创造了一种杀伤力巨大的武器的事实。现在还没有人知道死亡人数，或者那座不幸的日本城市还有多少幸存者。

当晚，他们在洛斯阿拉莫斯的大礼堂庆祝。几个月前，奥本海默曾在同一个舞台上为罗斯福总统致悼词。会场内人满为患，奥皮像往常一样隆重登场，沿着中央过道从后面一直走到台上。

在人群的欢呼声和掌声中，他将双臂举过头顶，挥舞着拳头，就像在麦迪逊广场花园打赢了比赛的职业拳击手一样。等到人群平静下来，他告诉人们，是他们的努力工作使项目获得了成功。现在评判原子弹所造成的后果还为时尚早，但他敢肯定日本人"不喜欢"。他唯一的遗憾是没有早一些完成原子弹的研制，把它扔到纳粹头上。

唐纳德和莉莉·霍尼格夫妇没有参加洛斯阿拉莫斯的庆祝活动，他们回到了密尔沃基探亲。唐纳德的弟弟在海军服役，当时正在休假，已经接到了要去太平洋的命令。每个人都觉得他要参加登陆日本的行动。

霍尼格夫妇在城里看到了报纸，号外头条：原子弹投下。

唐纳德·霍尼格马上就知道弟弟安全了。他感到开心，也松了一口气。但他和莉莉都觉得，他们的快乐是一种阴暗的快乐。对惨状的报道"简直令人不可思议"。他们在未来的岁月里都会被一种模糊的负罪感纠缠。

田纳西州橡树岭

露丝·西森努力让自己不睡着。工作无聊乏味，工位上太热了，而且座椅有一点破了。她知道自己的座椅是专门要让她保持挺直和专注的——如果睡得太沉了，她会直接跌下去。总算快下班了。她听见走廊那头有口哨声和喊叫声，"闹哄哄"的声音。

一名主管走进房间，对女工们讲话。他说，美国对日本投下了一枚原子弹，这种强大的炸弹杀死了数万人。他说自己不能透露细节，但战争的结束变得更近了。"你们全都参与了原子弹的制造。"他骄傲地告诉她们。女工们欢呼了起来。

露丝同样高兴，但她不想庆祝。现在还不想。战争还没有结束。她要等到日本投降，劳伦斯回家再庆祝。

在回家的路上，公交车上的每个人都说战争马上就会结束。司机告诉她们，5平方英里的广岛市区被烧焦了，无人生还。

露丝回家时，厨房里的母亲问她说："你听到新闻了吗？"露丝点了点头。"也许劳伦斯很快就会回家了。"她母亲夸张地说。

露丝感到有希望，但主要还是单纯的累。母亲给她做了一盘鸡蛋，可她只是嫌弃了一番。她把自己从桌子前推开，回了自己房间，躺在床上，闭上双眼。她在思念劳伦斯。她不知道他在哪里。她已经厌倦思念他了。

她还有别的烦心事，她不能大声说出来的事。

那么多人被杀了，她是帮凶。她内心有一部分感到了愤怒和背叛。他们在她不知情的情况下派她去制造如此可怕的武器，现在她的双手沾上了血。她想睡觉，可她做不到。

每次闭上眼睛，她都看到5平方英里的焦黑城市。

华盛顿特区

德雷珀·考夫曼听到关于广岛的电台消息时正在家里。他起初无法相信，然后他告诉了妻子佩吉，于是两人一起去华盛顿国家大教堂祈祷。他们祈祷战争结束，祈祷双方都不要再有人丧生。

提尼安岛

随着提尼安岛映入眼帘，蒂贝茨和机组成员们开始庆祝。他们为完成任务而喜悦，但"艾诺拉·盖伊"号内的气氛已经变了。肾上腺素飙升和震惊让他们感觉精力被抽干。蘑菇云在400英里外都看得见。

机组成员们在寻找词语来描述所见的场景。他们不是新手，他们有过很多次投弹经历，看着炸弹爆炸，烟雾从下方的目标处升起。但这是什么？它超越了他们的理解力。

机组成员们在返回提尼安岛的漫长航程中提了许多问题，蒂贝茨最后解答了大部分问题。他向他们讲述了曼哈顿计划，以及科学家们是如何用数年时间将晦涩的理论变成了一种大规模杀伤性武器。

费尔比忧心忡忡。他在强光闪起前没有戴上护目镜，不知道自己的视力有没有受损。他担心蘑菇云，还有原子弹内部的放射性。它会不会让大家全都不育？他们离它那么近。帕森斯向费尔比保证说他们不会有事，还说如果他觉得危险的话，他绝对不会去弹舱里和"小男孩"近距离接触。

每个人都宽心地笑了。余下的航程像是一场"睡衣派对"。激动的心情逐渐平复，许多机组成员进入了梦乡。他们回去以后还要热闹呢，谁说得准下次睡觉是什么时候。

他们于下午2点58分着陆。跑道上有200名军方领导在等待，包括斯帕茨将军和法雷尔将军。这是一场典礼，所以第一个下飞机的是蒂贝茨。他向斯帕茨敬礼，但是当他要与将军握手时，斯帕茨示意不要，而是将一枚杰出服役十字勋章（Distinguished Service Cross）别在了蒂贝茨皱巴巴的飞行服上。机组成员和其他参与行动的人员之后获得了银星勋章（Silver Stars）。

他们分乘几辆吉普车前往一间活动板房，医生兼放射科专家詹姆斯·诺兰——他曾在洛斯阿拉莫斯负责接生，还登上"印第安纳波利斯"号运送铀——为他们做了全面的体检，观察放射性损伤。他检查了费尔比的眼睛，给他们每个人都开了健康证明。当长官们在报告会上听到他们对蘑菇云、大火、浓烟和死亡的描述时，似乎难以置信。但大家很快就会发现，实际情况比他们想的还要糟糕。

华盛顿特区

8月7日晚上11点刚过，杜鲁门总统回到了白宫。他将一小批没有随他去德国的内阁部长和职员请到了他在二楼的书房。他弹了钢琴，然后给贝丝打电话说他安全回国了。贝丝说她明天就离开独立城，回白宫。举杯畅饮间，杜鲁门向众人介绍了波茨坦的情况——外交事务、与会者的个性、八卦消息。但有一件事他未提及：在广岛投下原子弹。此事太过震撼，太过悲惨，不适合边喝酒边谈。

但在一份官方声明中，总统摆出了日本官方在广岛事件后所面临的严峻抉择。"如果他们现在不接受我们的条件，便会迎来从天而降的、全世界从未见过的毁灭之雨。"这正是刚刚发生的事情。

次日，8月8日，苏联对日本宣战。苏联的步兵、坦克和战机攻入中国东北。怀疑论者说这个时机选得真"方便"，他们怀疑苏联对开拓远东帝国版图的兴趣多于击败日本。

与此同时，美军战机在多座日本城市投放传单，警告日本人还会有第二次核打击。"我们掌握着人类有史以来造出的最强大的炸弹……我们才刚刚开始对日本本土使用这种武器。如果有怀疑的话，问一问广岛发生了什么吧。"

日本领导层保持沉默。

提尼安岛

一天后，8月9日，第509大队将钚核原子弹"胖子"投向长崎。这是一次噩梦般的任务，充满揣测和近距脱靶，而且险些在开始前就失败了。

李梅将军以为第二次任务也是蒂贝茨上，但蒂贝茨拒绝了，说他之所以执行广岛的任务，只是想证明原子弹的可行性。他想要给团队里的其他人青史留名的机会。但他仍然负责计划的制订。

原子弹"胖子"

蒂贝茨最初是派查尔斯·斯威尼上尉驾驶"大艺术家"号去投弹，预计于8月11日攻击日本的军火生产基地小仓。但研究过气象报告后，蒂贝茨改变了计划。预计未来会有多日恶劣天气，于是蒂贝茨将出击时间从8月11日提前到了8月9日。但这样一来，"大艺术家"号准备的时间就不够了，它还装载着广岛任务中所用的科学设备。于是，蒂贝茨将"博克轿车"号派给斯威尼做投弹机。弗雷德里克·博克会担任"大艺术家"号的驾驶员，装载监测和测量设备。

这一次，《纽约时报》的记者威廉·劳伦斯跟着上了投弹机，为全世界撰写报道。

"过去两天里，我观看了这枚'人造陨石'的组装过程，"劳伦斯写道，"而且有幸与少数科研人员和陆海军代表共同参加了昨晚将原子弹装入'超级空中堡垒'的仪式。在令人害怕的漆黑夜色下，偶尔有巨大的闪电撕开夜空。它，'装置'，看起来很美。它的设计工作耗费了数百万个工时，它无疑是历史上最浓缩的智慧结晶。从未有如此多的脑力聚焦到一个问题上。"

问题在跑道上就开始出现了。起飞前，斯威尼的机组发现备用油箱的一个油泵坏了，机尾有640加仑[1]的燃料用不上。没有时间换油泵了。斯威尼立即按照规定停下引擎，命令所有人下飞机。

蒂贝茨、托马斯·法雷尔将军和其他军方领导在停机坪上与机组碰头，展开了激励讨论。斯威尼说他们没有能力卸掉多余的燃料，这可能会带来麻烦。但蒂贝茨不听。

"你用不着那该死的燃料，"蒂贝茨厉声道，"它只是为了平衡前头的原子弹的重量。"他们在广岛任务中根本没用到备用燃料。要么干，要

1　英美制容量单位，英制 1 加仑约等于 4.546 升，美制 1 加仑约等于 3.785 升。——编者注

么走。他看着办。"我说的是走。"他说。

斯威尼犹豫了一下，然后下定了决心。"去他妈的。我要干。我们上。"跑道上的人面面相觑，然后爬回了飞机。

斯威尼离开提尼安岛的时间比预定时间晚了一个多小时。

在飞往日本的长途航程中，劳伦斯想起了地上的人们。"难道没有人为那些即将死去的可怜虫感到一丁点难过吗？想到珍珠港事件或巴丹死亡行军就不会了。"他写道。

海军中校弗雷德里克·阿什沃思（Frederick Ashworth）是军械师。由于"胖子"是一枚钚弹，所以他不必在飞机起飞后再组装炸弹，但他还是需要爬进弹舱取下绿色安全塞，然后换上红色的塞子。他完成了任务，然后就回去小睡了。之后，他被一名惊恐的机组成员吵醒了。控制台监视器上有一盏红灯在闪。炸弹被激活了，而且在嘀嗒作响。与帕森斯不同，阿什沃思并不熟悉原子弹的内部工作原理。他手忙脚乱地找到了设计图纸，飞机上的每个人都准备好接受最坏的结果了。阿什沃思和助理军械师菲利普·巴恩斯（Philip Barnes）中尉爬到下面的弹舱里，取下炸弹外壳，检查了开关，结果发现有两个开关装反了。巴恩斯把它们装回了正确位置，红灯就不闪了。

但这不是问题的结束。"博克轿车"号本来应该与两架观察机碰面，但到了集合点，发现只有一架观察机。斯威尼一直在空中盘旋，等着第三架飞机，也消耗着燃料。这时，阿什沃思着急了，催促斯威尼继续往小仓飞。

但目标上空是阴天，地面上还有日本人的高射炮在倾泻火力。"博克轿车"号没有机枪自卫。斯威尼想要再环绕城市一圈，看看投弹手克米特·比恩（Kermit Beahan）能不能在云层中找到一处开口。面临高射炮攻击和低油量，任务本来应该取消的，但斯威尼感觉他们已经做了这么多，不能再回头了。他决定飞往另一个目标城市：长崎。

"命运将长崎选为了最终目标。"劳伦斯写道。

海滨城市长崎有25.3万人口。当"博克轿车"号抵达城区目标点时，比恩的视线无法穿过阴云，不足以进行目视投弹。接着，云层突然分开了。"有洞了！"他喊道。上午11点20分，机组成员们戴上焊工护目镜，投下了"胖子"。

"胖子"在城市上空1890英尺处爆炸。钚核产生了相当于21,000吨TNT炸药的威力——比"小男孩"强了一倍半。尽管炸弹偏离了目标点将近2英里，但造成的破坏力是毁灭性的。约有4万人当场死亡，另有7万人将死于放射伤和放射病。原子弹摧毁了方圆3英里的区域和城中5万栋建筑的三分之一以上。生产日军袭击珍珠港时所用的鱼雷的兵工厂被夷为平地，实现了某种具有诗意的正义。

"尽管机舱里有着明亮的日光，但我们还是感受到一道强烈的闪光穿透了深色焊工护目镜的遮挡，让整个机舱淹没在强光之中。"劳伦斯写道，"第一道闪光过后，我们摘下了护目镜，但光还在，蓝绿色的光芒照亮了周围的整片天空。一道巨大的冲击波撞上了我们的飞机，使飞机从头到尾全都在颤抖。之后又迅速接连来了四道冲击波，每一道都像是加农炮炮弹从四面八方击中了我们的飞机。

"机尾的观察员看到了一个仿佛从地心升起的巨型火球，向上喷吐出硕大的白色烟圈。接着又看到一道巨大的紫色火柱，有10,000英尺高，以极快的速度直冲云霄。

"等到我们的飞机又朝核弹爆炸的方向转弯时，紫色火柱已经升到了和我们一样的高度。这中间只过去了大约45秒。我们深感震撼，看着它像一块陨石一样射出，只不过是从地面上向上冲，而不是自外太空下坠。它向上冲破白云，越来越像活物。它不再只是烟，或者尘，甚至不只是一团火云。它是活的，是一个新的物种，就在我们的双眼前诞生，令人难以置信。"

1945年8月9日，长崎遭到原子弹轰炸，上空升起蘑菇云

"博克轿车"号朝安全地带飞去。他们已经消耗了太多燃料，飞不回提尼安岛了，于是决定去冲绳。凭借"纯粹的运气和燃油蒸汽"，蒂贝茨后来写道，斯威尼成功在冲绳岛着陆。就连这也是成败未卜。飞机的触地时速是140英里，大约快了30英里。飞机在两排全副武装的B-24轰炸机中间颠簸了25英尺，然后才在跑道尽头刹住。

飞机最终回到提尼安岛时，没有搞庆祝活动。总结会像是一场军法审判，每一个令人担忧的细节都要剖析。任务有好几次并且有好几种方式可能演变成灾难。李梅将军转向斯威尼，直视着他的眼睛说："你搞砸了，对不对，查克？"

李梅说他不会展开调查，因为没有意义。他们安全回来了。原子弹也投下去了，尽管离目标很远。他们都希望日本人最终会清醒过来，然后投降，这样就用不着再执行这样复杂到变态的任务了。

华盛顿特区

长崎在燃烧，世界在等待日本的回应。8月9日夜，杜鲁门对美国人民发表广播讲话，表面上讲的是波茨坦会议，但他话锋一转，谈起了广岛和长崎被炸一事，敦促日本人民立即离开可能成为攻击目标的工业城市。

"我明白原子弹的悲剧意义，"总统说，"我们已经用它来对付那些不宣而战袭击珍珠港的人，那些饿死、殴打、处死美军战俘的人，那些连表面上都完全不再遵守国际战争法的人。"

杜鲁门再次指出，选择权在东京方面。"我们会继续使用它，直到完全摧毁日本发动战争的能力。只有日本投降，我们才会停下。"曼哈顿计划的负责人已经告诉杜鲁门，他们八天内就能再造出一枚原子弹。

裕仁天皇确信，如果日本不投降，美国就会继续投放原子弹。军方领导人激烈反对投降，于是天皇自行展开了投降谈判。

裕仁第一次通过广播向国民讲话，他的宣言标志着日本平民第一次听到了天皇的声音。他告诉自己的国民，"敌新使用残虐爆弹，频杀伤无辜，惨害之所及，真至不可测。而尚继续交战，终招来我民族之灭亡，延可破却人类文明"。

长久以来，日本人相信天皇是祖国的精神化身，而无条件投降会结束天皇的统治，抹去日本人的文化身份。8月10日，日本向美国提出投降，条件是保留天皇礼仪性的国家元首地位。

杜鲁门在日记中写道："我们的条件是'无条件'。他们想要保留天皇，（而）我们对他们说，以何种方式保留天皇要听我们的，但我们同意这个条件。"

同盟国接受了日方的提议，明确将由美国决定终战方式。裕仁要听命于驻日美军最高司令道格拉斯·麦克阿瑟。

8月14日，周二，下午4点5分，杜鲁门收到了日方的正式投降书。三个小时后，他召集记者进入椭圆形办公室。他站在办公桌后面，一边是伯恩斯和莱希，另一边是长期担任罗斯福政府国务卿的科德尔·赫尔（Cordell Hull）。

密苏里州独立城《调查报》（Examiner）的记者休·金特里（Sue Gentry）也在。当天下午早些时候，这位总统老家的记者与第一夫人一起喝了茶。杜鲁门让她留下，因为"没准能有新闻呢"。

总统身穿双排扣海军蓝正装和蓝衬衫，打着银蓝双色条纹领带，还戴着手帕。在摄像机的明亮灯光下，他开始朗读发言稿。"今天下午，我收到了一份来自日本政府的信息。"他宣布道，"我将该回信视为完全接受了《波茨坦公告》，该公告明确规定日本应无条件投降。"麦克阿瑟将军将成为驻日盟军最高司令，负责接受敌人的正式投降。

这条新闻——以及狂喜之情——迅速传遍全国。经过近4年的血腥战争，第二次世界大战终于落幕。美国蒙受了不可想象的损失：405,799人死亡，670,864人负伤。按照美国当时的人口，每136个美国人里就有一人或死或伤。

世界整体的代价还要更惨烈，共有7200万人死亡，包括4700万平民。

现在，战争结束了。成千上万人开始聚集在白宫对面的拉斐特广场（Lafayette Square）。人群增加到了大约7.5万人。人们站在轿车顶上。喇叭声此起彼伏。一排人跳起了康茄舞。口号声响了起来："支持哈里！支持哈里！"

晚上7点前后，总统和第一夫人终于来到了白宫北草坪。总统亮出了代表胜利的V形手势，人群爆发出阵阵欢呼。接着，根据一名在场者的描述，杜鲁门开始"像乐团指挥一样，对着突然聚集在白宫门前欢呼的上万美国人挥舞起了手臂"。

杜鲁门夫妇又回去了，总统给密苏里老家的母亲打了电话。"是哈里，"打完电话后，他母亲对客人们说，"他总是在事情完了以后才给我打电话。"

杜鲁门也给埃莉诺·罗斯福打了电话。他告诉她，"在这个胜利的时刻，我真希望是罗斯福总统，而不是我向人民传达喜讯"。

现在，总统又出来看望人群了，这一次手里拿了麦克风。"今天是一个伟大的日子，"他说，"是我们一直在期盼的日子。今天是属于全世界自由国家的日子。今天是全世界的法西斯主义和警察国家灭亡的日子。"

那天晚上，有50万人拥上华盛顿的街道。美国和世界各地的大城小镇举办了欢庆活动。

对杜鲁门和他的国家来说，这是一场可怕斗争的终点。但这也是新时代的起点——要应对一个再也不一样了的世界。

余音

尽管绝大部分美国人在庆祝太平洋战争的结束，以及迫使日本投降的新式超级武器，但还是有人立即发出了警告。

广岛核爆次日，《纽约时报》在头版刊登了六篇宣扬胜利的报道。但社论版的论调大异其趣。"昨日，人释放了原子的力量去杀人，人类历史开启了新的篇章……我们赢得了太平洋战争的胜利，但也卷起了狂风。"

《纽约时报》军事版的编辑汉森·鲍德温（Hanson Baldwin）表达了自己的忧虑："美国人已经成为毁灭的代名词。现在，我们首次动用了一种影响未卜的新武器，它或许让我们更快地取得了胜利，但也无远弗届地播下了仇恨的种子。"

全国各地和各个政治派系都发出了警告。保守派报纸《芝加哥论坛报》（*Chicago Tribune*）写道："整座城市和城市里的所有人在几分之一秒的时间里被一枚炸弹消灭，这不是不可能的。"

布鲁斯·布利文（Bruce Bliven）在自由派杂志《新共和》（*New Republic*）上撰文称："就其潜力而论，（原子弹的使用）无疑是许多世代以来人类历史上最重大的事件。至少这一点是真真切切的：人类整体或者学会和平共处，或者面临规模宏大到荒诞的毁灭。"

但如今投下原子弹之后仍在继续抗争的人，恰恰是甚至在广岛核爆前就最早发出警报的科学家们。1945年11月，在洛斯阿拉莫斯、橡树岭、汉福德和芝加哥工作的近千人组成了原子能科学家联合会（Federation of Atomic Scientists）。"留着平头，戴着领结，穿着饰耳领衬衫"的他们游说国会，反对军方控制核技术。1946年，由非军方人士负责的原子能委员会（Atomic Energy Commission）成立。

同年，在广岛惨剧前领导请愿运动的利奥·齐拉特，与阿尔伯特·爱因斯坦等人联合成立了原子能科学家紧急委员会（Emergency Committee of Atomic Scientists），使命是推动原子能的和平利用。但随着美苏两国冷战的加剧，委员会很快就解散了。

20世纪60年代，齐拉特再次做出尝试，组建了宜居世界理事会（Council for a Livable World）。他警告人们注意军备竞赛的危险。但东西方之间的核武器竞争愈演愈烈。

爱因斯坦对自己在制造原子弹的过程中所扮演的角色也有悔意。1940年，因为其和平主义观念没有通过审查，他并未参加S-1计划。但他后来说，自己在引起罗斯福注意方面发挥了一定的作用，"假如我知道德国人造不出原子弹，我绝不会举起手指"。

1954年，爱因斯坦在去世前五个月时宣布，"当我在建议罗斯福总统制造原子弹的信上签名时，我铸成了人生中的一个大错"。他说，他唯一的借口是他担心德国人也在实施核计划。

但这一切——科学家们的请愿、警告性的社论——都无关紧要。战争结束了。长达四年的苦战和血战结束了，美国人民心怀感恩。

广岛和长崎被毁灭几天后，一份盖洛普民意调查发现，85%的美国人赞同投放原子弹的决定。先有偷袭珍珠港，后有多年来对日军暴行的报道，美国人对敌国没有多少同情心。

乔治·盖洛普（George Gallup）博士在1945年9月写道："即便威力巨大的原子弹包含着对人类安全的威胁，但在公众眼中，原子弹加快了战争的结束，而且指明了未来开发利用原子能的道路。"

美国人的观点还受到了另一个因素的影响。政府发起了巧妙的公关宣传，只分享了一部分内容。在雪片般的媒体通稿中，"公众所了解到的'三位一体'核试验、核反应、原子弹生产工厂、核产业相关人群、重要人物、核能利用前景等方面的背景信息是经过筛选的。精心策划的媒体宣传展示了一出原子能大戏，情节详尽到令人惊讶"。

但对于原子弹爆炸给广岛和长崎人民带来的毁灭性影响，美国人了解得很少。这并非巧合。日本占领军最高司令官麦克阿瑟将军对核爆杀伤的一切信息实行了严密封锁。

一个由32人组成的日本摄影团队拍摄了广岛和长崎惨象的纪录片，结果被美国当局没收。美国人最初看到的部分图像不是照片，而是手绘图。核爆后不久，一对日本夫妇丸木位里和丸木俊去广岛寻亲。1950年，他们出版了画册《原爆图》（*Pika-don*）。

但有人突破了噤声的笼罩。第一位访问广岛的外国记者——澳大利亚记者威尔弗雷德·贝却敌（Wilfred Burchett）用莫尔斯电码给伦敦发了一份简讯，以规避审查。1945年9月5日，《每日快报》（*Daily Express*）发表了贝却敌的文章，之后传播到了世界各地。

"广岛，"他写道，"看起来不像一座被轰炸的城市。它仿佛被一台怪兽般的蒸汽压路机碾过，被抹杀了存在。我现在尽可能平静地写下这些事实，是希望让世界警醒。在这原子弹的第一处试验场上，我见到了四年战争中最可怕、最骇人的惨状。在它面前，遭逢兵祸的太平洋岛屿简直成了伊甸园。残破之剧远非照片所能展示。"

但大部分美国人直到核爆过去了整整一年才真正了解到本国政府的所作所为。《纽约客》（*New Yorker*）杂志的传奇主编威廉·肖恩（William Shawn）感觉有一个无人报道的大新闻，于是他派战地记者约翰·赫西（John Hersey）游历中国，又去广岛花了一个月时间采访幸存者，之后返回美国写报道，这样一来就规避了麦克阿瑟的审查。

赫西作品的影响力怎样说都不为过。他报道了6名核爆及其恐怖后效的幸存者的第一手资料。他向美国人介绍了一个新词——"被爆者"，字面意思是"受到爆炸影响的人"。美国人首次了解了广岛的真实情况。

肖恩知道自己手里有料。他说服出版方将31,000字的报道全文发表于1946年8月31日的杂志，不放《纽约客》的招牌漫画。有广播节目朗读了全文。新刊样本被送往全国各地的报社。许多报社发表社论，呼吁大家阅读这一期杂志。30万本杂志马上就售罄了。当年晚些时候，赫西报道的单行本面世，销量达300万册。

赫西讲述了6名"被爆者"的故事——两名女性、两名医生、一名卫理公会教士、一名德国耶稣会牧师。这是一次深入但丁的《神曲·地狱篇》之旅——瞬间死亡的恐怖、无可想象的痛苦、放射病。赫西描写了20个男人，他们处于"同样的噩梦般的状态：面庞被完全烧毁，眼窝里是空的，融化的眼睛里的液体顺着脸颊流下"。任何一位读者都摆脱不了那样的画面，也无法推卸自己的责任。"他们是第一次大规模原子能试验的对象。"

赫西笔下的一名幸存者给出了自己的观点。20世纪50年代初，卫理公会教士谷本清（Kiyoshi Tanimoto）开始巡游美国，一次访问了256个城市。他募资在广岛创办了世界和平中心（World Peace Center），开展以和平为目的的科研工作。

但约翰·赫西在新版书中讲述了谷本清在另一次美国之旅中的超现实经历。1955年5月11日，他被带进了一间电视台演播室，之前他被告知要做一次本地电视台的采访，帮助他为反核运动募集资金。

结果谷本清上的是全国热播节目《这是你的生活》（*This Is Your Life*），主持人拉尔夫·爱德华兹（Ralph Edwards）带来了谷本清过往生活中的关键人物，让他大吃一惊。有一位是当年向谷本清讲授耶稣基督的传教士，有一位是他在神学院的友人。还有一个令人震撼的人物。

一个壮实的汉子走了进来，爱德华兹介绍说他是罗伯特·刘易斯上尉，将广岛炸毁的"艾诺拉·盖伊"号轰炸机的副驾驶。刘易斯讲述了那可怕的一天。"谷本清坐在那里，像木头一样毫无表情。"赫西写道。

刘易斯代表"艾诺拉·盖伊"号机组成员将一张支票交给了谷本清。

但如果说这一切都令人不安乃至深深不安的话，大多数美国人依然支持投放原子弹的决定。根据盖洛普民意调查的结果，核爆的公众支持率从未低于53%。毕竟，原子弹结束了战争，可能比登陆要提前一年。而且，它挽救了数十万美军士兵的性命。

几十年过去了，围绕原子弹的论战也随着美国的政治潮流而变化。1958年，《国家评论》（*National Review*）的一篇文章称，原子弹打击的真正目标不是日本。作者哈里·埃尔默·巴恩斯（Harry Elmer Barnes）写道，敌人当时已经被击败了。"在广岛和长崎烧死几十万日本人不是为了结束战争，也不是为了挽救美国人或日本人的生命，而是为了强化美国的对苏外交。"

到了20世纪六七十年代，加尔·阿尔佩罗维茨（Gar Alperovitz）等"新左派"史学家提出了类似的观点：原子弹是冷战初期对苏联的预警。而且杜鲁门愿意打这张牌。在1948年至1949年的柏林封锁时期，他将与"艾诺拉·盖伊"号一样的B-29轰炸机派到了能打击到德国首都的距离内。朝鲜战争期间，杜鲁门又将B-29部署到了战区。

伴随着令人恐惧的军备竞赛，争议声几十年来经久不息。1949年，苏联进行了核爆试验。一种新的国防学说站稳了脚跟——相互确保摧毁（Mutual Assured Destruction），简称MAD。美苏两国都无意发动核打击毁灭对手，因为它们都无法阻止对方用报复性核打击将自己毁灭。

从1963年的《部分禁止核试验条约》起，美苏两国签订了多份军备控制协议。但协议只是限制了导弹数量和多核弹头的使用，而没有禁绝。

核技术研发成功后，扩散到了世界上一些危险的热点地区。印巴边境冲突持续了几十年，双方都有核武库。以色列被认为是中东地区唯一的有核国家，但伊朗距离核武突破越来越近。朝鲜也在不断开发核武器和打击美国所需的远程弹道导弹。

同时，关于广岛的争议仍在继续。1995年，位于华盛顿的史密森国家航空航天博物馆筹备举行开馆50周年纪念展，基本想法是鼓励游人充分了解当时发生的情况以及持续多年的军备竞赛，反思投放原子弹的决定。

但退伍军人团体和政客们对展览提出抗议，说它过于同情日本人，是对太平洋战争中死难美军战士的侮辱。"艾诺拉·盖伊"号机组成员，"荷兰人"范柯克抱怨起展览的解说词。"有一句的大意是，对日本人来说，核爆主要是一场报复行动，展现了所谓的美国人的种族主义。另一句说我们全都发疯了。"

范柯克评论道："你知道的，我们都没有发疯。"

最后，展览的规模大大缩小，还展出了"艾诺拉·盖伊"号的机身。就连这架飞机也被卷入了争论。多年来，它一直存放于华盛顿郊外的安德鲁斯空军基地，机翼生了锈，还有部件被游人拆下来当纪念品。2003年，飞机被完整复原，包括机翼和所有部件，目前是弗吉尼亚州北部杜勒斯机场（Dulles Airport）附近的史密森学会乌德沃尔-哈齐中心（Smithsonian's Udvar-Hazy Center）的展品。

有历史学家认为，日本在1945年是会投降的，就算美国既不投放原子弹，也不登陆日本本土。8月8日，苏联对日本宣战，百万苏军进入日本占领的中国东北。另一个问题是，杜鲁门是否有可能更清楚地向东京方面的领导人说明，"无条件投降"可以为天皇保留一定的地位。但这些都是事后诸葛亮，不少观点的提出距离决策做出已经过了几十年。

还记得莱希海军上将，那个反复说原子弹不会奏效的杜鲁门的参谋长吗？他在战后回忆录中写道："日本已经被击败，准备要投降了……我个人的感觉是，首先动用原子弹意味着我们的道德标准与黑暗时代的野蛮人一样。"没有记录表明莱希在广岛核爆前对杜鲁门表露过这种情绪。

投放原子弹的公众支持率虽然再也没有回到核爆后不久的85%，但一直保持在高位。2005年，在广岛核爆60周年之际，支持动用原子弹的公众比例是57%，而反对者占38%。代际差异很明显。七成65岁以上的美国人说动用原子弹是合理的，30岁以下的人则只有不到一半这样说。

这让我们回到了做出那个决策的人身上。历经岁月流转与政坛论战变迁，哈里·杜鲁门从未动摇。广岛核爆两个月后，1945年10月25日，总统首次与罗伯特·奥本海默会面。杜鲁门希望奥本海默支持政府管控核能的立法。但是，原子弹开发的第一负责人如今有了另外的想法，可怕的想法。

"总统先生，"奥本海默说，"我感觉我手上沾着血。"杜鲁门怒气冲冲地记下了自己的回答："我告诉他，血是沾在我手上的——我担心就行了。"总统后来对他的最后一任国务卿迪安·艾奇逊（Dean Acheson）说："我不想再在办公室里见到那个浑蛋了。"

1948年，杜鲁门终于会见了负责投放原子弹的保罗·蒂贝茨。"你是怎么想的？"总统问道。

蒂贝茨答道："总统先生，我是奉命行事。"

杜鲁门一巴掌拍在桌子上。"你奉命就对了，是我派你去的。"

在杜鲁门的余生中，总有人问他投弹决策的事情，而他总是为其辩护。他在1948年给妹妹玛丽写信说："这是一个可怕的决定。但我做出这个决定是为了挽救25万名美国小伙子的性命，而且在类似的情况下，我会再次做出同样的决定。它终止了对日战争。"

20世纪60年代初，一名电视制片人提出让杜鲁门与核爆幸存者共同参观广岛的一个市政厅。"你想让我去日本，那我就去，"杜鲁门说，"但我不会逢迎他们。"此事遂寝。

在1965年的一场讲座中，前总统再次谈起了挽救美国人生命的事情。"我不能担忧历史会怎样评判我的个人品行。我只是做出了我知道应该如何做出的决定。我做了我认为对的事情。"

最后引用杜鲁门在1966年接受《纽约时报》著名讣告写手奥尔登·惠特曼（Alden Whitman）采访时所说的，并于他1972年12月去世后发表的话。"我不喜欢那种武器，但如果从长远来看，它能挽救几百万生灵，那么我不会有怨言。"

归根结底，尽管围绕投放原子弹是否合乎道义有诸多问题，但认为哈里·杜鲁门会做出其他选择是不现实的。他就任总统时，没有人提前告知他那个三年前罗斯福就批准了的计划。项目招募了10多万人，花费了20亿美元。仅仅三个月后，核试验就成功了。

杜鲁门的高级将领们估计，一场对日常规战争会造成十分可怕的损失：至少会有25万美国人丧生，50万人受伤。战争还将持续一年以上时间。而杜鲁门现在恰有一种能挽救生命，结束战争的手段。

对于那些仍然质疑投弹决定的人，请记住，杜鲁门做过广泛的商议，听取了艾森豪威尔等反对者的意见。在德国酷热的夏日里，他为下这个决定而冥思苦想，度过了许多个不眠之夜，忍受着剧烈的头痛。他笔下关于"幼发拉底河谷时代所预言的那场毁天灭地的大火"的启示录般的文字表明，他完全清楚个中利害。

在仅仅116天里，未经历练的新领导人做出了历史上影响最重大的决定。他开创了原子时代，创造了一个人类的未来系于一线的世界。

目前全球的核弹和核弹头——每一枚都比"小男孩"和"胖子"强大得多——总量为近5万枚，其威力相当于数百万次广岛核爆。但75年过去了，只有一个国家在战争中使用过核武器：美国。

后传

生活继续前行，美国走上了繁荣。陆军、海军、海军陆战队和空军官兵回国成家，盖房子，建公司，组成社区。老兵们有的凭借《退伍军人权利法案》上了大学，有的回归战前旧业。曾经在农场和工厂劳动的女性辞去工作，好让男性再次接管这个国家。工厂换回了生产轿车、电器和消费品的设备。郊区"睡城"纷纷出现，从东海岸一直延伸到西海岸。州际高速公路将这些新社区全都连接了起来。

但对许多人来说，战争从未褪色。

女人与孩子

露丝·西森

听到日本投降的消息那一天，露丝·西森终于允许自己庆祝了。她的爱人劳伦斯已经在纽约上岸，上气不接下气地给她打了电话。他说他等不及回家了。他近期就会退伍，但还不知道是什么时候。而且他在绰号为"大苹果"的纽约"要买一件重要的东西"。他没有说是什么东西。

一周后，他在露丝家门口出现了。他还穿着军装，脸上挂着笑容。露丝惊呆了，扑上去抱住了他。他们拥吻时，家人们也聚在门口分享他们的喜悦。他终于自由了。

"把手伸出来。"他咧嘴笑着说。

她耸了耸肩，说道："好吧。"

他从口袋里掏出一个小盒子，打开后将一枚钻戒戴到了她手上。这就是他在纽约买的"重要的东西"。

"我等这一刻已经等太久了。"他说。

接下来是马不停蹄的几天。露丝给大家看自己的戒指，在工厂贴告示，还去拜访了劳伦斯的姐妹。两人去墓地给劳伦斯的母亲献了花。到了该定婚礼日期的时候，劳伦斯说他要先办一件繁难之事。

他打仗的时候结交了一个来自田纳西州莱克城（Lake City）的小伙子，莱克城离劳伦斯的家乡不太远。在法国，劳伦斯在激战中发现朋友倒在地上流着血，一颗子弹打穿了他的胃。劳伦斯看得出来朋友已经没救了，但他还是跪在朋友身边，用吗啡和宽心话缓解他的痛苦。小伙子不傻，他把劳伦斯拽到身边，从手上摘下一枚戒指，又从裤袋里拿出一个钱夹。

"请你一定把它们送到我父母手里，让他们知道我是怎么死的。"小伙子小声说道。劳伦斯点了点头，把东西收下了。战争期间，他一直随身带着戒指和钱夹。现在是履行诺言的时候了。

"你跟我去吗？"他问露丝。

她毫不犹豫地说："去啊，当然去。"几天后，在山里的树叶开始变色的时候，两人开车去了莱克城。"他一路上一言不发，"露丝回忆道，"他心里害怕。"

劳伦斯不知道战友的父母叫什么，但他知道他们属于第一浸礼会。两人找到教堂，牧师带他们去了战友的家。劳伦斯坐在客厅里，把他所知道的战友最后一段日子的情况告诉了战友的父母。"他是一名勇敢的战士。"劳伦斯说着，把钱夹和戒指交了出去。劳伦斯、露丝和牧师陪着深受打击的父母一起哭了。

在回去的路上，劳伦斯吐露了一点自己在战争中的见闻和事迹，但他不想用可怕的细节吓唬露丝。

1945年11月9日，两人驱车前往佐治亚州的罗斯维尔（Rossville），并在县法院登记结婚。当他们走下法院的台阶时，附近一辆车的收音机里播放起了歌曲《好一个美丽的早晨》。

离开兵工厂后，露丝上了田纳西大学的夜校课程，当上了一名一年级老师。她后来拿到了教育学硕士学位，成为学校辅导员。

劳伦斯一直没有从战争中走出来。噩梦折磨着他，让他在夜里尖叫着惊醒。像许多他那一代的男人一样，他把一切都埋在心里。今天，我们将这些表现称作"创伤后应激障碍"，简称PTSD。成千上万名二战老兵都患有该症，但直到几十年后才被发现和诊疗。他们所经历的创伤没有可被人们接受的发泄口，于是像劳伦斯一样的军人们只能默默忍受。

劳伦斯后来患上了溃疡，于1971年去世。露丝没有再婚。到了2020年2月底，94岁的她依然喜欢给自己的6个孙辈讲自己在山里长大，在一家为战争胜利做出贡献的秘密兵工厂里工作的故事。"我度过了好的一生。我一直是幸福的。"她回忆道。但回想起过去时，她依然常常为自己参与了原子弹制造而内疚。

田村秀子

在原子弹将家园毁掉的那一天，田村秀子向神灵祈祷。她在太田川边看到大人和孩子们聚在一起，双手合十祈祷，同时老族长在高声祈福，希望还在后方的其他人平安。秀子也低下头，为港口边的母亲和父亲祈祷。"神啊，求求你，保佑他们平安。"她小声说。

秀子接下来几个小时的游荡记忆有些模糊了：她乘坐一辆卡车去了乡下。她四处敲门，吃陌生人递给受害者的干黄豆。秀子和其他几百人一起游荡，惊愕不已，漫无目的。

最后，一个骑自行车的男人把受伤的女孩接到了家里，给她饭吃，给她衣穿，还在广岛市内搜寻她的家人。几个小时后，秀子得知父亲、祖母和叔叔久生（Hisao）活了下来，但母亲依然下落不明。

核爆后的广岛

秀子的父亲把女儿带到了一个小村里，全家人住在一起。次郎、秀子和其他人每天都会回广岛寻找公美子，去救助站、学校、警察局和寺庙检查死者和濒死者。曾经熙熙攘攘的城市不见了。广岛现在到处是"散发着腐肉和尸体气味的可怕地方"，秀子回忆道。简直让人难以忍受。烧焦和浮肿的尸体躺在街道上，面容已经认不出来了。

爆炸中心附近的人被汽化了，秀子看见他们的身影印在了墙上和路面上。她的朋友三佳也死了。为了应对此等惨状，她又一次哼起了母亲唱给她的歌谣，她最喜欢的摇篮曲和儿歌。

到了9月，他们终于找到了一位核爆时和公美子在一起的邻居。她们当时正在一座废弃的混凝土建筑旁休息。闪光几乎刺瞎了她们的眼睛。公美子把草帽拉下来盖住耳朵，然后跑进楼里。就在这时，楼塌了，把她和其他几个人困在了里面。

女邻居把次郎带到了楼里。次郎在瓦砾中发现了几具烧焦的尸体，其中一具带着他的旧军用饭盒——他给妻子的那一个。次郎发狂似的跪在地上，用手帕收集起公美子的骨灰。

秀子求父亲带她进楼，但父亲不同意。时间流逝，但秀子很难排解自己的负罪感。8月5日，是她催母亲把她从乡下带回广岛的。如果她没有催，他们在原子弹落下时就会在那个遥远的村庄里，她的母亲和朋友三佳就会还活着。

多年来，对核爆死伤人数的估计差异很大。据美国战略轰炸调查团（U.S. Strategic Bombing Survey）1946年7月1日发布的简报估计，核爆造成了6万至7万人死亡，5万人受伤。但最终死亡人数——包括之后几周和几个月内死于辐射病的人——估计有13.5万人，其中约有2万军人。

战争结束后，秀子的父亲在广岛附近的太田川边上盖了一座房子。秀子在"照耀着流入海湾的河水的落日余晖"中找到了慰藉。

她说，幸存者没有被弘扬为英雄。"我们一般对幸存者的身份讳莫如深。你不招人待见。你容易感到疲劳，所以在职场上是危险分子。你会生下畸形儿，所以在婚恋场上是危险分子。在一个包办婚姻占主流的国家，只要别人知道你是幸存者，唉，那你就没好果子吃了。"

17岁时，秀子鼓起勇气要结束自己的生命。她站在火车站的月台上，等火车进站时就要纵身一跃。但火车还没到她面前就急刹住了，发出刺耳的声音。一位老人在她前面几码的地方跳到了同一列火车下。

　　她就读的卫理公会学校的一名老师劝她活下去，加入那个1945年8月6日诞生的新世界，尽管旧世界已经死了。

田村秀子在1952年8月离开广岛前最后一次触摸原子弹爆炸圆顶屋

　　秀子去了美国，并于1953年在俄亥俄州的伍斯特学院（College of Wooster）获得社会学学位。她嫁给了一位美国人，生下了多个健康子女，后来又到芝加哥大学深造——1942年，就是在这里，曼哈顿计划的科研人员第一次实现了可控核链式反应。秀子在芝加哥大学医院放射肿瘤科做心理医生和社工。

田村秀子·斯奈德（Hideko Tamura Snider）医生说，她知道自己无法改变过去。她来美国是因为美国当时有受教育的机会。而且尽管记忆依然鲜活，她还是试着不为过去而愤愤不平。所以，她成了一名和平活动家。她不希望任何人体验她的痛苦。

2007年8月6日，广岛原子弹爆炸整整62年后，秀子的孙女降生了。"这是最奇妙的希望的降生，"她说，"它改变了我内心悲痛的色调与感受。我可以将精力集中到新生命的降生上了。"

科学家与将军

J.罗伯特·奥本海默

奥本海默和其他许多科学家认为，在广岛和长崎核爆后，核武器与核技术必须受到国际科学共同体的严格控制。

奥本海默突然发现自己成了全世界最著名的科学家。随着名气越来越大，他的抑郁也越来越严重。关于日本人民遭受苦难的报告让奥本海默听了很难过。他担心将来再打仗时，政客和将军们会太轻易地向核弹伸手。

于是，奥本海默不再造核弹了。政府计划继续在洛斯阿拉莫斯进行核武器研发，但奥皮不想参加。1945年10月，他辞去了项目科研负责人的职务。在一次特殊的仪式上，他表达了自己对核武器的感受。"如果原子弹被加入了战争世界的武器库，或者备战国家的武器库，那么总有一天，人类会诅咒洛斯阿拉莫斯和广岛这两个地方。"

战后，奥本海默重返教学岗位，就职于普林斯顿高等研究院。这是一所独立的博士后理论研究中心，也是爱因斯坦等一批顶尖科学家的学术基地。他决心推动原子能的安全利用。1947年，他全票当选为新成立的原子能委员会——监管美国原子能事务的政府机构——总顾问委员会主席。

但是，当苏联开发出核武器时，美国陷入了一个恐惧和猜疑的新时期。奥本海默也被拖入了泥潭。他不再被颂扬为"原子弹之父"，反而被贴上了"安全威胁"的标签。

美国人听了许多年"红色威胁"，也就是共产主义者要征服美国和全世界。1949年8月29日，苏联引爆了本国的第一枚原子弹，让美国人因为美国是唯一拥有核武库的国家而具有的安全感烟消云散。苏联核弹为美国开发威力更大的核聚变武器——"氢弹"带来了巨大的压力。在某些部门看来，奥本海默反对研发更先进的核武器等同于叛国。1954年，原子能委员会就奥本海默的安全许可问题召开了公开听证会。他早年间对共产主义的同情被挖了出来。他否认自己与共产党有任何关联，但说他在20世纪30年代末和40年代初认识一些共产主义者。"我不认为他们是危险人物，而且他们宣称的一些目标在我看来是好的。"他说。

原子能委员会认为，尽管奥本海默忠于美国，但他仍然是一个安全威胁，部分原因是他与多名已知共产主义者的交情"远远超出了可容忍的谨慎和自制的限度"。奥本海默被取消了接触核能研究机密的资格。全世界的著名人物之一，让科学变"酷"的人，"原子新时代的活象征"，被赶出了自己的专业领域，取而代之的是"氢弹之父"爱德华·特勒那样的科学家。

但奇怪的事情发生了。许多美国人将奥本海默视为科学的殉道者，一个为正直品格付出了高昂代价的人。他很少当众谈论广岛，但谈起时，总会表现出悔恨。1956年6月，他将核爆称为一个"悲剧性的错误"。

1963年，在剥夺奥本海默的安全许可九年后，原子能委员会将其最高奖项颁发给了他——恩里科·费米奖，奖金五万美元，以表彰"他对理论物理学和科研管理领导所做出的杰出贡献"。林登·约翰逊总统亲自为他颁奖。

1966年年初，医生发现奥本海默患上了喉癌，次年他就去世了。当时，他的公众形象已经恢复了。来自阿肯色州的民主党议员J. 威廉·富布赖特（J. William Fulbright）在国会参议院为奥本海默致悼词。"我们不仅要铭记他凭特出天才为我们做了什么，也要记得我们对他做了什么。"

唐纳德与莉莉·霍尼格

对许多科研人员来说，日本投降标志着洛斯阿拉莫斯岁月的结束。早在原子弹落到广岛时，许多人就已经在谋划后路了。

唐纳德·霍尼格，那个新墨西哥州核试验前与原子弹共度雨夜的物理学家，成了布朗大学的助理教授，后来担任普林斯顿大学化学系主任，1964年成为林登·约翰逊总统的科学顾问。六年后，他被任命为布朗大学校长。

他的妻子莉莉在布朗大学获得了化学博士学位，后来为女性接受高等教育大声疾呼，并为此成立了非营利性组织高等教育资源服务协会（Higher Education Resource Services）。夫妇二人都在利奥·齐拉特的请愿书上签了名，但后来他们说，他们对自己在曼哈顿计划中所发挥的作用并不后悔。对于将核能用作战争武器，他们的感情是复杂的。

"我觉得，我们对它的研制成功都是欢欣鼓舞的，"莉莉晚年说道，"但我们都怀有某种愧疚。许多人被杀了。在某种程度上，这让人很难受。你确实会为那些生命的逝去而感到愧疚，但当然了，真正的问题是战争，而不是使用的武器。"

这是许多科学家心头的谜题。有些人在曼哈顿计划实施期间全身心投入到将理论转化为实用炸弹的难题上，以至于没有考虑道德或物理上的后果。后来有许多科学家被原子弹的破坏力所困扰。有些人因为自己在原子弹开发中所扮演的角色而陷入抑郁。

莱斯利·格罗夫斯将军

战争结束后，格罗夫斯被升为中将。他于1948年退伍，就职于国防承包商斯佩里·兰德公司（Sperry Rand Corporation）。格罗夫斯多年来一直是奥本海默有力的支持者之一，而且他与奥本海默对核武器有很多共同的担忧。

"当战争胜利日终于到来时，它对大部分我们这些为了它的到来而长期奋斗的人来说是一个清醒思考的时刻。"格罗夫斯写道，"我们解决了结束战争这个眼前的难题，但同时也引发了许多未知的问题。"他后来写道："这种武器必须保持在美国的控制之下，直到全世界所有国家都像我们一样渴望和平。"

1970年，格罗夫斯去世，离74岁生日还差一个月。在讣告中，格罗夫斯被赞为"领导曼哈顿计划的奋进陆军工程师"。用一名专栏作家的话说，"格罗夫斯的本能正是这份工作所需要的"。

记者

对威廉·劳伦斯来说，原子弹事件是终生难遇的报道。但与其他许多参与曼哈顿计划的人一样，他的工作受到了后代人的尖锐批评。

1945年末，《纽约时报》发表了共计10篇劳伦斯的独家报道。次年，他凭借对长崎核爆的见证报道和关于原子弹开发、生产及意义的后续文章而荣获普利策奖。

普利策奖只是开端。人们开始称他为"原子比尔"。劳伦斯被认为是"原子时代"一词的创造者。之后，他继续在《纽约时报》担任科学版记者。1946年，他的《零点上空的黎明：原子弹的故事》（*Dawn over Zero:*

The Story of the Atomic Bomb）一书出版。

劳伦斯在《纽约时报》干了34年的记者和编辑。他于1964年退休，1977年去世，享年89岁。《纽约时报》的讣告称劳伦斯是美国第一位全职科学记者，他最重大的独家报道的主题是核时代的黎明。他以一种"经常运用生动但简单的意象的风格"写作，这种意象是"寻常人能理解"的。

但到了劳伦斯去世后27年的2004年，一批记者呼吁普利策奖委员会取消劳伦斯的奖项，提出劳伦斯写作时"领着战争部的工资"，而且在核爆后，他在《纽约时报》发表头版文章反驳"辐射病致人死亡"的说法。他们还说，"他对政府路线忠实的鹦鹉学舌，对半个世纪以来人们对原子弹的长期致命影响保持沉默有关键性的影响"。

《纽约时报》没有归还他的普利策奖。

机组成员

回到提尼安岛以及后来回到美国时，"艾诺拉·盖伊"号的机组成员被誉为英雄。先是游行、新闻报道和嘉奖，后来关于投弹行动的杂志文章、图书和电影也出来了。

战争结束几年后，美国全国广播公司（NBC）制作了一档广播节目，名为《原子弹的故事：迅捷与死亡》（*The Story of the Atomic Bomb: The Quick and the Dead*）。鲍勃·霍普（Bob Hope）[1]等名人和德怀特·艾森豪威尔将军等高级将领在节目中朗读了一份讲述原子弹历史中的关键时刻的脚本。罗伯特·刘易斯则读了自己的飞行日志，其中有一句是"轰炸目标前有一段短暂的间歇"。

1　美国著名演员，被誉为美国的"喜剧之王"。——编者注

部分机组成员留在军中，其他人回归平民生活。罗伯特·舒马德成了底特律的一家水暖器材公司的销售经理。头戴布鲁克林道奇队棒球帽的尾炮手乔治·"鲍勃"·卡伦成了丹佛的松德斯特兰德公司（Sundstrand Corporation）的设计工程师。

时光流转，当年的英雄有时会被卷入对原子弹的道义性的质疑中。随着核武器的扩散，论战也越发激烈。

罗伯特·A. 刘易斯

多年来，罗伯特·A. 刘易斯上尉曾反复解释日志中"我的上帝啊，我们干了什么？"一句话的含义。在1960年军方纪念广岛核爆15周年的一次采访中，刘易斯说他不后悔参加了行动，而且他的那条日志被误读了。对于那句话，他的解释是："人类在设计开发这样一种用来毁灭人类的武器时干了什么？"

如果他可以再次报名参加这项任务，他会去吗？刘易斯斩钉截铁地说："我会毫不犹豫地保卫祖国。一点犹豫都没有。如果那意味着投下原子弹，或者氢弹，那我乐意去做。"

刘易斯先做了民航飞行员，后来又到战前工作过的新泽西州的糖果公司干起了工厂经理。他结了婚，生了5个孩子，余生一直在反思那次任务。

他与广岛的幸存者见过面，还与其中一位成了朋友——胡贝特·席夫勒（Hubert Schiffler）牧师。核爆当天早晨，席夫勒在距离核爆点8个街区外的地方。刘易斯晚年成了一名石雕师傅，有一件作品名为《广岛神之风》（*God's Wind at Hiroshima*）。

1971年，刘易斯的广岛任务日志手稿以3.7万美元的价格卖给了珍本图书手稿商人戴维·基尔申鲍姆（David Kirschenbaum）。手稿后来转售给了企业家马尔科姆·福布斯（Malcolm Forbes）。刘易斯为家人留下了6份日志手抄本。2015年，其中一份手抄本以5万美元的价格售出。

多年后，刘易斯仍然为蒂贝茨对待自己的方式而愤愤不平。在与第509大队队史作者约瑟夫·帕帕利亚（Joseph Papalia）的通信与谈话中，刘易斯说书籍和电影中对任务的描绘不准确。他对美国全国广播公司制作的一部大力颂扬高层将领的电视电影特别愤怒。"脏活总是甩给士兵干。"刘易斯在一封1981年的信中写道，"如果能写一部只关于士兵的故事，他们的训练，他们的经历，他们的感受，那该多有趣啊。"

不过，他对这一切仍然持超脱的态度。

"500年后，如果地球还存在的话，人们会记得1945年8月6日是世界目睹可怕新武器诞生的日子，而不是哪个张三是驾驶员，哪个李四是投弹手。教皇约翰·保罗前一阵子去广岛时说得好，他说：'铭记广岛就是投身和平，铭记广岛就是痛恨战争。'"

刘易斯于1983年去世，享年65岁。城市燃烧的画面一直纠缠他到最后。正如他在日志中所写："就算我长命百岁，我也永远不能把那几分钟从脑海中清除。"

托马斯·费尔比

二战后，费尔比留在了军中，大部分时间都在战略空军司令部（Strategic Air Command）工作，经历了朝鲜战争、冷战和越南战争时期。1970年，他以上校军衔退役。

费尔比婚后育有4个儿子。他从未对自己在核爆中所扮演的角色流露过悔意，他说"那是一项必须完成的任务"。

1999年年底，费尔比告诉朋友们他患上了胰腺癌，只剩下6个月的寿命了。费尔比请朋友们"在我的葬礼上说点好话"。

"如果我想得出来的话。"范柯克揶揄道。

费尔比于2000年3月去世，享年81岁。范柯克和蒂贝茨参加了在北卡罗来纳州莫克斯维尔（Mocksville）乡下的教堂举办的葬礼。费尔比的晚年生活是平静的——照料自家花园里的玫瑰，和儿子们钓鲈鱼，陪孙子孙女玩捉迷藏。他的妻子玛丽·安（Mary Ann）说，除了核爆以外，费尔比有自己的生活。"汤姆是个善良、体贴、大方的男人。"她回忆道。

他家客厅壁炉上方挂着一幅B-29翱翔蓝天的版画，上面有蒂贝茨、范柯克和其他两名机组成员的签名。

在葬礼上，范柯克说费尔比用起投弹瞄准器就像魔法师一样，但他也是打扑克的一把好手。"我敢出钱打赌说，天堂里正有一场大型扑克比赛"，参加的人除了有费尔比，还有其他已经过世的朋友。"我所能做的就是希望等我过去了，他们能留个位子给我。"

"荷兰人"西奥多·范柯克

"艾诺拉·盖伊"号的机组成员中，活到最后的是2014年去世的范柯克，享年93岁。战争结束后，范柯克回到了住在宾夕法尼亚州诺森伯兰的妻儿身边。他在巴克内尔大学（Bucknell University）获得了化学工程硕士学位，之后长期供职于杜邦公司。

与战友们一样，范柯克也为使用原子弹辩护。"我们正在与一个以绝不投降，绝不承认失败而闻名的对手作战。"他说，"道德和战争实在很难放在同一句话里谈论。"

雅各布·贝塞尔

雅各布·贝塞尔有一个与众不同的地方：他是唯一一个两次核爆任务都在飞机上的人。他在军队里干到1946年，之后长期参与西屋公司（Westinghouse）的国防项目。他回到巴尔的摩后结了婚，生了4个儿子。

贝塞尔于1992年6月去世。他留下了一篇为一场科学会议准备的发言稿，其中对美国动用原子弹的原因持务实态度。

"在美国，"他写道，"我们选出的领导人在战时会努力确保在人员损失最少的情况下赢得战争，这是再自然不过的事了。对我军来说，不惜火力是取得预期效果的方法，而且从开战第一天起就是这样做的。对日本帝国的燃烧弹空袭就是很好的例子。对日本动用原子弹只是这种方法的最后一步。"

贝塞尔说，他相信是原子弹的投放结束了太平洋战争。

"经常有人问我，我对我们在1945年的所作所为有没有悔意。我可以肯定地说，我没有一丝悔意，而且我永远不会为我们为结束第二次世界大战所做的事情而道歉。人道战争是一个自相矛盾的词语。战争从定义上来说就是野蛮的。试图区分可接受的杀人方法与不可接受的杀人方法是荒谬的。"

全世界有5万件核武器，核战争意味着人类的终结，他说。

或许这就是纠缠着每一个与曼哈顿计划有关的人的想法。他们解开了原子的奥秘，也将文明带到了毁灭的边缘。

在人生的末年，贝塞尔说："问题的解决之道不是为已经发生的事情难过，而是从个体层面和集体层面投身于消除战争的起因与战争本身。"

他还发出警告说："迄今为止，威慑是有效的。但它不可能永远有效下去。"

保罗·W.蒂贝茨

蒂贝茨的服役生涯没有止步于广岛行动。他留在空军中工作，1959年升为准将。1966年退役前，他是战略空军司令部下的两个轰炸机联队的指挥官。他定居在俄亥俄州的哥伦布，最后当上了喷气式公务机航空公司（Executive Jet Aviation）的董事会主席。他一直是历史上著名的飞机驾驶员之一，还进入了美国国家航空名人堂（National Aviation Hall of Fame）。他于2007年去世，享年92岁。

与机组成员们一样，蒂贝茨毫不动摇地为核爆任务辩护。在一次不出名的广岛核爆15周年的采访中，刚刚升为将军的蒂贝茨谈起了那次任务。

"我相信这种武器让美国和盟军免于入侵日本。"他回忆道，"而且因为避免了入侵，我确信我们挽救了许许多多生命。我不敢乱猜人数，但我认为那次任务快速结束了战争……因核爆而丧生的人属于战死，这是打仗时一定要预计到的。"

当被逼问到他对大规模杀伤性武器的道义性有何感受时，蒂贝茨试图解释自己的立场。

"我相信打仗的目标就是打赢。你要动用手中的一切资源打赢。而如果你运气够好，拥有强大的武器，或者你的武器比敌人的更强大，那你就只有一件事要做，那就是动用这些武器。"他说。

当别人问他可有悔意时，他直言不讳。"之前就有人问过我这个问题，我可以向你保证，我绝对没有负罪感……我一丁点悔意都没有。那是任务，战争时期的军事任务。"他说。

蒂贝茨多年来一直与范柯克和费尔比保持着密切联系。对蒂贝茨来说，他们在欧洲共度的那一年——1942年是他人生中最美好的时光。"红地精"号每次顶着防空火力，将炸弹倾泻到德国城市的任务都是与死亡狭路相逢。他们活在当下，浪荡于伦敦的夜总会，喝酒，玩牌，赌博，彻夜不眠，欣赏日出。他们当时都是20多岁，在为美国、民主、自由而战。

蒂贝茨与范柯克和费尔比的友谊历久弥坚。1989年，蒂贝茨在一本给范柯克的赠书题词中写道："这个题词不足以表达我对你们（我对汤姆也说了同样的话）的感情，因为你和汤姆永远在我心中有特殊的位置。在战争年代，我觉得我们是三脚凳，有时真是九死一生。战争结束后，你走上了另一条道路，但我感觉你'并没有走远'。我知道汤姆也有同感。退下来以后，我觉得我们甚至更亲密了，未来一如往昔。"

去世时，蒂贝茨要求不办葬礼，不立墓碑。他害怕反对核爆的人会借此举行抗议。他采用了火葬，骨灰扬到了他在战争中执行任务时飞跃过许多次的英吉利海峡。

总统

哈里·S.杜鲁门

第二次世界大战结束后的几周里，总统的支持率高达87%。但他面临着一系列战后的难题，支持率随之开始下降。

尽管苏联在战争期间是有力的盟友，但是当苏联明显有意维持对东欧的控制时，美苏关系迅速恶化。这便是冷战的开端。但随着美国经济从战时转入平时，杜鲁门也面临着国内的诸多问题。

他必须应对消费者、劳工、企业三方常常存在的利益冲突。当时有通货膨胀，工会也不安分。杜鲁门参选的政治环境似乎是黯淡的。1946年，国会两院都由共和党掌控。据专家预测，杜鲁门将在1948年的总统大选中输给共和党人纽约州州长托马斯·杜威（Thomas Dewey）。

但杜鲁门颠覆了传统观点。他不断开展行之有效的竞选活动，在进行全美巡回演说时，他经常站在火车后面发表讲话。几乎在每一站，他都会迎来热情群众的欢呼："搞他们，哈里！"1948年11月，杜鲁门击败杜威，取得了美国政治史上接班副总统的最大胜利。

尽管杜鲁门取得了显著成就——他发布了禁止军队和政府实行种族歧视的行政命令——但他在国内外依然面临着诸多难题。他提出了所谓的"公平施政"计划，意在完善罗斯福新政，内容包括实现全民医疗和加大教育投入。但他的计划没能在国会通过。

1950年，朝鲜战争爆发，杜鲁门迅速投入美军。成千上万的美国人在一场许多美国人不理解的战争中死伤。杜鲁门还必须应付威斯康星州参议员约瑟夫·麦卡锡（Joseph McCarthy）及其盟友"扣赤色分子帽子"的反共行为。这一切都拉低了杜鲁门的人气。杜鲁门决定不再参加1952年的连选。1953年1月下台时，他的支持率只有31%。

杜鲁门回到了老家密苏里州的独立城，身边不再有特勤局的保镖。他住进了位于北特拉华街213号的岳母的老宅。当一名记者问他要做的第一件事是什么时，他打趣道："把手提箱[1]放到阁楼上去。"

他在独立城建起了自己的总统图书馆。他每天绕着镇子快步晨走，跟老友和贵宾见面，在图书馆的办公室里工作。来图书馆的人可以进去跟他握手。他对朋友说："现在见我不用预约。"

但这么多年过去了，杜鲁门的名声经历了有趣的变化。研究总统的史学家和公众开始对他有了不同的评价。他们看到了杜鲁门如何运用旨在遏制苏联入侵势头的政治、外交和军事手段，以此应对苏联的威胁。他实施了数额达120亿美元以上的马歇尔经济援助计划，帮助西欧在二战后重建。杜鲁门还协助成立了北大西洋公约组织（NATO），让美国和加拿大与10个欧洲国家签订了共同防御协定，宗旨是一国遭受攻击即视为全体成员国遭受攻击。

杜鲁门的形象逐渐高大起来。史学界现在对他的执政持肯定看法。他们将杜鲁门视为一个出身美国中部的正派人，而且认可了他的成就。

今天，杜鲁门经常在美国总统榜单上名列前茅，仅排在亚伯拉罕·林肯、乔治·华盛顿和他的前上司富兰克林·罗斯福之后。

1972年圣诞节后的第二天，杜鲁门辞世，享年88岁。他的遗体被埋葬于杜鲁门图书馆的院子里，墓碑上只刻着他历任职务的任期——从杰克逊

1　这里借指权力。——译者注

县的法官到美国总统。

　　贝丝·杜鲁门之后又活了10年。1982年，她被埋在了丈夫的右边。据说这是杜鲁门的意愿，因为她一直是他的辅佑。

致谢

原来写一本书要做成千上万个决定。幸运的是，我做出了许多得蒙贵人相助的决定，终于将最初的想法变成了你刚刚读完的这本书。

首先，我要感谢众议院议长南希·佩洛西（Nancy Pelosi）为我提供了主题。2019年2月，她将几名新闻主播请到了大名鼎鼎的国会大厦休息室——萨姆·雷伯恩的"教育委员会"。她想预先反驳一下唐纳德·特朗普总统当晚将发表的国情咨文。但在会面过程中，她讲述了副总统哈里·杜鲁门给白宫打电话的故事。她说，他挂断电话后大喊"耶稣基督啊，杰克逊将军啊"。我那一天里一直在想着我国的第33任总统，而不是第45任总统。

怎样将一个我认为的好点子变成一本书呢？我的长期文学经理人拉里·克雷默（Larry Kramer）向我介绍了文献管理服务公司（Folio Literary Management）的克劳迪娅·克罗斯（Claudia Cross）。本书的写作过程漫长而复杂，好比攀登珠穆朗玛峰，而他们两人就是我的夏尔巴族登山向导。

他们还将我引见给了米奇·韦斯（Mitch Weiss），本书的价值无量的合写人。米奇是一名美联社的调查记者，得过普利策奖。他在业余时间也写过几本令读者手不释卷的书。拜读了他的作品，与他见过面后，我马上就知道我要把他拉入伙。但我还需要一名调研员，这是我要做出的最容易的决定。过去十年里，洛丽·克里姆（Lori Crim）一直是我在《福克斯周日新闻》（*Fox News Sunday*）节目里的调研员。从总统辩论到弗拉基米尔·普京，我们一贯共同讨论。我半开玩笑地叫她"克里斯的脑子"。

接下来是出版商。本书有幸引来了许多关注。但当我遇见热心读者出版社（Avid Reader Press）的编辑兼出版人乔飞·费拉里-阿德勒（Jofie Ferrari-Adler）和他的老板——西蒙-舒斯特出版公司（Simon & Schuster）的乔纳森·卡普（Jonathan Karp）时，我马上就知道自己找到了合适的团队。我们确实是一个团队。我要感谢卡罗琳·里迪（Carolyn Reidy）、本·勒嫩（Ben Loehnen）、梅雷迪思·维拉雷洛（Meredith Vilarello）、乔丹·罗德曼（Jordan Rodman）、艾利森·福尔纳（Alison Forner）、阿曼达·马尔霍兰（Amanda Mulholland）、布里吉德·布莱克（Brigid Black）、杰茜卡·金（Jessica Chin）、露丝·李-梅（Ruth Lee-Mui）、理查德·利昂内斯（Richard Ljoenes）、摩根·霍伊特（Morgan Hoit）、卡罗琳·凯利（Carolyn Kelly）、伊丽莎白·哈伯德（Elizabeth Hubbard）和阿利·劳伦斯（Allie Lawrence）。

现在，我们已经准备好投入工作，深入挖掘那改变世界的116天了。第一站是密苏里州独立城的哈里·S. 杜鲁门图书馆。我在馆内花了几天时间查阅档案。杜鲁门写给爱人贝丝、母亲和妹妹的信件，以及他在这动荡的四个月中的日记简直是宝藏。当时图书馆正在翻修，馆长库尔特·格雷厄姆（Kurt Graham）为我开了方便之门。他还让档案管理员兰迪·索厄尔（Randy Sowell）帮助我查询数千份文件。我还要感谢塞缪尔·鲁沙伊（Samuel Rushay）、劳里·奥斯汀（Laurie Austin）和戴维·克拉克（David Clark）协助我研究，他们找到了反映杜鲁门总统任期的优秀图片，而且提供了总体指导。

历史学家为我们打开了另一扇门。约瑟夫·帕帕利亚是第509混成航空大队的研究专家，他帮助我们讲述了多姿多彩的机组成员们的故事。约翰·科斯特-马伦（John Coster-Mullen）是洛斯阿拉莫斯和原子弹开发过程的研究专家。在此特别感谢两位。

在为本书做调研过程中的一大发现是，时隔75年，一些关键人物竟然尚在人间。露丝·赫德尔斯顿讲述了她在橡树岭兵工厂做"分离器女孩"的精彩故事。她还表达了当时很多美国人都有的担心，怕自己的爱人在欧洲战事中幸存下来，又要被送往更加血腥的太平洋战场。

接下来是田村秀子·斯奈德，那个在广岛核爆中幸存下来的勇敢的10岁女孩。她为我们讲述了自己和家人的经历。75年后，她生活在美国，回首自己的人生时，她展现出的只有了不起的智慧，没有一丝苦涩。

美国国家档案馆的馆员们提供了许多图片，这些图片反映了"艾诺拉·盖伊"号的机组成员和科研人员在训练和筹备阶段的情况。本书之所以能够向读者展现——而不仅仅是告诉读者——这些传奇人物，国家档案馆文本和静态图片部的工作人员米歇尔·布朗（Michelle Brown）、霍利·里德（Holly Reed）和凯特琳·克雷恩·恩里克斯（Kaitlyn Crain Enriquez）功不可没。

感谢帕梅拉·艾夫斯（Pamela Ives）及美国空军帮忙找到了第509大队的行动命令，该大队受训执行和支持"艾诺拉·盖伊"号的任务。

感谢艾奥瓦州立大学图书馆的奥利维娅·加里森（Olivia Garrison）找到了两次投弹任务后对行动机组的早期广播采访，该采访是由记者杰克·谢利（Jack Shelley）于1945年8月在提尼安岛上所做的。

要讲好美国动用全世界第一枚原子弹的决定的故事，就一定要展现核爆对广岛的毁灭性影响。广岛的"原子弹爆炸圆顶屋"几乎位于爆炸正下方，但不知为何没有被完全摧毁，关于它的令人震撼的图片有助于展现那里发生的事情。感谢广岛和平纪念馆的中西理惠（Rie Nakanishi）允许我们使用这些讲述了故事重要一环的图片。纪念馆于1955年8月24日开放，藏有受害者的部分私人物品，希望借此鼓励参观者推动核裁军与世界和平。

大力感谢美国能源部的加里·扬格（Gary Younger）提供了多名杜鲁门政府要员的图片，他们是原子弹开发项目链条中的关键一环。

洛斯阿拉莫斯国家实验室历史研究员艾伦·布雷迪·卡尔（Alan Brady Carr）和洛斯阿拉莫斯历史学会档案馆馆员丽贝卡·科林斯沃斯（Rebecca Collinsworth）提供的信息帮助我们再现了为满足杜鲁门政府的时间表而紧锣密鼓地赶工期的洛斯阿拉莫斯科研团队的面貌与给人的感觉。

我要对不仅允许我写这本书，而且一路上给予我鼓励的福克斯新闻（Fox News）的领导们表示感谢。我要感谢福克斯新闻的首席执行官苏珊娜·斯科特（Suzanne Scott）、总裁杰伊·华莱士（Jay Wallace）、企业传播高级执行副总裁伊雷娜·布里甘蒂（Irena Briganti）和副总裁卡莉·沙纳汉（Carly Shanahan），也要感谢《福克斯周日新闻》的团队成员，尤其是执行制片人杰茜卡·洛克尔（Jessica Loker）和制片人安德烈亚·德维托（Andrea DeVito）。

最后，米奇和我还要感谢家人在清晨和深夜——还有无数个本应与家人共度，却被我们投入到本书写作中的周末——的爱与支持。我们在此保证，我们一定会做出补偿。

最后的最后，我要感谢两位家人。一位是我的女儿凯瑟琳·华莱士（Catherine Wallace），她凭借多年的出版行业的经验为我提供了极具价值的建议。当我抱怨写一本书有多么难的时候，她就会对我的"发现"投来一个白眼。

我最要感谢的是我的妻子洛兰（Lorraine）。你现在是，而且永远将是我生命中一切的起点与终点。

注释

倒计时116天

第1页　"一名夸夸其谈的威斯康星州参议员"：哈里·杜鲁门图书馆，杜鲁门书信，1945年4月15日。

第1页　"教育委员会"：美国国会历史研究会（U.S. Capitol Historical Society）。

第2页　"更白了一点"：A. J. 贝米（A. J. Baime），《意外总统》（*The Accidental President*），第25页。

第4页　杜鲁门是第一个到内阁议事厅的：哈里·杜鲁门图书馆，杜鲁门书信，1945年4月16日。

第4页　"在硕大的皮椅上等待时"：贝米，《意外总统》，第30页。

第6页　再向总统做详尽汇报：《哈里·S. 杜鲁门回忆录》（*Memoirs by Harry S. Truman*），第1卷，第10页。

第6页　"全世界向我压来"：哈里·杜鲁门图书馆，杜鲁门致梅·华莱士（May Wallace）书信，1945年4月12日。

第6页　"然后面对现实"：杜鲁门日记，1945年4月12日。

倒计时113天

第8页　　"遗臭万年的一天"：总统公报，富兰克林·D. 罗斯福，1941年12月7日。

第8页　　"现在我们完全不认识……"：艾丽斯·金博尔·史密斯（Alice Kimball Smith）和查尔斯·韦纳（Charles Weiner），《罗伯特·奥本海默书信集与回忆录》（*Robert Oppenheimer: Letters and Recollections*），第287页。

第12页　　"富有魅力的人格"：托马斯·O. 琼斯，访谈，《曼哈顿计划众人谈》（*Voices of the Manhattan Project*），2002年8月9日。

第13页　　"我确信我们可以……"：富兰克林·D. 罗斯福书信，1943年6月29日。

第14页　　"慰藉的姿态"：史密斯和韦纳，《罗伯特·奥本海默书信集与回忆录》，第287页。

第14页　　"三天前"：同上，第288页。

第15页　　"罗斯福是个了不起的建筑师"：玛丽·帕列夫斯基（Mary Palevsky），《原子碎片：来自女儿的提问》（*Atomic Fragments: A Daughter's Questions*），第116页。

倒计时105天

第18页　　"一旦让我见识到了……"：保罗·蒂贝茨，访谈，《机场日志》（*Airport Journals*），2002年。

第19页　　"你想学开飞机吗？"：同上。

第20页　　"他们在造B-29"：同上。

第21页　　"你被捕过吗？"：蒂贝茨，《"艾诺拉·盖伊"号的回程》（*The Return of the Enola Gay*），第159页。

第23页　　"是你吗，鲍勃？"：乔治·R. 卡伦，《千阳业火》（*Fire of a Thousand Suns*），第151页。

第23页　　"鲍勃，我需要……"：戈登·托马斯（Gordon Thomas）和马克斯·摩根·威茨（Max Morgan Witts），《"艾诺拉·盖伊"号：广岛核爆》（*Enola Gay: The Bombing of Hiroshima*），第27页。

第24页　　"你们不能跟任何人讲……"：杰克·威多斯基（Jack Widowsky），访谈，原子遗产基金会（Atomic Heritage Foundation），2016年。

第25页　　"好小子，你这一下"：蒂贝茨，《"艾诺拉·盖伊"号的回程》，第186页。

倒计时104天

第26页　　"神风特攻队"：德雷珀·考夫曼，美国海军学院（U.S. Naval Institute），访谈，第1卷。

第27页　　"敌人现在比开战时更加强大"：史迪威，《星条旗报》（*Stars and Stripes*），1945年4月9日。

第27页　　"最庞大的武装力量"：罗斯福，《星条旗报》，1945年3月24日。

第30页　　"我们是裸体战士"：切特·坎宁安（Chet Cunningham），《第二次世界大战中的蛙人：美国海军水下清障队口述史》（*The Frogmen of World War II: An Oral History of the U.S. Navy's Underwater Demolition Teams*），第106页。

第31页　　"我这么说吧"：考夫曼，美国海军学院，访谈，第1卷。

第31页　　"这是……最糟糕的理由"：伊丽莎白·考夫曼·布什（Elizabeth Kauffman Bush），《美国的第一位蛙人：德雷珀·考夫曼传》（*America's First Frogman: The Draper Kauffman Story*），第183页。

倒计时103天

第33页　　"赶在思考前就做出决定"：贝米，《意外总统》，第204页。

第34页　　破了产，又失了业：默尔·米勒（Merle Miller），《直言不讳：哈里·S. 杜鲁门口述史》（*Plain Speaking: An Oral Biography of Harry S. Truman*），电子书。

第36页　　寻求她的鼓励：戴维·麦卡洛（David McCullough），《杜鲁门传》（*Truman*），第579页。

第36页　　"才让他用'牛粪'这个词"：《回忆贝丝》（"Remembering Bess"），《华盛顿邮报》（*Washington Post*），1982年10月19日。

第36页　"如果他想……让民主党分裂"：贝米，《意外总统》，第101页。

第38页　喜欢别人叫他"史汀生上校"：迈克尔·多布斯（Michael Dobbs），《1945年的六个月：从世界大战到冷战》（*Six Months in 1945: From World War to Cold War*），第166页。

第38页　"指向严格的自制力"：莱斯利·格罗夫斯访谈，第一部分，原子遗产基金会，1965年1月5日。

第39页　"响起写着'注意'的小警铃声"：史蒂夫·沃格尔（Steve Vogel），《五角大楼史》（*The Pentagon: A History*），第26页。

第40页　"用一艘小船装上一枚这种炸弹"：阿尔伯特·爱因斯坦书信，1939年8月2日。

第43页　"我是一场……的经理"：格罗夫斯，《A弹计划：科学、技术与管理》（*The A-Bomb Program in Science, Technology and Management*），第40页。

第44页　"这是一个大项目"：多布斯，《1945年的六个月：从世界大战到冷战》，第172页。

倒计时90天

第45页　"你们不用紧张"：总统公报，哈里·S. 杜鲁门，1945年5月8日，第44页。

第46页　"这是一个肃穆……"：同上。

第47页　"欧洲胜利日宣告。下一个是日本"：《匹兹堡新闻》，1945年5月7日。

第47页　"日本该为下葬时穿的和服量尺寸了"：《哈蒂斯堡（密西西比州）美国人》，1945年5月7日。

第47页　"结束了"：纽约《每日新闻》，1945年5月7日。

倒计时70天

第57页　京都是日本古都：《目标选定委员会会议纪要》（*Summary of Target Committee Meetings*），1945年5月10日、11日。

第57页　"大量人口与工业"：同上。

第57页　"广岛面积不大"：同上。

第57页　"至今完好的重要城市工业区"：同上。

第57页　"小仓的兵工厂……"：同上。

第57页　"新潟港越发重要"：同上。

第58页　"那么多高级将领"：托马斯和威茨，《"艾诺拉·盖伊"号：广岛核爆》，第133页。

第59页　"海量的箭牌啤酒"：雅各布·贝塞尔，《最后的演讲》（*Last Lecture*），演讲，1992年。

第59页　"美国遭到了袭击"：H. V. 卡滕伯恩，广播稿，1941年12月7日。

第60页　"欧洲正进行着大战"：贝塞尔，《最后的演讲》，演讲，1992年。

第61页　"如果美国需要……"：同上。

第61页　"中尉，你即将……"：贝塞尔，《广岛与长崎反思录》（*Hiroshima and Nagasaki Revisited*），第35页。

第61页　"你觉得飞行作战任务怎么样？"：贝塞尔，《升起的太阳落山了：长崎核爆全记录》（*The Rising Sun Sets: The Complete Story of the Bombing of Nagasaki*），第62页。

第63页　"宇宙基本力量"：贝塞尔，《最后的演讲》，演讲，1992年。

第65页　"潜艇绝无可能……"：同上。

倒计时66天

第72页　"没有打赢的捷径"：总统公报，哈里·S. 杜鲁门，1945年6月1日。

第73页　"不管你怎么下刀"：杰弗里·史密斯（Jeffrey Smith），《天火》（*Fire in the Sky*），第54页。

第73页　国际法和道义：亨利·史汀生，《平时与战时都是现役》（*On Active Service in Peace and War*），第632页。

第73页　"合法的军事目标"：同上。

第73页　"弗兰肯斯坦"：史汀生，笔记，临时委员会，1945年5月9日。

第74页　美国……的声誉：史汀生，日记，转引自理查德·罗兹（Richard Rhodes），《原子弹秘史》（*The Making of the Atomic Bomb*），第640页。

第74页　"人类与宇宙关系的一次革命性变化"：史汀生，笔记，临时委员会，1945年5月9日。

第75页　"试验与使用原子弹的合理性"：罗兹，《原子弹秘史》，第635页。

第75页　"眼下最紧迫的危险……"：利奥·齐拉特，《美国史剖析》（*Perspectives in American History*），第2卷，1968年，第146页。

第76页　"会非常壮观"：奥本海默，临时委员会会议笔记，1945年5月31日，第13页。

第76页　"一道……耀眼光芒"：同上。

第76页　"先警告或示威"：史汀生，《投放原子弹的决策》（"The Decision to Use the Atomic Bomb"），《哈珀杂志》（*Harper's Magazine*），1947年2月。

第76页　"关键在于……"：同上。

第76页　"科学界的同人对于……"：奥本海默，《关于立即动用核武器的建议书》（*Recommendations on the Immediate Use of Nuclear Weapons*），临时委员会科研专家小组，1945年6月16日。

第77页　"这样的强力手段"：史汀生，《投放原子弹的决策》。

倒计时53天

第79页　"今天又是正常的一天"：托马斯和威茨，《"艾诺拉·盖伊"号：广岛核爆》，第52页。

倒计时49天

第83页　"亲爱的贝丝"：杜鲁门致贝丝书信，1945年6月12日。

第85页　"将日本准备防御的时间……"：《白宫会议纪要》（*Minutes of White House meeting*），1945年6月18日。

第86页　"你讲吧"：贝米，《意外总统》，第251页。

第87页　　"一想到有个人真的……扑过来"：布什，《美国的第一位蛙人：德雷珀·考夫曼传》，第184页。

第88页　　"我对整件事都无法理解"：詹姆斯·考夫曼海军上将致德雷珀·考夫曼书信，1940年。

倒计时36天

第93页　　"有点意思。"霍尼格说，"是谁要我？"：唐纳德·霍尼格，访谈，林登·贝恩斯·约翰逊图书馆，1968年12月4日。

第94页　　"大家都抓狂了"：同上。

第94页　　"霍尼格你记住，山姆大叔……"：同上。

第94页　　"我不会打字"：莉莉·霍尼格，访谈，原子遗产基金会，2003年。

倒计时34天

第100页　　"不是面向普通大众"：威廉·劳伦斯，《纽约时报》，讣告，1977年3月19日。

第101页　　"我从来没那样想过"：同上。

第102页　　"人们是不会相信的"：劳伦斯，《原子弹大戏的高潮：7月16日试验记》（"Drama of Atomic Bomb Found Climax in July 16 Test"），《纽约时报》，1945年9月26日。

第102页　　"人们会相信的"：同上。

第103页　　"关键在于，自然界……"：同上。

第103页　　"昨天还不可能的事情"：同上。

倒计时21天

第104页　　"一把锤子"：乔治·莫菲特（George Moffett），《杜鲁门面临的原子弹困境》（"Truman's Atom-Bomb Dilemma"），《基督教科学箴言报》（Christian Science Monitor），1995年7月31日。

第104页　　"我们一定要赢"：J. 塞缪尔·沃克（J. Samuel Walker），《立即

毁灭：杜鲁门与对日投放原子弹》（*Prompt and Utter Destruction: Truman and the Use of the Atomic Bombs on Japan*），第52—53页。

第105页　苏联会参战：《哈里·S. 杜鲁门回忆录》，第1卷，第314页。

第105页　在自己的房间里打扑克：贝米，《意外总统》，第275页。

第106页　"楼是红色和黄色的，脏兮兮的"：杜鲁门日记，1945年7月16日。

第106页　"下马威"：波茨坦日志，哈里·S. 杜鲁门图书馆与展览馆。

第107页　"喜欢"总统：贝米，《意外总统》，第280页。

第107页　"过分吹捧"：麦卡洛，《杜鲁门传》，电子书。

第108页　检阅了部队：多布斯，《1945年的六个月：从世界大战到冷战》，第289页。

第108页　"到现在还没有人拦过"：同上。

第108页　"不曾见过更惨淡的景象"：波茨坦日志，哈里·S. 杜鲁门图书馆与展览馆。

第114页　"方圆百英里茫茫一片"：劳伦斯，《原子弹大戏的高潮：7月16日试验记》，《纽约时报》，1945年9月26日。

第115页　"切勿直视闪光"：同上。

第115页　"主啊，这可真是……"：兰辛·拉蒙特（Lansing Lamont），《"三位一体"试验日》（*Day of Trinity*），第226页。

第117页　"轰鸣巨响"：托马斯·法雷尔，给杜鲁门的"三位一体"核试验报告，1945年7月21日。

第117页　"我觉得五角大楼……"：格罗夫斯，给史汀生的备忘录，1945年7月18日。

第117页　"全世界都陷入了……"：詹姆斯·赫什伯格（James Hershberg），《詹姆斯·B. 科南特：从哈佛到广岛及原子时代的降临》（*James B. Conant: Harvard to Hiroshima and the Making of the Nuclear Age*），第232页。

第117页　"撕开……厚厚的窗帘"：爱德华·特勒（Edward Teller）和艾伦·布朗（Allen Brown），《广岛的遗产》（*The Legacy of Hiroshima*），第17页。

第117页　"我确信到了……"：劳伦斯，《原子弹大戏的高潮：7月16日试验记》，《纽约时报》，1945年9月26日。

第118页　"有多少人询问……"：格罗夫斯，《现在可以说了：曼哈顿计划揭秘》（ *Now It Can Be Told: The Story of the Manhattan Project* ），第301页。

第118页　"原子时代开始了"：劳伦斯，《原子弹大戏的高潮：7月16日试验记》，《纽约时报》，1945年9月26日。

第119页　"肮脏而令人震惊的演示"：《原子科学家公报》（ *Bulletin of the Atomic Scientists* ），第32期（1975年5月5日）。

第119页　"现在我们都成了王八蛋"：拉蒙特，《"三位一体"试验日》，第242页。

倒计时20天

第120页　"过分操劳"：迈克尔·贝什洛茨（Michael Beschloss），《征服者：罗斯福、杜鲁门与希特勒德国的灭亡，1941—1945》（ *The Conquerors: Roosevelt, Truman and the Destruction of Hitler's Germany, 1941–1945* ），第244页。

第121页　眼睛是黄色的：贝米，《意外总统》，第289页。

第121页　"克里姆林宫综合征"：麦卡洛，《杜鲁门传》，第417页。

第123页　对会场安排感到满意：贝米，《意外总统》，第291页。

第124页　"我害怕极了"：杜鲁门致贝丝书信，1945年6月12日。

倒计时19天

第126页　"一次或两次痛击"：贝米，《意外总统》，第300页。

第126页　"日本本土上空"：杜鲁门日记，1945年7月18日。

第127页　"干净利落，切中要害"：贝米，《意外总统》，电子书。

第128页　"斯大林只是小声嘟囔"：杜鲁门致母亲书信，转引自杜鲁门，《哈里·杜鲁门》，电子书。

第128页　"回国去参议院听就行了"：杜鲁门日记，1945年7月18日。

倒计时18天

第129页　"我想他很快会回家的"：露丝·西森，访谈，2019年7月21日。

倒计时17天

第132页　"我要他们两个都参战"：多布斯，《1945年的六个月：从世界大战到冷战》，第301页。

第134页　"抑郁之感"：斯蒂芬·E. 安布罗斯（Stephen E. Ambrose），《艾森豪威尔：士兵、五星上将与当选总统，1890—1952》（*Eisenhower: Soldier, General of the Army, President-Elect, 1890–1952*），电子书。

倒计时16天

第137页　"你手下的人都像……"：蒂贝茨，《"艾诺拉·盖伊"号的回程》，第189页。

第138页　"坏消息"：同上，第192页。

第140页　"妈的，贝塞尔中尉啊"：托马斯和威茨，《"艾诺拉·盖伊"号：广岛核爆》，第182页。

第140页　"老爷子……"：同上。

倒计时13天

第142页　用了将近一个小时才读完：贝米，《意外总统》，第311页。

第142页　"一种崭新的自信"：史汀生日记，1945年7月21日。

第143页　"坚持对日作战，直至其停止抵抗"：麦卡洛，《杜鲁门传》，第436页。

第143页　"我们发现了世界历史上最可怕的炸弹"：杜鲁门日记，1945年7月25日。

第144页　"对日使用该武器"：同上。

第144页　"震出（日本人的）行动来"：马歇尔访谈，1957年2月11日。

第145页　"抵得上两座日本城市"：麦卡洛，《杜鲁门传》，第439页。

第146页　"于1945年7月24日晚7点30分在塞琪琳霍夫宫开始"：贝米，《意外总统》，第317页。

倒计时12天

第148页　"一个可怕的东西"：劳伦斯·巴达什（Lawrence Badash）、约瑟夫·O. 赫希菲尔德（Joseph O. Hirschfelder）和赫伯特·P. 布罗伊达（Herbert P. Broida），《洛斯阿拉莫斯回忆录，1943—1945》（*Reminiscences of Los Alamos 1943–1945*），第132页。

第148页　"那些小可怜啊"：凯·伯德（Kai Bird）和马丁·J. 舍温（Martin J. Sherwin），《奥本海默传："原子弹之父"的美国悲剧》（*American Prometheus: The Triumph and Tragedy of J. Robert Oppenheimer*），第313页。

第148页　"不要从白云或乌云上方投弹"：约翰·F. 莫伊纳汉（John F. Moynahan），《原子日记》（*Atomic Diary*），第15页。

第149页　"亲亲宝贝"：杜鲁门致贝丝书信，引自《杜鲁门致贝丝·华莱士·杜鲁门书信选：1911年与波茨坦会议期间》（"Excerpts from Truman's 1911 and Potsdam Letters to Bess Wallace Truman"），《纽约时报》，1983年3月14日。

第150页　"我们会发表一份警告声明"：杜鲁门日记，1945年7月25日。

第150页　"这或许就是结束了吧"：多布斯，《1945年的六个月：从世界大战到冷战》，第333页。

第151页　"想一想就行了"：贝米，《意外总统》，第319页。

倒计时8天

第156页　"两三杯烈酒"：范柯克，《飞行亲历记：从诺森伯兰到广岛》（*My True Course: Northumberland to Hiroshima*），第433页。

第157页　"任务是你飞"：托马斯和威茨，《"艾诺拉·盖伊"号：广岛核爆》，第208页。

第157页　"小公牛"：蒂贝茨，《"艾诺拉·盖伊"号的回程》，第221页。

倒计时6天

第159页　"这个倒霉的国家"：贝米，《意外总统》，第323页。

倒计时5天

第164页 "有充足的油炸菠萝馅饼供应"：托马斯和威茨，《"艾诺拉·盖伊"号：广岛核爆》，第218页。

第164页 "干练可靠"：蒂贝茨，《"艾诺拉·盖伊"号的回程》，第203页。

倒计时4天

第166页 "小王八蛋"：杜鲁门致迪安·艾奇逊书信，1957年3月13日。

第167页 "你愿意为这件事打个小赌吗？"：贝米，《意外总统》，第330页。

第168页 "破坏力如此巨大的武器"：麦卡洛，《杜鲁门传》，第548页。

第169页 "我们的首要目的……"：托马斯和威茨，《"艾诺拉·盖伊"号：广岛核爆》，第219页。

第169页 "最完美的瞄准点"：同上。

倒计时3天

第171页 "给你放两周假"：考夫曼，美国海军学院，访谈，第1卷。

倒计时2天

第173页 "天晚了"：田村秀子，访谈，2019年7月。

第174页 "城里每晚都有空袭"：同上。

第175页 "我听说……"：卡伦，《千阳业火》，第175页。

第176页 "我有点失望"：同上。

第176页 "任何一个人"：同上，第176页。

第177页 "是时候了"：托马斯和威茨，《"艾诺拉·盖伊"号：广岛核爆》，第227页。

第178页 "爆炸的闪光……"：同上，第229页。

第178页 "没有人知道……"：卡伦，《千阳业火》，第229页。

第179页 "与我们即将要做的事情相比"：同上，第230页。

倒计时1天

第181页　"如果出了差错"：劳伦斯，《零点上空的黎明》，第171页。

第181页　"我会祈祷……"：同上。

第181页　"你会吗？"：同上，第173页。

第181页　"不会，"帕森斯承认道，"但我有……"：同上。

第183页　一位勇敢的红发女士：蒂贝茨，《"艾诺拉·盖伊"号的回程》，第203页。

第185页　"那玩意他妈的……"：托马斯和威茨，《"艾诺拉·盖伊"号：广岛核爆》，第233页。

第186页　"我才不管……"：同上。

第187页　"给他找事情做"：贝塞尔，《广岛与长崎反思录》，第89页。

第188页　"怎么用这么奇怪的纸？"：同上，第114页。

倒计时9小时15分

第190页　"我要是想落到他们手里"：蒂贝茨，《"艾诺拉·盖伊"号的回程》，第211页。

第190页　"要简单些"：同上。

倒计时9小时

第190页　"全能的父"：劳伦斯，《零点上空的黎明》，第173页。

倒计时7小时10分

第195页　"伙计们，这枚炸弹……"：托马斯和威茨，《"艾诺拉·盖伊"号：广岛核爆》，第240页。

倒计时6小时30分

第197页　"炸弹装好了"：范柯克，《飞行亲历记：从诺森伯兰到广岛》，第462页。

倒计时3小时30分

第198页　"上校，我们是要把……"：蒂贝茨，《"艾诺拉·盖伊"号的回程》，第219页。

第198页　"差不多吧"：同上。

第198页　"那会发生什么"：范柯克，《飞行亲历记：从诺森伯兰到广岛》，第465页。

第198页　"那我们的麻烦可就大了"：同上。

倒计时2小时15分

第198页　"炸弹现在被激活了"：罗伯特·刘易斯，副驾驶日志，1945年8月。

倒计时10分钟

第199页　"10分钟后……"：蒂贝茨，《"艾诺拉·盖伊"号的回程》，第228页。

倒计时43秒

第200页　"炸弹出去了！"：卡伦，《千阳业火》，第247页。

第200页　"搞定了"：同上。

第201页　"你能看见什么？"：同上。

倒计时：火焰风暴

第202页　"上校，它朝我们来了"：卡伦，《千阳业火》，第250页。

第203页　"滚滚升腾"：范柯克，访谈，1960年2月。

第203页　"看起来像是熔岩……"：卡伦，《千阳业火》，第250页。

第203页　"云中真的有残缺的东西……"：托马斯·费尔比，访谈，1960年2月。

第203页　"那么大"：理查德·纳尔逊，访谈，1960年2月。

第203页　　"我的上帝啊"：刘易斯，访谈，1960年2月。

第204页　　"我觉得战争……"：蒂贝茨，《"艾诺拉·盖伊"号的回程》，第234页。

第206页　　"我们不能留在这里"：田村秀子，访谈，2019年7月。

第207页　　一吨TNT炸药：杜鲁门图书馆，哈里·S. 杜鲁门总统柏林会议日志，1945年8月6日。

第208页　　"这新闻绝了"：贝米，《意外总统》，第340页。

第208页　　"你以为我一开始……"：巴达什、赫希菲尔德和布罗伊达，《洛斯阿拉莫斯回忆录，1943—1945》，第37页。

第209页　　"我为……感到非常骄傲"：格罗夫斯，与奥本海默的通话文本记录，1945年8月6日。

第209页　　"大家请注意"：乔恩·埃尔斯（Jon Else），《"三位一体"核试验之后》（*The Day After Trinity*），第58页。

第209页　　"广岛完蛋啦"：罗兹，《原子弹秘史》，第735页。

第214页　　"过去两天里，我观看了……"：劳伦斯，《长崎核爆》（"Atomic Bombing of Nagasaki"），《纽约时报》，1945年9月9日。

第215页　　"去他妈的"：蒂贝茨，《"艾诺拉·盖伊"号的回程》，第247页。

第215页　　"难道没有人为那些……"：劳伦斯，《长崎核爆》，《纽约时报》，1945年9月9日。

第216页　　"命运将长崎选为……"：同上。

第216页　　"尽管机舱里有着……"：同上。

第218页　　"纯粹的运气和燃油蒸汽"：蒂贝茨，《"艾诺拉·盖伊"号的回程》，第250页。

第218页　　"你搞砸了"：同上。

第219页　　"敌新使用残虐爆弹"：终战诏书，《纽约时报》，1945年8月15日。

第219页　　"没准能有新闻呢"：麦卡洛，《杜鲁门传》，第461页。

第220页　　"向人民传达喜讯"：贝米，《意外总统》，第353页。

余音

第221页　　"无远弗届地播下了仇恨的种子"：比尔·奥赖利（Bill O'Reilly）和马丁·杜加尔德（Martin Dugard），《干掉太阳旗》（*Killing the Rising Sun*），第209页。

第221页　　"在几分之一秒的时间里被一枚炸弹消灭"：麦卡洛，《杜鲁门传》，第456页。

第222页　　"留着平头，戴着领结，穿着饰耳领衬衫"：美国科学家联合会（Federation of American Scientists），《致总统：改造与更新》（*President's Message: Reinvention and Renewal*），2016年5月10日。

第222页　　"建议罗斯福总统制造原子弹"：莱纳斯·鲍林与国际和平运动（Linus Pauling and the International Peace Movement）。

第223页　　"情节详尽到令人惊讶"：美国能源部，《公众通报》（*Informing the Public*）。

第223页　　1950年……画册《原爆图》：原子遗产基金会，《广岛与长崎的幸存者》（*Survivors of Hiroshima and Nagasaki*），2017年7月27日。

第225页　　"强化美国的对苏外交"：乌代·莫汉（Uday Mohan）和桑霍·特里（Sahno Tree），《广岛、美国媒体与传统智慧的建构》（"Hiroshima, American Media and the Construction of Conventional Wisdom"），《美国与东亚关系杂志》（*Journal of American-East Asian Relations*），第4卷，第2期（1995年夏），第159页。

第227页　　"再在办公室里见到那个浑蛋了"：伯德和舍温，《奥本海默传："原子弹之父"的美国悲剧》，电子书。

第227页　　"是我派你去的"：奥赖利和杜加尔德，《干掉太阳旗》，第278页。

第227页　　"它终止了对日战争"：杜鲁门，《哈里·杜鲁门》，电子书。

第228页　　"我做了我认为对的事情"：同上。

后传

第230页　　"把手伸出来"：露丝·赫德尔斯顿，访谈，2019年7月。

第231页　　"我度过了好的一生"：同上。

第233页　"我们一般对……"：田村秀子·斯奈德，访谈，2019年7月。

第235页　"这是最奇妙的希望的降生"：同上。

第235页　"如果原子弹……"：伯德和舍温，《奥本海默传："原子弹之父"的美国悲剧》，第329页。

第237页　"我觉得，我们……"：莉莉·霍尼格，《普罗维登斯报》（*Providence Journal*），2015年8月9日。

第238页　"当战争胜利日终于到来时"：格罗夫斯，《现在可以说了：曼哈顿计划揭秘》，第354页。

第240页　"人类……干了什么"：刘易斯，访谈，1960年2月。

第241页　"脏活总是甩给士兵干"：刘易斯致第509混成航空大队队史作者约瑟夫·帕帕利亚书信，1981年3月10日。

第241页　"500年后"：同上。

第241页　"说点好话"：范柯克，《飞行亲历记：从诺森伯兰到广岛》，第535页。

第242页　"我敢出钱打赌说"：同上，第536页。

第242页　"我们正在……作战"：范柯克，访谈，1960年2月。

第243页　"在美国"：贝塞尔，《最后的演讲》，演讲，1992年。

第243页　"经常有人问我"：同上。

第243页　"问题的解决之道……"：同上。

第244页　"我相信这种武器……"：蒂贝茨，访谈，1960年2月。

第244页　"这个题词不足以……"：范柯克，《飞行亲历记：从诺森伯兰到广岛》，第530页。

第246页　"现在见我不用预约"：麦卡洛，《杜鲁门传》，第932页。

参考文献

书籍专著

Ambrose, Stephen E. *Eisenhower: Soldier, General of the Army, President-Elect 1890-1952*. New York: Simon & Schuster, 2014.

Badash, Hirshfelder, and Brioda, *Reminiscences of Los Alamos 1943-1945*. Boston, Massachusetts: D. Reidel Publishing Company, 1980.

Baime, A. J. *The Accidental President: Harry S. Truman and the Four Months That Changed the World*. Boston: Houghton Mifflin Harcourt, 2017.

Beschloss, Michael. *The Conquerors: Roosevelt, Truman, and the Destruction of Hitler's Germany, 1941-1945*. New York: Simon & Schuster, 2002.

Beser, Jacob. *Hiroshima and Nagasaki Revisited*. Memphis, Tennessee: Global Press, 1988.

Beser, Jerome, and Jack Spangler. *The Rising Sun Sets: The Complete Story of the Bombing of Nagasaki*. Baltimore: Jacob Beser Foundation, 2007.

Bird, Kai, and Martin J. Sherwin. *American Prometheus: The Triumph and Tragedy of J. Robert Oppenheimer*. New York: Vintage Books, 2005.

Blassingame, Wyatt. *The Frogmen of World War II*. New York: Random House, 1964.

Bundy, McGeorge. *Danger and Survival: Choices About the Bomb in the First Fifty*

Years. New York: Random House, 1988.

Bush, Elizabeth Kauffman. *America's First Frogmen: The Draper Kauffman Story*. Annapolis, MD: Naval Institute Press, 2004.

Cantelon, Philip L., and Robert C. Williams, eds. *The American Atom: A Documentary History of Fission to the Present, 1939-1984*. Philadelphia: University of Pennsylvania Press, 1984.

Caron, George R. *Fire of a Thousand Suns: The George R. "Bob" Caron Story—Tail Gunner of the Enola Gay*. Westminster, CO: Web Publishing, 1995.

Conant, Jennet. *109 East Palace: Robert Oppenheimer and the Secret City of Los Alamos*. New York: Simon & Schuster, 2005.

Dietz, Suzanne Simon. *My True Course: Dutch Van Kirk, Northumberland to Hiroshima*. Lawrenceville, GA: Red Gremlin Press, 2012.

Dobbs, Michael. *Six Months in 1945: FDR, Stalin, Churchill, and Truman—from World War to Cold War*. New York: Vintage, 2013.

Edgerton, Robert B. *Warriors of the Rising Sun: A History of the Japanese Military*. New York: Norton, 1997.

Farrell, Robert H. *Off the Record: The Private Papers of Harry S. Truman*. New York: Harper & Row, 1980.

Giovannitti, Len, and Fred Freed. *The Decision to Drop the Bomb: A Political History*. New York: Coward–McCann, 1965.

Groves, Leslie M. *Now It Can Be Told. The Story of the Manhattan Project*. New York: Da Capo Press, 1962.

Harder, Robert O. *The Three Musketeers of the Army Air Forces: From Hitler's Fortress Europa to Hiroshima and Nagasaki*. Annapolis, MD: Naval Institute Press, 2015.

Hersey, John. *Hiroshima*. London: Penguin Books, 1946.

Hershberg, James. *James B. Conant: Harvard to Hiroshima and the Making of the Nuclear Age*. New York: Knopf, 1993.

Hewlett, Richard G., and Oscar Anderson Jr. *The New World, 1939-1946*. Vol. 1 of *A*

History of the United States Atomic Energy Commission. University Park: Pennsylvania State University Press, 1962.

Isley, Jeter A., and Philip Crowl. *The U.S. Marines and Amphibious War: Its Theory and Its Practice in the Pacific.* Princeton, NJ: Princeton University Press, 1951.

Jones, Vincent. *Manhattan: The Army and the Atomic Bomb.* Center of Military History, U.S. Army, 1985.

Kelly, Cynthia. *Manhattan Project: The Birth of the Atomic Bomb in the Words of Its Creators, Eyewitnesses, and Historians.* New York: Black Dog & Leventhal, 2017.

Kiernan, Denise. *The Girls of Atomic City: The Untold Story of the Women Who Helped Win World War II.* New York: Touchstone, 2013.

Krauss, Robert, and Amelia Krauss. *The 509th Remembered: A History of the 509th Composite Group as Told by the Veterans That Dropped the Atomic Bombs on Japan.* Buchanan, MI: First Atomic Bombardment, 2005.

Kunetka, James. *City of Fire: Los Alamos and the Atomic Age, 1943-1945.* Albuquerque: University of New Mexico Press, 1978.

Lamont, Lansing. *Day of Trinity.* New York: Atheneum, 1985.

Laurence, William L. *Dawn Over Zero: The Story of the Atomic Bomb.* New York: Knopf, 1946.

McCullough, David. *Truman.* New York: Simon & Schuster, 1993.

Miller, Merle. *Plain Speaking: An Oral Biography of Harry S. Truman.* New York: Rosetta Books, 2018.

Morrison, Samuel Eliot. *Victory in the Pacific.* Boston: Little, Brown, 1960.

Moynahan, John F. *Atomic Diary.* Newark, N.J.: Barton Publishing Company, 1946.

Norris, Robert. *Racing for the Bomb: The True Story of General Leslie R. Groves, the Man Behind the Birth of the Atomic Age.* New York: Skyhorse, 2014.

O'Reilly, Bill, and Martin Dugard. *Killing the Rising Sun: How America Vanquished World War II Japan.* New York: Henry Holt, 2016.

Oppenheimer, Robert, Alice Kimball Smith, and Charles Weiner. *Robert Oppenheimer: Letters and Recollections.* Cambridge, MA: Harvard University Press,

1980.

Palevsky, Mary. *Atomic Fragments: A Daughter's Questions*. Berkeley: University of California Press, 2000.

Polnberg, Richard. *In the Matter of J. Robert Oppenheimer: The Security Clearance Hearing*. Ithaca, NY: Cornell University Press, 2002.

Rhodes, Richard. *The Making of the Atomic Bomb*. New York: Touchstone, 1986.

Smith, Jeffrey. *Fire in the Sky: The Story of the Atomic Bomb*. Bloomington, IN: Author-House, 2010.

Smyth, Henry D. *Atomic Energy for Military Purposes: The Official Report on the Development of the Atomic Bomb Under the Auspice of the United States Government 1940-1945*. Washington, DC: U.S. Government Printing Office, 1945.

Snider, Hideko Tamura. *One Sunny Day. A Child's Memories of Hiroshima*. Peru, IL: Carus, 1996.

Stimson, Henry, and McGeorge Bundy. *On Active Service in Peace and War*. New York: Hippocrene Books, 1971.

Szasz, Ferenc. *The Day the Sun Rose Twice*. Albuquerque: University of New Mexico Press, 1984.

Teller, Edward, and Allen Brown. *The Legacy of Hiroshima*. New York: Doubleday, 1962.

Thomas, Gordon, and Max Morgan Witts. *Enola Gay: The Bombing of Hiroshima*. Old Saybrook, CT: Konecky & Konecky, 1977.

Tibbets, Paul W. *Return of the Enola Gay*. Columbus, OH: Mid Coast Marketing, 1998.

Truman, Harry S. *Memoirs by Harry S. Truman*. Vol. 1, *Year of Decisions*. New York: Doubleday, 1955.

————. *Where the Buck Stops: The Personal and Private Writings of Harry S. Truman*. New Word City, February 4, 2015.

Truman, Margaret S. *Harry Truman*. New Word City, 2015.

Truslow, Edith C. *Manhattan District History: Nonscientific Aspects of Los Alamos*

Project Y: 1942 Through 1946. Los Alamos, NM: Los Alamos Historical Society, 1997.

United States Atomic Energy Commission. *In the Matter of J. Robert Oppenheimer: Transcript of Hearing Before Personnel Security Board Washington, D.C., April 12, 1954, Through May 6, 1954*. Washington, DC: U.S. Government Printing Office, 1954.

VanDeMark, Brian. *Pandora's Keepers: Nine Men and the Atomic Bomb*. New York: Little, Brown, 2003.

Vogel, Steve. *The Pentagon: A History*. New York: Random House, 2008.

Walker, J. Samuel. *Prompt and Utter Destruction: Truman and the Use of the Atomic Bombs on Japan*. Chapel Hill: University of North Carolina Press, 1997.

Wyden, Peter. *Day One*. New York: Simon & Schuster, 1984.

档案资料

Beser Foundation, Baltimore, Maryland. The archive includes records, documents, and other materials related to the Hiroshima and Nagasaki missions. The materials include personal records donated by Jacob Beser, the only man to fly on both atomic bomb missions, flight logs, transcripts of interviews with crew members, maps, and correspondence.

Federation of American Scientists.

Frank, James. *Report of the Committee on Social and Political Implications*. June 1945.

George C. Marshall Foundation. *George C. Marshall: Interviews and Reminiscences for Forrest C. Pogue*. February 11, 1957.

Harry S. Truman Library and Museum.

History of the 509th Composite Group from activation to August 15, 1945.

Hornig, Donald. *Lyndon Baines Johnson—Library*. December 4, 1968.

Linus Pauling and the International Peace Movement. Oregon State University.

National Archives and Record Administration, Washington, D.C. This archive includes U.S. Navy, U.S. Army, and other military files related to World War II, the War in the Pacific, and the Manhattan Project. They include declassified memos about the atomic bomb missions, including minutes of Interim Committee and Target Committee meetings, flight logs, navigation track charts, and orders.

Public Papers, Franklin D. Roosevelt.

Public Papers, Harry S. Truman.

U.S. Department of Energy. Office of History and Heritage Resources. Manhattan Project.

U.S. Naval Institute, Annapolis, Maryland. A series of taped interviews with Rear Admiral Draper L. Kauffman, Volume I and Volume II. It contains more than 1,300 pages of transcripts from interviews with Kauffman in which he reflects on his time in the U.S. Navy and the Underwater Demolition Teams during World War II.

U.S. State Department. *Foreign Relations of the United States: Diplomatic Papers, The Conference of Berlin (The Potsdam Conference)*, 1945, vol. 2. Stimson diary dated July 24, 1945.

U.S. State Department. Office of Historian. Atomic Diplomacy.

期刊文章

Bainbridge, Kenneth T. "A Foul and Awesome Display." *Bulletin of the Atomic Scientists*, May 31, 1975.

Groves, Leslie R. "The Atom General Answers His Critics." *Saturday Evening Post*, May 19, 1948.

Isaacson, Walter. "Chain Reaction: From Einstein to the Atomic Bomb." *Discover Magazine*, March 18, 2008.

Kistiakowsky, George B. "Trinity—A Reminiscence." *Bulletin of the Atomic Scientists*, June 1980.

Laurence, William L. "The Atom Gives Up." *Saturday Evening Post*, September 7, 1940.

Lewis, Robert A. "How We Dropped the A–Bomb." *Popular Science*, August 1957.

Michaud, John. "Double Take Eighty–Five from the Archive: John Hersey." *New Yorker*, June 8, 2010.

Moffett, George. "Truman's Atom–Bomb Dilemma." *Christian Science Monitor*, July 31, 1995.

Mohan, Uday, and Sahno Tree. "Hiroshima, American Media, and the Construction of Conventional Wisdom." *Journal of American-East Asian Relations* 4, no. 2（summer 1995）.

Moore, David W. "Majority Supports Use of Atomic Bomb on Japan in WWII." Gallup News Service, August 5, 2005.

Stimson, Henry J. "The Decision to Use the Atomic Bomb." *Harper's Magazine* 194（February 1947）.

Stokes, Bruce. "70 Years after Hiroshima, Opinions Have Shifted on Use of Atomic Bomb." Pew Research, August 4, 2015.

Szilard, Leo. "Perspectives in American History, Volume II." 1968.

Tibbets, Paul. "How to Drop an Atom Bomb." *Saturday Evening Post*, June 8, 1946.

"The War Ends: Burst of Atomic Bomb Brings Swift Surrender of Japanese." *Life*, August 20, 1945.

Wellerstein, Alex. "What Presidents Talk About When They Talk About Hiroshima." *New Yorker*, May 27, 2016.

报章电文

Asbury Park Press. "A–Bomb Pilot Carves New Career." August 2, 1970.

Associated Press. "Old Pals Differ on Using Bomb." August 7, 1957.

Chicago Tribune. "40 Years Later, John Hersey Revisits Hiroshima." July 17, 1985.

Hattiesburg American. May 7, 1945.

New York Daily News. May 7, 1945.

New York Times. "Atomic Bombing of Nagasaki Told by Flight Members." September 9, 1945.

———. "Drama of the Atomic Bomb Found Climax in July 16 Test." September 26, 1943.

————. "Lightning Blew Up Dummy Atom Bomb." September 27, 1945.

————. "Atom Bomb Based on Einstein Theory." September 28, 1945.

————. "Atomic Factories Incredible Sight." September 29, 1945.

————. "Engineering Vision in Atomic Project." October 1, 1945.

————. "Gases Explain Size of Atomic Plants." October 3, 1945.

————. "Scientists 'Create' in Atomic Project." October 4, 1945.

————. "Element 94 Key to Atomic Puzzle." October 5, 1945.

————. "Plutonium Lifted by New Chemistry." October 8, 1945.

————. "Atomic Key to Life Is Feasible Now." October 9, 1945.

Parsons, Louella O. "Ralph Edwards Show." Column, May 14, 1955.

Pittsburgh Press. May 7, 1945.

Providence Journal. August 9, 2015.

St. Louis Post-Dispatch.

Stars and Stripes. March 24, 1945.

————. April 9, 1945.

United Press International.

Washington Post. "Remembering Bess." October 19, 1982.

采访

Voices of the Manhattan Project Oral Histories, including Lilli Hornig, Thomas O. Jones, and George Caron.

The Harry S. Truman Library and Museum: Oral history interview with George M. Elsey.

Ruth Huddleston, interview, July 21, 2019.

Hideko Tamura Snider, interviews, July and August 2019.

图片版权

页码/版权所有者

第5页　哈里·S.杜鲁门总统图书馆

第11页　洛斯阿拉莫斯国家实验室

第13页　美国国家档案馆

第19页　美国国家档案馆

第22页　美国国家档案馆

第28页　美国国家档案馆

第38页　美国能源部

第39页　美国能源部

第41—42页　美国国家档案馆

第50页　由露丝·赫德尔斯顿提供

第68页　由田村秀子·斯奈德提供

第92页　上：洛斯阿拉莫斯国家实验室

　　　　下：林登·贝恩斯·约翰逊总统图书馆

第97页　美国国家档案馆

第107页　美国陆军通信兵团,哈里·S.杜鲁门总统图书馆

第108页　　美国陆军通信兵团, 哈里·S. 杜鲁门总统图书馆

第110页　　上：洛斯阿拉莫斯国家实验室

　　　　　　下：洛斯阿拉莫斯国家实验室

第112页　　洛斯阿拉莫斯国家实验室

第116页　　洛斯阿拉莫斯国家实验室

第117页　　美国国家档案馆

第118页　　洛斯阿拉莫斯国家实验室

第121页　　美国陆军通信兵团, 哈里·S. 杜鲁门总统图书馆

第127页　　上：哈里·S. 杜鲁门总统图书馆

　　　　　　下：哈里·S. 杜鲁门总统图书馆

第130页　　由露丝·赫德尔斯顿提供

第154页　　原子遗产基金会

第161页　　哈里·S. 杜鲁门总统图书馆

第169页　　美国国家档案馆

第174页　　由田村秀子·斯奈德提供

第177页　　美国国家档案馆

第182页　　美国国家档案馆

第185页　　美国国家档案馆

第193页　　美国国家档案馆

第194页　　美国国家档案馆

第204页　　美国国家档案馆

第213页　　美国国家档案馆

第217页　　美国国家档案馆

第232页　　美国国家档案馆

第234页　　由田村秀子·斯奈德提供

著作权合同登记号：图字18-2021-106

图书在版编目（CIP）数据

　　1945 倒计时：原子弹爆炸与改变历史的 116 天 /
（美）克里斯·华莱士（Chris Wallace），（美）米奇·
韦斯（Mitch Weiss）著；姜昊骞译 . -- 长沙：湖南文
艺出版社，2021.10
　　书名原文：Countdown 1945: The Extraordinary
Story of the Atomic Bomb and the 116 Days That
Changed the World
　　ISBN 978-7-5726-0202-3

　　Ⅰ . ①1… Ⅱ . ①克… ②米… ③姜… Ⅲ . ①美国对
日本广岛、长崎原子突袭（1945）—史料 Ⅳ . ① E195.2

中国版本图书馆 CIP 数据核字（2021）第 124217 号

上架建议：二战史

1945 DAOJISHI: YUANZIDAN BAOZHA YU GAIBIAN LISHI DE 116 TIAN
1945倒计时：原子弹爆炸与改变历史的116天

作　　者：[美]克里斯·华莱士　　[美]米奇·韦斯
译　　者：姜昊骞
出 版 人：曾赛丰
责任编辑：刘雪琳
监　　制：于向勇
策划编辑：王远哲
文案编辑：郑　荃
营销编辑：段海洋　　王　凤
版权支持：姚珊珊
装帧设计：潘雪琴
出　　版：湖南文艺出版社
　　　　　（长沙市雨花区东二环一段 508 号　邮编：410014）
网　　址：www.hnwy.net
印　　刷：嘉业印刷（天津）有限公司
经　　销：新华书店
开　　本：700mm×1000mm　1/16
字　　数：230 千字
印　　张：17.75
版　　次：2021 年 10 月第 1 版
印　　次：2021 年 10 月第 1 次印刷
书　　号：ISBN 978-7-5726-0202-3
定　　价：68.00 元

若有质量问题，请致电质量监督电话：010-59096394
团购电话：010-59320018